Friedrich A. Kittler · Manfred Schneider · Samuel Weber (Hrsg.)
Diskursanalysen 2: Institution Universität

Diskursanalysen 2

Institution Universität

Herausgegeben
von Friedrich A. Kittler
Manfred Schneider
Samuel Weber

Westdeutscher Verlag

CIP-Titelaufnahme der Deutschen Bibliothek

Diskursanalysen / hrsg. von Friedrich A. Kittler ... –
Opladen: Westdt. Verl.

NE: Kittler, Friedrich A. [Hrsg.]

2. Institution Universität. – 1990
ISBN 978-3-531-11814-7   ISBN 978-3-322-96997-2 (eBook)
DOI 10.1007/978-3-322-96997-2

Die Herstellung des Werkes erfolgte mit Unterstützung der Universität – GH – Essen.
Technische Herstellung: Lotte Gaebel.
Die Textredaktion und die technische Koordination besorgte Peter Friedrich.

Der Westdeutsche Verlag ist ein Unternehmen der Verlagsgruppe Bertelsmann International.

Alle Rechte vorbehalten
© 1990 Westdeutscher Verlag GmbH, Opladen

Das Werk einschließlich aller seiner Teile ist urheberrechtlich geschützt. Jede Verwertung außerhalb der engen Grenzen des Urheberrechtsgesetzes ist ohne Zustimmung des Verlags unzulässig und strafbar. Das gilt insbesondere für Vervielfältigungen, Übersetzungen, Mikroverfilmungen und die Einspeicherung und Verarbeitung in elektronischen Systemen.

Umschlaggestaltung: Horst Dieter Bürkle, Darmstadt

ISBN 978-3-531-11814-7

Inhalt

Editorial 7

Jacques Derrida
Wenn Übersetzen statt hat.
Die Philosophie in ihrer Nationalsprache 12

Heinrich Bosse
Der geschärfte Befehl zum Selbstdenken.
Ein Erlaß des Ministers v. Fürst an die preußischen
Universitäten im Mai 1770 31

Kurt Mueller-Vollmer
Humboldts Bildungspolitik und die Französische
Revolution 63

Bettina Rommel
Enseignement national.
Austreibung der Rhetorik und Einschreibung des
Nationalstaates 1762-1900 in Frankreich....................... 82

Martin Stingelin
Die Seele als Funktion des Körpers.
Zur Seelenpolitik der Leipziger
Universitätspsychiatrie unter Paul Emil Flechsig 101

Rose-Maria Gropp
Freud und Leid von Frauen 116

Manfred Schneider / Friedrich A. Kittler
Das Beste, was du wissen kannst 129

Samuel Weber
Interpretation und Institution.. 152

Cheryce Kramer / Helmut Müller-Sievers
Netzwerk Stanford.. 167

Richard Exner
Die Doktorprüfung 174

Zu den Autoren 177

Editorial

Eine alte akademische Regel verlangt von wissenschaftlichen Diskursen die Selbstrechtfertigung durch den Topos des Fehlens. Vorträge und Aufsätze, Bücher und Werke verhüllen ihren Status als Redeereignisse durch die paradoxe Beteuerung, daß ihnen seit langem ihr eigener Mangel vorausgeht. Dazu gehört jener Ruf des Erstaunens, der das vorgängige Ausbleiben der Rede zur Sache von Zufällen macht: "Wie merkwürdig, daß das, was ich hier mitteile, nicht längst schon gesagt worden ist!" Die Logik, die solche Formeln auf die Lippen der Wissenschaftler treibt, orientiert das Wissen am Modell von Erzählungen, die eines Tages, nachdem alle Erkenntnisse getan und alle Lücken gefüllt sind, ihre vollständige Sättigung erreicht hätten. So müßte der Beginn dieses Editorials lauten: "Wie merkwürdig, daß die universitäre Wissenschaft es bislang versäumt hat, ihre eigene institutionelle Ordnung zu untersuchen."

Diskursanalysen dagegen arbeiten unter der Voraussetzung, daß jede Aussage den Rand gegenüber einer ungeheuren Leere, einem riesigen Feld des Ungesagten bildet.[1] Wenn sich der akademische Diskurs also nicht gegenüber dieser Leere seines Außen, sondern gegenüber einem vermeintlichen Mangel seines Inneren, dem endlich überwundenen Fehlen seiner selbst rechtfertigt, muß diese Entscheidung bei der Analyse des Diskurses selbst zur Sprache kommen.

Die hier versammelten Beiträge kommentieren ihr eigenes Erscheinen daher lieber gemäß einer Logik des blinden Flecks. Mit einer Notwendigkeit, die aus dem System der akademischen Selbstbegründung hervorgeht, hat der universitäre Diskurs bestimmte Bedingungen seiner selbst nicht zu sehen vermocht. Bis heute räumen sich Universitäten das Privileg, Erkenntnisobjekt zu sein, nur in zwei Gestalten ein: als Gegenstand von großen monographischen Darstellungen ihrer Geschichte oder in Abhandlungen, die die Kontinuität solcher Geschichten gewährleisten sollen, nämlich in Beiträgen zur Reformdebatte.[2] Selbst Foucault hat 1970, als er seine künftigen Forschungsprogramme skizierte und begründete, nämlich den "Willen zur Wahrheit" auf seiner institutionellen Basis und mitsamt seinen "materiellen, technischen, instrumentellen Investitionen der Erkenntnis" zu erforschen,[3] die Untersuchung jener Institution ausgelassen, die ihn eben diese "Ordnung des Diskurses" entwerfen ließ: die akademische Institution des Collège de France.

Auch in seinen großen Archäologien und den parallelen Methodenuntersuchungen hat Foucault die Universitäten nicht zum Thema gemacht. Das hängt einmal damit zusammen, daß in den Jahrhunderten vor 1800 und d.h. vor der universitären Monopolisierung des Wissens ganz verschiedene Institutionen seine Produktion und Verwaltung untereinander teilten. Zum anderen hält ein bestimmter Typ von Ideengeschichte jene trügerische Vorstellung am Leben, worin sich die traditionellen Systematisierungen und die inneren Gliederungen der Universitäten fortschreiben: Als bildeten die Disziplinen des Wissens (von Medizin und Ökonomie bis zu Rechts- und Sprachwissenschaft) ein gleichbleibendes Feld von Gegenständen mit einem bestimmten Ensemble von sich allmählich ändernden Methoden und Praktiken, die sich dieser Gegenstände bemächtigen würden.

Solche Mythen von unbeweglichen Korrelationen zwischen Wissensdisziplinen und Objektbereichen beruhigen sich am philologischen Kult eines transzendentalen Erkenntnissubjekts, eines Geistes, einer Vernunft, eines Bewußtseins, deren Geschichte spätestens seit Hegel als Bildungsroman des Wissens erzählt werden kann. Kants Versuch, dieses transzendentale Erkenntnissubjekt ans Kreuz von Aprioris zu nageln, stellt den fortgeschrittensten Versuch dar, die Erzählbarkeit der Bildungspassion der Menschheit zu gewährleisten.

In deutlicher Wendung gegen Kant hat Foucaults *Archäologie des Wissens* ein anderes System von Aprioris entworfen.[4] Sie organisieren das Feld, darin Reden als Ereignisse erzeugt und beherrscht werden. Nicht die Möglichkeiten und Grenzen des Erkenntnisapparats markieren das Innere und den Rand der Wahrheit; vielmehr bilden reale, historisch identifizierbare Regeln den Apparat zur Formation und Transformation von Aussagen, die das Wahrheitssiegel erlangen können. Dabei hat Foucault die institutionelle Basis der wissenschaftlichen Diskurse keineswegs aus dem Auge verloren;[5] vielmehr suchte er möglichst komplexe Vorgaben zu machen, um die materiellen und institutionellen Bedingungen von Aussagen und Diskursen zu analysieren. Werk, Buch, Autor blieben daher ebensowenig unhintergehbare Größen wie Gott, Vernunft, Universität. Es geht, ganz im Gegenteil, um ein Spiel der Autorisierung. Daß Diskurse immer dann, wenn sie sich selbst autorisieren, im Namen der Vernunft sprechen und daß sich Universitäten selbst als Residenzen dieser Vernunft feiern, hat für Diskursanalysen und Dekonstruktion gleichermaßen nurmehr den Status einer Prozedur, die dringend befragt werden muß.[6]

Allein die internen Regulierungen der Universität geben der Diskursanalyse alles Recht. Hier werden die Statuten, nach denen Studenten-, Dozenten- und Professorenreden Gültigkeit erlangen, konzipiert, verwaltet und angewandt. Eingangsprüfungen für all diese Sprecherrollen umranden, ohne selber noch autorisierbar zu sein, das Feld autorisierter Diskurse. Genau darum dürfen Universitäten jenes Heer von Experten stellen, die das Universum der Objekte, Fälle und Ereignisse gemäß solchen Statuten ordnen. Und nun sollen diese Akademiker als Gutachter im Prozeß über ihre eigene Blindheit sprechen? Die hier versammelten Expertisen tun etwas anderes: Anstatt die Institution Universität im Ornat jener akademischen Selbstfeiern zu zelebrieren,[7] die regelmäßig auf die ebenso redensartliche wie trügerische Formel von der Freiheit hinauslaufen, sollen Regularitäten des Institutionellen analysiert werden. Als gemeinsames Ergebnis ließe sich darum wieder sagen, was Nietzsche

einst vor der Akademischen Gesellschaft Basels gesagt hat:[8] Im blinden Fleck der akademischen Selbsterkenntnis residiert der Staat.
Nicht nur daß Universitätsgründungen (in Europa) bis heute ein Privileg der Landesherren sind, daß Ernennungen und Entlassungen von Professoren hohheitliche Akte darstellen; außer hardware und Personal liefert der Staat die Programme, nach denen Universitäten ihre Wahrheit prozessieren. Das gilt seit langer Zeit für die Ausbildungsnormen (der Beamten, Juristen, Mediziner, Lehrer) und seit neuerer Zeit für die staatlichen Finanzierungen militärischer und technologischer Grundlagenforschung. In dieser Lage, wo der Staat sein eigenes Machtmanagement durch Beamtenschaften mehr und mehr vergißt, um statt dessen Technologieproduktion und Datentransfer zu befördern, sind die Diskursanalysen dieses Bandes gehalten, dem historischen Zusammenspiel zwischen Macht und institutioneller Programmierung des Wissens nachzugehen.
Jacques Derrida erläutert die Effekte des Edikts von Viller-Cotterets, das 1539 im Namen des Königs Franz I. die französische Sprache für das Rechtswesen vorschrieb, auf die Legislatur der philosophischen Vernunft im *Discours de la méthode* von Descartes hundert Jahre später. (Derselbe König hatte wenige Jahre vor jenem Erlaß das Collège de France gegründet, wo Michel Foucault 1970 das Projekt der Diskursanalysen formulierte.) Dem ersten Sprachenedikt folgten alsbald die Anweisungen Heinrichs II., auch philosophische Traktate auf Französisch zu schreiben. Alle linguistischen Effekte, an denen das neunzehnte Jahrhundert dann das Nationale erkannte, um anschließend die staatlichen Programme zu seiner akademischen Interpretation und das hieß Verkündigung aufzuerlegen, gingen mithin aus königlichen Sekretarien hervor.
Nicht viel anders - das zeigt Heinrich Bosses Beitrag - erfolgte die Regulierung der universitären Aufklärung. Mag sie auch der Ausgang der Professoren aus der selbstverschuldeten Unmündigkeit gewesen sein -: Nachweislich formierte sich diese festliche Prozession auf königliche Order hin. Das Aktenstudium zur Geschichte dieses Transfers, worin die Wissenschaft Staatsmacht in Wahrheit übersetzt, legt die Vermutung nahe, daß in Universitäten weniger die Vernunft als die List der Vernunft residiert. Solche Lesarten stützt auch die Studie von Kurt Mueller-Vollmer. Mit zahlreichen Belegen aus Wilhelm von Humboldts Pariser Tagebüchern von 1797 bis 1801 führt er den Nachweis, daß die institutionelle Architektonik der famosen preußischen Bildungsreform auf Blaupausen der Pläne beruht, die die sogenannten Ideologen der Französischen Revolution konzipiert haben. In der Tiefe des deutschen Bildungshumanismus vernimmt man die Stimmen napoleonischer Staatskommissare.
Die Detailauflösung der Vorgänge, die zu den Reformen der Bildungsinstitutionen in Frankreich zwischen 1762 und 1900 führen, ihrer Strategien, Perspektiven und Verwaltungstechniken, liefert Bettina Rommel in einer Untersuchung des Konzepts *Enseignement national*.
Eine zweite Gruppe von Beiträgen untersucht die Anschlüsse, die am Ende des neunzehnten Jahrhunderts Staat und Universität mit den neuen akademi-

schen Disziplinen Psychiatrie und Psychoanalyse vernetzt haben. Martin Stingelin rekonstruiert den politischen und wissenschaftlichen Kontext der aufsehenerregenden Berufung, die 1878 dem Hirnphysiologen Paul Emil Flechsig das Leipziger Extraordinariat für Psychiatrie (und der Weltliteratur mithin einen Senatspräsidenten Schreber) bescherte. - Am Fallbeispiel zweier Psychoanalytikerinnen skizziert Rose-Maria Gropp die Folgen, die die Zulassung von Frauen zum akademischen Studium für die Frauen selber wie auch für ein Wissen hatte, das fortan auf ihren strategischen Einschluß setzte. Bereits 1638 hatte Descartes seine Ratifizierung des königlichen Befehls, in der Muttersprache zu philosophieren, mit der Absicht verbunden, den Geschlechterunterschied aus der Organisation der Wahrheit zu tilgen. - In welcher Weise die Psychoanalyse ihre Erkenntnis und ihre institutionelle Etablierung der Nicht-Mehr-Ausschließung von Frauen verdankt, zeigen Manfred Schneider und Friedrich Kittler in ihrem gemeinsamen Beitrag zur Funktion der universitären Ordnung auch und gerade im mythischen Akt von Freuds Selbstautorisierung.

Eine letzte Gruppe von Untersuchungen geht auf die Rückkopplungen, die mittlerweile zwischen naturwissenschaftlichen-technischen Informationssystemen und universitären Institutionen aufgekommen sind. Samuel Weber schließt seine Überlegungen an Bachelard und Foucault an: Wie läßt sich ein Wissen/Forschen noch erkenntnistheoretisch fassen, das als Experiment das Reale selbst manipuliert oder als Denken wieder Rückwirkung im Symbolischen auslöst, die nicht mehr beherrscht werden können? - Cheryce Kramer und Helmut Müller-Sievers geben mit ihrer Skizze des Netzwerks der Universität Stanford zugleich ein Bild des Wissens als Schaltplan, der Professoren, Bücher und demnächst die Institution Universität selbst zu Emblemen einer vergangenen Epoche machen wird. In dieser Dämmerung beginnt die Eule der Minerva ihren letzten Flug über Silicon Valley.[*]

F.K. / M.S.

---

[*] Für das Siegel der philosophischen Fakultät der Friedrich-Wilhelms Universität zu Berlin von 1816, das unseren Titel ziert, danken wir Carlo Barck von der Akademie der Wissenschaften, Berlin.

Anmerkungen

1 Michel Foucault, *Archäologie des Wissens*, Frankfurt/M. 1981, S. 173.

2 Vgl. Max Lenz, *Geschichte der königlichen Friedrich-Wilhelm-Universität zu Berlin*, 4 Bde., Halle/Saale 1910; *500 Jahre Eberhard-Karls-Universität Tübingen 1477-1977. Reden zum Jubiläum*, Hg. im Auftrag des Universitätspräsidenten, Tübingen 1977; *Beihilfe zur Erinnerung - 600 Jahre Universität zu Köln*, Hgg. Wolfgang Blasche / Olaf Hensel / Peter Liebermann / Wolfgang Lindweiler, Köln 1988; Niklas Luhmann, Perspektiven für Hochschulpolitik. In: *Soziologische Aufklärung 4*, Opladen 1987, S. 216ff.

3 Foucault, *Die Ordnung des Diskurses*, Frankfurt/M. - Berlin - Wien 1982, S. 13.

4 Foucault, *Archäologie des Wissens* (Anm. 1), S. 183ff.

5 Vgl. *Archäologie des Wissens*, ebd., S. 75f., *Die Ordnung des Diskurses* (Anm. 3), S. 13. Vgl. auch Michel Foucault, *Mikrophysik der Macht*, Berlin 1976, S. 120.

6 Vgl. neben den erwähnten Arbeiten Foucaults den Vortrag von Jacques Derrida, The Principle of Reason: The University in the Eyes of its Pupils. *Diacritics* 1983, S. 3-20.

7 Vgl. *Die Idee der deutschen Universität: Die fünf Grundschriften aus der Zeit ihrer Neugründung durch klassischen Idealismus und romantischen Realismus*. Hg. Ernst Aurich. Nachdruck der Ausgabe von 1956, Darmstadt 1964.

8 Vgl. Friedrich Nietzsche, Über die Zukunft unserer Bildungsanstalten. In: *Werke in drei Bänden*, Hg. Karl Schlechta, München 1954-56, Bd. 3, S. 253.

Jacques Derrida

Wenn Übersetzen statt hat

Die Philosophie in ihrer Nationalsprache[1]

Wenn ich ferner französisch schreibe, die Sprache meines Landes, und nicht lateinisch, die Sprache meiner Lehrer, so deshalb, weil ich hoffe, daß Leute, die sich nur ihrer ganz unverfälschten natürlichen Vernunft bedienen, besser über meine Ansichten urteilen werden als solche, die nur den Schriften der Alten glauben; und was die betrifft, bei denen sich gesunder Verstand mit Gelehrsamkeit verbindet und die allein ich mir zu meinen Richtern wünsche, so werden diese sicherlich nicht so parteiisch fürs Lateinische eingenommen sein, daß sie sich weigern, meine Gründe zu hören, weil ich sie in der Volkssprache vortrage.[2]

Das ist, Sie wissen es, der vorletzte Absatz des *Discours de la Méthode*. Er ist französisch geschrieben; das versteht sich von selbst, ist aber nicht unproblematisch. Denn sein Präsens ("ich schreibe französisch") ist gleichzeitig feststellend (Sie sehen, was ich tue, ich beschreibe es) und performativ (ich tue, was ich sage, die feststellende Beschreibung ist selbst französisch geschrieben, ich habe mich darauf eingelassen, ich verspreche es gerade jetzt und gleichzeitig halte ich mein Versprechen). Diese Gleichzeitigkeit, diese Dichte der Gegenwarten kündigt Probleme der Übersetzung an, denen wir unzweifelhaft bald begegnen werden. Eigentlich stellen sie sich mir schon in dem Moment, in dem ich dieses Seminar in meiner Sprache, dem Französischen, vorbereite, während ich weiß, daß ich es nach der Übersetzung auf Englisch werde halten müssen. Aber diesen Problemen begegnet man nicht wie Zufällen oder äußeren Beschränkungen; sie enthüllen die Struktur und die Implikationen eines Ereignisses wie desjenigen, das uns gegenwärtig beschäftigt. Was geht vor, wenn Descartes schreibt, um sich zu rechtfertigen, um bei bestimmten Adressaten, die zugleich Richter sind, für seine Sache zu plädieren: "Wenn ich ferner französisch schreibe, die Sprache meines Landes, und nicht lateinisch, die Sprache meiner Lehrer, so deshalb...usw."?
Die Argumentation, die diese Verteidigungsrede trägt, ist komplizierter, als es bei der ersten Lektüre scheint. Ich finde sie sogar durchtrieben. Tatsächlich ist es erst *eine* Waffe, ein Durchgang, ein Schlagabtausch beim Aufgebot einer ganzen Sammlung rhetorischer Waffen, um in anderen Texten, vor allem (und das ist nicht gleichgültig) in Briefen, den Rekurs auf das Französische zu rechtfertigen.
Vom Französischen wird man heute mit einem geläufigen Ausdruck sagen, daß es eine *natürliche Sprache* unter anderen sei. Für Descartes handelt es sich also darum, den Rekurs auf eine natürliche Sprache zu rechtfertigen, um in ihr von der Philosophie zu sprechen, einer Philosophie, die sich bis dahin auf Griechisch und vor allem auf Lateinisch geäußert hatte. Wie Sie auch wis-

sen, war es das Latein, das damals, namentlich im philosophischen Diskurs, die Stellung der herrschenden Sprache innehatte.

In der Bezeichnung "natürliche Sprache" darf uns das Wort "natürlich" nicht irreführen. "Natürlich" nennen wir eine Einzelsprache, eine *historische* Sprache, die wir damit der künstlichen, formalen Sprache gegenüberstellen, die, in allen Teilen konstruiert, als Universalsprache angelegt ist. Wie wir gerade gesehen haben, besteht das Argument Descartes' nun aber darin, den Gebrauch einer "natürlichen" Sprache im Hinblick auf diejenigen zu rechtfertigen, "die sich nur ihrer ganz unverfälschten natürlichen Vernunft bedienen." Aber das Wort "natürlich" hat deutlich entgegengesetzte Bedeutungen, je nachdem es sich um eine "natürliche Sprache" oder um "natürliche Vernunft" handelt. Das ist zwar offenkundig, aber dieses erste Paradox verlangt, hervorgehoben zu werden: Eine natürliche Sprache ist angeboren und national, aber auch speziell und historisch; sie ist die am wenigsten allgemeine Sache der Welt. Die natürliche Vernunft, von der Descartes spricht, ist grundsätzlich universell, ahistorisch, vor- oder übersprachlich. Wir haben es hier mit zwei verschiedenen Bestimmungen von Natürlichkeit zu tun. Zwischen beiden liegt eine ganze Geschichte, die historische Dimension einer Sprache, die juristischen und politischen, auch pädagogischen Implikationen, die sich in dem Moment ergeben, in dem ein philosophischer Diskurs, der "rational" zu sein beansprucht (indem er an eine natürliche Vernunft als die "verbreitetste Sache der Welt" appelliert) sich darauf einläßt, aus einer herrschenden Sprache in eine andere überzugehen. Was für eine Philosophie, was für eine Sprachpolitik, was für eine Psycho-Pädagogik und was für eine rhetorische Strategie impliziert ein solches Ereignis? Worin besteht es von dem Augenblick an, da es mit dem, was man ein Werk nennt, einen Körper bildet, hier den *Discours de la Méthode*, ein Werk in französischer Sprache?

Wir lesen den *Discours de la Méthode* hier in der einen oder in der anderen Sprache. Ich habe ihn auf Französisch gelesen, wir lesen ihn auf Englisch, ich habe auf Französisch darüber geschrieben, und zu Ihnen spreche ich davon auf Englisch. Wir unterscheiden also die Sprache und den Diskurs von der Methode. Offensichtlich befinden wir uns hier in der Unterscheidung, genauer gesagt in der Opposition von Sprache und Diskurs/Rede, Sprache und Sprechen. In der Nachfolge Saussures würde man so das synchrone System der Sprache, den Sprachschatz ("trésor de la langue") den Ereignissen des Sprechens und der Rede (du discours) gegenüberstellen; diese wären die einzige Wirklichkeit der Sprache (du langage). Diese Opposition, die auch diejenige von sozialer Institution und Individuellem abdeckte (die Rede (le discours) wäre immer individuell), wirft zahlreiche Probleme auf, mit denen wir uns hier nicht direkt auseinandersetzen werden; aber Sie erkennen schon, daß sie sich in bestimmten Sprachen schwer formulieren läßt. Sie widersetzt sich schon der Übersetzung. Im Deutschen bedeutet "Sprache"* gleichzeitig "langue", "langage", "parole" und "discours", obwohl "Rede" strenger auf die Bedeutung des Diskursiven eingeschränkt ist. Vor dieser Schwierigkeit, die er eher wie einen unbedeutenden terminologischen Zufall behandelt, sagt Saussure anläßlich des Terminus "Rede"*, daß man sich in diesem Fall mehr für die "Sachen" als für die "Wörter" interessieren sollte.[3] Im Englischen, das wissen Sie besser als alle anderen, kann "language" sowohl "Sprache" (langue) als auch "Rede" (discours) bedeuten, obwohl man sich in gewissen Zusammenhängen auch der Wörter "tongue" und "discourse" bedienen kann.

Wenn wir uns nichtsdestoweniger aus reiner vorläufiger Bequemlichkeit auf diese Opposition vom Saussureschen Typus, auf dieses eher "strukturale" als "generative" Modell verlassen wollten, hätten wir unsere Problematik folgendermaßen zu bestimmen: Von dem handeln, was in einem philosophischen Ereignis als diskursivem oder textuellem Ereignis, das immer *in* der Sprache gefangen bleibt, *der* Sprache *durch* die Sprache widerfährt. Was geht vor, wenn ein solcher diskursiver Akt aus dem Schatz des Sprachsystems schöpft und es je nachdem beeinflußt oder verändert?

Der *Discours de la Méthode* widerfährt *dem* Französischen *durch das* Französische, eine Sprache, deren Gebrauch im Universum des philosophischen Diskurses nicht sehr verbreitet war. Sie funktionierte in dieser Form des Diskurses nicht derart selbstverständlich, daß es ihrem Autor erspart geblieben wäre, sich mühsam genug und zu wiederholten Malen für ihren Gebrauch zu rechtfertigen, sowohl innerhalb des Werkes selbst als auch außerhalb. Und dieses Werk wird also zusätzlich zu einem Diskurs *über* seine eigene Sprache nicht weniger als *in* seiner eigenen Sprache, oder vielmehr zu einem "Traktat" über den Diskurs, insofern das Wort "Discours" im Titel *Discours de la Méthode* neben anderen Bedeutungen diejenige eines "Traktats" bewahrt. Aber das gilt auch für die Bezeichnung "Methode", die als Bestandteil eines Titels zu jener Zeit bisweilen soviel wie "Traktat" oder "Untersuchung" besagen konnte. Sie bemerken bereits die Komplexität dieser Struktur, diejenige des Titels und diejenige, auf die der Titel verweist.

Worin bestehen also die verschiedenen Beziehungen zwischen der französischen Sprache und diesem Diskurs? Wie soll man, ausgehend von diesem Beispiel, allgemeine Beziehungen zwischen einer Sprache und einem philosophischen Diskurs behandeln, zwischen der Vielheit der Sprachen und dem universalen Anspruch des Diskurses, den man den philosophischen nennt? Insofern es sich hier um die Sprache und den Diskurs der Methode (und *über* die Methode) handelt, könnten wir durch eine unmittelbare Wortvertauschung die Hypothese einer Sprache der Methode (langue de la méthode) oder der Sprache als Methode überprüfen. Sie führte gleichermaßen zur Formation einer Universalsprache, deren Entwurf sowohl bei Descartes als auch bei Leibniz wir in Erinnerung rufen werden, wie zur Formation einer Sprache des Kalküls wie derjenigen Condillacs. Bevor sie zu einer *methodischen* Sprache würde, könnte diese Sprache einen Korpus bilden, einen Schatz, ein strukturales und synchrones System codierter Elemente; dieser Apparat, dieses Programm (ebenso programmiert wie programmierend) übte seinen Zwang im voraus auf jeden möglichen Diskurs über die Methode aus. Nach diesem immer noch Saussureschen Schema hätte jedes individuelle Subjekt, jeder über die Methode sprechende und nachdenkende Philosoph aus diesem Fundus schöpfen müssen. Er hätte dieses geregelte Dispositiv von Vorschriften, auf das er keinen Einfluß und ausgehend von dem er kein anderes Mittel gehabt hätte als das einer variierenden Kombinatorik, manipulieren müssen. Und es ist oft verführerisch, sich vorzustellen: alle jene speziellen Philosophien der Methode, alle systematischen Diskurse über den Begriff der Methode, von Platon bis Bergson, von Spinoza über Kant, Hegel und Marx bis zu Husserl, hätten nur vermittels einer Kombination der Typen, der in einer dauerhaft bestehenden Sprache codierten Charaktere geschrieben werden können. Sie hätten in einer Sprache der Philosophie, der Methode in der Philosophie schon bestehende und festgehaltene Philosopheme genutzt, indem sie sich darauf beschränkt hätten, deren Permutationen und Substitutionen hervorzubringen: eine im wesentlichen rhetorische Aktualisierung einer Art philosophischer Grammatik, über die die individuellen philosophischen Akte keine Kontrolle gehabt hätten. Eine solche Grammatik im weitesten Sinne des Wortes bildete ein System von Begriffen, virtuellen Urteilen, argumentativen Segmenten, Schemata für Tropen usw. Keine Erfindung also, sondern nur eine machtvolle Kombinatorik des Diskurses, die aus der Sprache schöpfen und durch eine Art vorher festgesetzten Sozialvertrag geregelt würde, der die Individuen im voraus auf sich verpflichtete. Ich wiederhole, daß es sich für mich im Augenblick nicht darum handelt, diesem von Saussure inspirierten Schema Kredit zu verschaffen und auf diese Axiomatik eine Art strukturale Linguistik der Philosophie zu gründen. Ich nenne die Opposition Sprache/Rede (langue/discours) und ich definiere sie als den Namen eines Problems oder eines Gegenstandes der Untersuchung: weder als eine Wahrheit noch als eine Gewißheit.

Descartes schreibt also französisch, die Sprache seines Landes, und er schreibt, daß er französisch schreibt. Er schreibt über die Sprache, die er schreibt, und er tut es im Präsens, in jener Ersten Person Präsens des Indikativ, deren privilegierte Stellung unter den performativen Sprechakten Austin betont.[4] Gegenwärtig schreibe ich französisch, während ich mich auf diesen Vortrag vorbereite; das dürfte sich nur auf Französisch schreiben lassen und der Übersetzung widerstehen. Dieses grammatische Präsens ist noch umfangreicher und geht daher über das performative Präsens hinaus. Tatsächlich steht es am Ende der Rede (du discours) und bedeutet: ich habe geschrieben, ich habe soeben ein ganzes Buch lang französisch geschrieben, ich schreibe für immer "die Sprache meines Landes, und nicht lateinisch, die Sprache meiner Lehrer ..."
Ein solches Präsens bezeichnet gleichwohl das sichtbare Ereignis eines Bruches, aber auch die Kontinuität eines unabschließbaren und unabschließbar von Konflikten gezeichneten historischen Prozesses. Wie Sie wissen, hat der Imperativ der Nationalsprache als Medium der philosophischen und wissen-

schaftlichen Kommunikation nicht aufgehört, sich in Erinnerung zu bringen und uns zur Ordnung zu rufen, namentlich in Frankreich. Noch vor dem diesbezüglichen Rundschreiben an alle französischen Forscher und Universitätsmitglieder, noch vor der Ankündigung, daß der Staat Kongressen auf französischem Boden keinen Kredit gewähren würde, wenn sie dort nicht wenigstens durch Vorkehrungen zur Simultanübersetzung der französischen Sprache ihren Platz einräumten, präzisierte der Minister für Industrie und Forschung in einem Orientierungsschreiben für den großen Kongreß über Forschung und Technologie von 1982, daß die französische Sprache "ein privilegierter Träger des wissenschaftlichen und technischen Denkens und der Information bleiben oder es wieder werden muß". Die so verstandene Sprachpolitik rechtfertigt sich mit Drohungen und antwortet auf Notwendigkeiten, die im Bezug auf gewisse, schon zur Zeit Descartes' spürbare Gegebenheiten oder Widersprüche Analogien, ja sogar Kontinuität aufweisen. Ihre Problematik ist seit dem 16. Jahrhundert *relativ* unverändert geblieben. *Einerseits* handelt es sich immer darum, eine Nationalsprache, die zu einem gegebenen Zeitpunkt zur Staatssprache geworden ist und die in ihrer staatlichen Legitimität die Spuren einer neuen und bestimmten Formierung bewahrt, nationalen Idiomen gegenüberzustellen, die derselben staatlichen Autorität unterworfen sind und zerstreuende Kräfte, Zentrifugalkräfte, Risiken der Dissoziation oder sogar der Subversion darstellen, auch wenn man sie - und das ist der erste Widerspruch - gleichzeitig unterstützt. *Andererseits* wird man diese selbe herrschende National- und einzige Staatssprache anderen natürlichen ("toten" oder "lebenden") Sprachen gegenüberstellen, die aus vorsichtig zu analysierenden technischen und historischen Gründen privilegierte Träger der philosophischen oder technisch-wissenschaftlichen Kommunikation geworden sind: das Lateinische vor Descartes, das Anglo-Amerikanische heute. Wir werden diese Probleme nicht in ihrer ganzen Tragweite behandeln können. Wir sollten aber wissen, daß sie vielfältig sind und gleichzeitig auf sozio-politischem, historischem, religiösem, technisch-wissenschaftlichem, pädagogischem und anderen Gebieten auftreten. Ich muß das hier nicht unterstreichen, hier, in Toronto, in dem Moment, in dem ich im englischsprachigen Teil eines zweisprachigen Landes eine zuerst in der Sprache meines Landes, auf Französisch geschriebene Rede ins Englische übersetzen muß.

Die französische Geschichte eines Problems, das man in jedem anderen Land wiederfindet, skandiert sich im Rhythmus dreier großer, dramatischer Intervalle. Alle drei stehen in enger Beziehung zur gewaltsamen und unabschließbaren Errichtung des französischen Staates.

Das war *erstens* der große Augenblick, in dem die monarchische Verstaatlichung sich vollendete: massiver, wenn nicht endgültiger oder entscheidender Fortschritt einer französischen Sprache, die den Provinzen als Medium der Verwaltung und Rechtsprechung aufgezwungen wurde. Was wir in diesem Seminar verfolgen wollen, ist die Konstitution des Rechtssubjekts und des philosophischen Subjekts schlechthin, wie sie von einer bindenden Sprachregelung ihren Ausgang nimmt. Wie Sie wissen, bestimmt im Jahr 1539, unter Franz I., die königliche Verordnung von Villers-Cotterets, daß Gerichtsurteile und andere Rechtsgänge "in der französischen Muttersprache verkündet, registriert und den Parteien überstellt" werden sollen. 1539: fast ein Jahrhundert vor dem *Discours de la Méthode*. Ein Jahrhundert, könnte man sagen, vom Recht zur Philosophie. Ein Jahrhundert, auf daß die "französische Muttersprache" ein großes philosophisches Ereignis verzeichne. Für Descartes, der seine Mutter im Alter von einem Jahr verlor, ist es eine großmütterliche Sprache (er war von seiner Großmutter erzogen worden), die er der seiner Lehrer entgegensetzt; diese zwangen ihm das Gesetz des Wissens und das Gesetz schlechthin auf Lateinisch auf. Sprache des Gesetzes, denn das Latein, die Sprache des Vaters, wenn Sie so wollen, Sprache der Wissenschaft und der Schule, nicht des häuslichen Lebens, ist vor allem eine Sprache des Rechts. Und der größte Widerstand gegen die lebende (natürliche, mütterliche usw.) Sprache kam aus der Welt der Jurisdiktion.

Wohlgemerkt stellt die Verordnung von Villers-Cotterets für sich selbst nichts anderes dar als die Gesetzesform, die juristisch-administrative Skansion und Sanktion einer umfassenderen Bewegung, die sie vorbereitet hat und der sie gefolgt ist, sowohl was die Verbreitung des Französischen als auch was den Widerstand gegen die Französierung betrifft. Die Triebfedern der Verbreitung und des Widerstandes waren verschieden und zahlreich. Die Reformation z.B. hat dem Französischen zur Ausbreitung verholfen, indem sie gegen den Apparat der katholischen Kirche kämpfte: Kampf um die ökonomischen Verhältnisse, Kampf um die Wiederaneignung von Texten gegen eine *internationale*, vom Lateinischen beherrschte und mittels des Lateinischen herrschende Kirche. Darin lag eine ausgeprägte "nationalistische" Dimension des Protestantismus, deren Potential nach der Niederschlagung der französischen Reformation im 17. Jahrhundert von einer mehr "gallikanischen" Kirche aufgenommen werden sollte. Die Protestanten wollten ihr Neues Testament auf Französisch haben: das von Lefevre d'Etaples 1523, das von Olivetan 1535, ein paar Jahre vor der Verordnung von Villers-Cotterets. 1541 gibt Calvin, der Theoretiker der französischen Protestanten, eine Neuauflage seiner *Unterweisung in der christlichen Religion* auf Französisch heraus. Unnötig, hier an die Rolle zu erinnern, die die Bibelübersetzungen im Zeitalter der Reformation in anderen Ländern gespielt haben: sowohl für die Ausbildung oder endgültige Formierung einer Bezugssprache als auch in der Geschichte einer Problematik der Übersetzung.

Die Kirche hört, wenigstens im 16. Jahrhundert, nicht auf, dieser Ausbreitung des Französischen, die man auch in der Literatur, in der Umgebung der Pléiade, von Montaigne und Rabelais verfolgen kann, Widerstand zu leisten. Die *Verteidigung und Rühmung der französischen Sprache*, das Manifest von Du Bellay, datiert von 1549, das ist zehn Jahre nach der königlichen Verordnung von Villers-Cotterets. Wir könnten der aufregenden, reichen und komplexen Geschichte der französischen Sprache hier nicht genauer nachgehen, ohne daß wir gezwungen wären, die weniger historischen, mehr problematisierenden Betrachtungen dieses Seminars zu vernachlässigen. Für eine erste Erkundung verweise ich Sie zunächst auf L'histoire de la langue française, des origines à 1900[5] von Brunot. Das Buch ist schon alt, von 1905, aber darum nicht weniger ein unumgängliches Monument seiner Gattung. Marcel Cohens Histoire d'une langue, le Français[6] von 1947 bietet Inhalt und Information in immer interessanter und von einer marxistischen Fragestellung meist notwendig erforderten Weise dar, die es in allen Fällen erlaubt, die Auswirkungen des Klassenkampfs, die politisch-ökonomischen Implikationen und die Verbindung dieser Kämpfe um die Aneignung oder Einsetzung einer Sprache zur Geschichte der Technik klarer hervortreten zu lassen. Hinsichtlich einer späteren Periode der Sprachgeschichte, namentlich in ihrem Bezug zur Politik der schulischen Einrichtungen, verweise ich sie auf Le Français national[7] von Renée Balibar und Dominique Laporte und auf Les Français fictifs[8] von Renée Balibar. Anläßlich dieser kleinen, vorläufigen und notwendigerweise unvollständigen Bibliographie nenne ich Ihnen außerdem den Aufsatz "Quelques idées linguistiques du XVIIème siècle, Nicolas le Gras" von Marcel Bataillon. Diese Studie ist in einem Sammelband mit dem Titel Langue, Discours, Société[9] zu Ehren von Emile Benveniste erschienen, der, wie Bataillon, an demselben Collège de France Professor war, das zur nämlichen Zeit (zwischen 1529 und 1534) von Franz I. geschaffen wurde und dem man den Beinamen "Le Collège des Trois Langues" gab (weil dort Latein, Griechisch und Hebräisch gelehrt wurde). Gewisse Neuerer haben an diesem Collège vom 16. Jahrhundert an Französisch gelehrt. Wenn wir uns, was wir nicht können, in diese umfangreiche Geschichte vertiefen würden, müßten wir gleichzeitig und methodisch die verschiedenen Praktiken der Sprachhistoriker untersuchen. Ihr Interpretationsverfahren ist, wie Sie sich leicht vorstellen können, niemals neutral: weder in philosophischer noch in politischer Hinsicht. Es befördert eine Philosophie, die wenigstens implizit eine Philosophie der Sprache ist, es bedient sich selbst einer bestimmten Sprache (Rhetorik, Schrift usw.) und ergreift in einem bestimmten Augenblick im Krieg um die Sprache Partei. Dieser Krieg dauert heute im Innern und um das Innere einer im Wandel begriffenen Sprache an. Und dieser Krieg durchläuft die Institutionen, die Waffen tragen seine Spuren (Rhetorik, Demonstrationsverfahren, Verbindungen zwischen den Disziplinen, Techniken der Legitimation usw.). In dieser Hinsicht sind die Unterschiede zwischen den Geschichten Brunots und Cohens (1905 und 1947) beeindruckend, und sie beschränken sich nicht auf die politische Ideologie.

Wir können diese Arbeit hier nicht leisten; bescheiden wir uns damit, ihre Notwendigkeit anzuzeigen und einige die Richtung weisende "Pfeile" vorzuzeichnen, vorausgesetzt, daß man in einem solchen Labyrinth Pfeile vorzeichnen oder ausrichten kann. Diese wenigen Pfeile werden in jedem Fall eine gewisse Beziehung zum Diskurs über die Methode beibehalten müssen, das heißt zur Frage der Methode (methodos: der Bahn, odos, folgend, das methodische

Zur-Bahn-Werden eines Weges, *odos*, der nicht notwendig methodisch ist[10]), aber auch zu Methodenfragen. Eine dieser Ausrichtungen führt exakt im Augenblick unseres Durchgangs auf den Weg, den auch eine Politik der Sprache nimmt; im vorliegenden Fall ist es die staatliche Verbreitung des Französischen durch eine Monarchie, die sich soeben ihrer Macht über die Provinzen und die Dialekte versichert hat und die die Herrschaft über ein Gebiet gewinnt oder befestigt, indem sie ihm die sprachliche Einheit aufzwingt. Ich will auf die "Bahnung", die vermeintliche "Metapher" der Methode als Bild des Weges oder der Bahn/de la route (*via rupta*) hier nicht zurückkommen,[11] die vermeintliche "Metapher" der Methode als Sprache, und nicht unbedingt menschliche Sprache, aber auch als Sprache, Spur, Text und Marke dessen, was man die Animalität nennt: Fährten, Kriege um sexuelle und wirtschaftliche Herrschaftsräume usw.

Die Einsetzung einer Staatssprache zielt offenkundig auf die Eroberung und administrative Beherrschung des Territoriums, und zwar im selben Sinn wie die Eröffnung einer Straße (für die Stuten aus dem *Lehrgedicht* des Parmenides, für den Herrenreiter Descartes, "der so rasch enteilte", für die Züge der Pioniere des Westens, für die Luft- Wasser- oder merkwürdigerweise so genannten Raumfahrtswege unseres Jahrhunderts (beträchtliche politische und juristische Probleme)); aber genau hier gibt es für uns eine noch zwingendere Notwendigkeit: diejenige, durch die sich das genannte Bild des zu bahnenden Weges *von Innen her* aufzwingt, um den Fortschritt einer Sprache zu bezeichnen.

Ich will dafür nur ein Beispiel geben. Von Ludwig XII. zu Heinrich III. tritt das Übereinkommen zwischen dem König und zahlreichen Schriftstellern, Erzählern, Grammatikern, Medizinern und Philosophen sehr deutlich zutage, die Ausbreitung des französischen Idioms zu begünstigen. Brunot erinnert an die Dankesbriefe, die sie an Franz I., Heinrich II., Karl IX. und Heinrich III. richteten, und an die Elogen, die Du Bellay, Amyot, Henri Estienne und viele andere darauf verfaßten. Das geht manchmal bis zum Lächerlichen, und so versteigt sich einer von ihnen - was heute, in Anbetracht der gegenwärtigen Verteidigung und Verherrlichung der französischen Sprache erheiternd klingt - zu dem Gedanken, daß diese unsere französische Sprache ihren Namen von Franz I. bekommen hat. Das Königtum, soviel ist wahr, protegiert die *französische* Literatur. Man verstünde von der französischen Literaturgeschichte nichts, wenn man dieser Sprachpolitik keine Aufmerksamkeit schenkte. Wenn Franz I. auch niemals einen Professor für Französisch ernannt hat, so hat er doch 1543, wenige Jahre nach der Verordnung von Villers-Cotterets, einen königlichen Drucker für Französisch eingesetzt. Er entlohnte Übersetzer oder Schriftsteller, die in französischer Sprache publizierten. Und vor allem - heikles und sehr aktuelles Problem (sowohl der Kultur- als auch der Editionspolitik) - vergab er Aufträge, beeinflußte und subventionierte er die Arbeit bestimmter Schriftsteller. Unter diesen Aufträgen gab es Arbeiten, deren Absicht nur zu offensichtlich erscheint, wie zum Beispiel Du Haillans Geschichte der

Könige von Frankreich. Aber es gab auch Einflußnahmen und Projekte von weniger unmittelbarem Nutzen. So forderte man diese Schriftsteller zum Beispiel dazu auf (und ich wähle dieses Beispiel aus dem immensen Korpus aus naheliegenden Gründen), *philosophische Abhandlungen auf Französisch* zu schreiben.

Genau hier, in der von der Staatskanzlei Heinrichs II. lancierten Aufforderung, werden Sie einen Weg kreuzen sehen, einen französischen Weg und französische Schritte (marches), in französischer Sprache. Am 30. August 1556 erging von Heinrich II. an Guy de Bruès die Aufforderung - oder der Befehl -, seine *Dialogues contre les nouveaux Académiciens* zu schreiben, die 1557 erschienen sind. Die Aufforderung ergeht in Form eines vom Kanzler signierten Briefes, aus dem ich die folgende Stelle zitieren will:

Wir wünschen vorzüglich, diesen vom genannten Bruès (bei der Erfüllung der großen Aufgabe, unseren Untertanen die Philosophie in ihrer eigenen Sprache bekannt und vertraut zu machen) eröffneten Weg auch von den anderen guten und ausgezeichneten Denkern unseres Reiches beschritten und von diesen nach und nach aus Griechenland und dem Römischen Reich in diese Regionen (marches) geführt zu sehen ...

Diese französischen Regionen (Markierungen, Margen usw. im Sinn von Grenzen, hier von nationalen oder militärischen Grenzen, Marken[*]. Ich habe an anderer Stelle[12] genügend Nachdruck auf die Verkettung von "marche", "marge" und "marque" gelegt, so daß ich hier schneller darüber hinweggehen kann) sind es, in die es die griechische oder lateinische Philosophie zu "führen", d.h kommen oder treiben zu machen gilt, und zwar durch die Sprache, durch eine Sprache, die den Weg nach Frankreich bahnt. Das also sagt der Kanzler Heinrichs II. Die Geste Descartes' weniger als ein Jahrhundert später bleibt unverständlich, wenn wir dieser politischen Vorgeschichte nicht Rechnung tragen, auch wenn seine Geste nicht in dieser Vorgeschichte aufgeht.

Diese politischen und territorialen Belange setzten auch voraus, daß die Vertreter des Königshauses ebenso wie die Angehörigen des Hofes die erforderliche Ausbildung bekämen. Nun waren aber, von der Geistlichkeit abgesehen, die Leute im allgemeinen ungebildet, und zwar insbesondere, weil sie kein Latein gelernt hatten; man mußte also den Belangen von Verwaltungsbeamten und Hofleuten entsprechende französische Bücher herstellen, man mußte das schaffen, was man mit Claude de Seyssel zum ersten Mal eine "französische Literatur" (une "licterature en françois") nannte. Der Ausdruck erscheint hier zum ersten Mal in dieser Form und mit dieser Bedeutung. Im Mittelalter sagte man "lettreüre". Der Ausdruck und der Vorschlag gehen auf diesen Claude de Seyssel, den außerordentlichen Berater Ludwigs XII., zurück. Er übersetzte für ihn Pompejus. Über den Mangel an nützlichen Werken in französischer Sprache bekümmert, übersetzte er auch sonst einiges (aus dem Lateinischen und aus dem Griechischen, das er nicht beherrschte, weshalb er sich dabei helfen ließ); er tat es für den Adel und für die anderen, die, wie er sagte, "sich die Wissenschaften oft angelegener sein lassen als der Adel". Im Jahr 1509 stellte er in einem Vorwort voller Moral und Politik den Grundsatz auf, daß diejeni-

gen, die das Lateinische nicht beherrschten, sich trotzdem auf "verschiedene gute und hohe Dinge" verstehen sollten, "sei es auf die Heilige Schrift, auf Moralphilosophie, auf Medizin oder auf Geschichte", und daß es zu diesem Zweck einer "französischen Literatur" ("licterature en françois") bedürfe.
Derselbe de Seyssel sprach an anderer Stelle ohne Umschweife klar und deutlich den Vorteil aus, den er für das Königtum in Frankreich und außerhalb Frankreichs darin sah, den französischen Sprachraum auszudehnen. Die Verbreitung der Sprache ist ein geeigneter Weg oder eben eine geeignete *Methode*, Macht über die französischen und auswärtige Gebiete zu erlangen oder schon erlangte Macht zu befestigen. Seyssel war in Italien gewesen und hatte im Verlauf seiner Reisen sowohl das römische Modell linguistisch-militärisch-politischer Eroberung verstehen gelernt als auch die Chance, die für Frankreich darin liegen konnte, sich auf die gleiche Weise eine gewisse Herrschaft über Italien zu sichern. In einem Prolog zu Justinus, den er übersetzte und Ludwig XII. antrug, gibt er folgenden Rat:

> Was taten das römische Volk und seine Herrscher, als sie die Weltherrschaft innehatten und sie zu perpetuieren und zu verewigen suchten? Sie fanden kein zuverlässigeres und sichereres Mittel, als ihre lateinische Sprache, die vom Beginn ihrer Herrschaft an ziemlich arm und roh gewesen war, zu rühmen, zu bereichern und zu verfeinern und sie dann, zusammen mit ihren in diese Sprache eingebetteten Gesetzen, den von ihnen eroberten Ländern, Provinzen und Völkern mitzuteilen.

Dann legt de Seyssel dar, wie die Römer dem Lateinischen die Vollkommenheit des Griechischen zu geben wußten, und ermuntert den König, dem Beispiel dieser "berühmten Eroberer" zu folgen und die französische Sprache bereichern und preisen zu lassen.
Sie haben die nachdrückliche Betonung von Recht und Gesetz im Vorübergehen bemerkt: die zentrale Gewalt ist daran interessiert, die Gesetze in die herrschende Nationalsprache "einzubetten". Diese Absicht trifft oder vereinigt sich letztlich sogar mit dem im eigentlichen Sinn philosophischen oder wissenschaftlichen Projekt, die Vieldeutigkeit der Sprache zu reduzieren; Klarheit und Unterscheidungsvermögen im Verständnis der Wörter und bei der Festschreibung der Bedeutungen sind gleichzeitig ein juristischer, administrativer, polizeilicher (und daher politischer) und *philosophischer* Wert. Man wird dieses Interesse bei Descartes wiederfinden. Wenn der gesunde Verstand auch die verbreitetste Sache der Welt ist, so ist es doch, wenn Unkenntnis des Gesetzes als Entschuldigung nicht gelten soll, erforderlich, daß Lektüre und Verständnis des Gesetzestextes durch ein sprachliches Medium vermittelt sind, das von jeder Zweideutigkeit gereinigt ist, durch eine Sprache, die nicht ins Mißverständnis entzweit und zerstreut. Die Verordnung von Villers-Cotterets präzisiert das in den Artikeln 110 und 111, die ausbedingen, daß Rechtshandlungen und -geschäfte in Zukunft auf Französisch durchgeführt werden sollen:

> Und damit es keinen Grund gibt, über das richtige Verständnis der genannten Urteilssprüche im Zweifel zu sein (anders gesagt damit die Untertanen französischer Sprache sich nicht auf ihre Unkenntnis des Gesetzes, der Sprache des Gesetzes, d.h. des Lateinischen berufen kön-

nen, damit also die Untertanen französischer Sprache wirklich Untertanen des Gesetzes und Untertanen des Königs sind oder werden, dem monarchischen Gesetz unterworfene Untertanen-Subjekte ohne die Möglichkeit, anderswo in der Sprache zu sein, ohne die Möglichkeit eines Alibis, das sie zu Nicht-Subjekten machte, die durch ihre Unkenntnis des Gesetzes entschuldigt wären) wünschen und befehlen wir, daß sie *so deutlich* (ich unterstreiche das) abgefaßt und aufgeschrieben werden, daß sie weder Zweifel oder *Unsicherheit* (ich unterstreiche abermals diese präcartesianischen Leitworte) noch Raum für Interpretationen enthalten noch enthalten können.

Und weil dergleichen oft beim Verständnis der lateinischen Ausdrücke in den genannten Urteilen unterlaufen ist, wollen wir, daß von nun an alle Urteile sowie alle anderen Rechtsgänge sowohl unserer obersten Gerichtshöfe als auch der untergeordneten und niederen Gerichtsbarkeit, seien es Register, Untersuchungen, Verträge, Mandate, Urteile, Testamente oder jedwede anderen Rechtsakte und Schriftsätze, der Justiz selbst oder von ihr abhängige, in keiner anderen als der französischen Muttersprache verkündet, registriert und den Parteien überstellt werden sollen.

Man kann die Tragweite dieses Ereignisses und vor allem die Komplexität seiner Struktur gar nicht genug betonen, auch wenn wir sie hier noch in ihrer dem Anschein nach äußerlichen und juristischen Form behandeln. Eine dieser Komplikationen oder Überdeterminationen rührt vom befreienden Aspekt dieses Aktes her. Er scheint zunächst von einem gewaltsamen Zwang, dem der lateinischen Sprache, zu befreien und das Privileg derjenigen in Frage zu stellen, denen die sprachliche Kompetenz (im Lateinischen) einen bedeutenden Anteil an der Macht sicherte. Obwohl sie im Rahmen einer Strategie der Machtergreifung funktionierte, schien die Verordnung nichtsdestoweniger der Sprache, die sie selbst die den Untertanen der Nation "mütterliche" nennt, Zugeständnisse zu machen; sie scheint diese Untertanen tatsächlich in aller Güte, wenn man so sagen will, in die Falle ihrer *eigenen Sprache* zu locken, als wenn der König ihnen sagte, dafür, daß ihr Untertanen des Gesetzes - und des Königs - seid, werdet ihr auch endlich eure "französische Muttersprache" sprechen können; als gäbe man sie der Mutter wieder, um sie nur desto besser dem Vater unterwerfen zu können.

Aber der Schein trügt. Die eigentliche Unterwerfung unter das Gesetz des in der Entstehung begriffenen monarchischen Staates wurde nämlich durch einen anderen Akt der Gewalt verdoppelt: Gleichzeitig mit dem Latein befahl man auch die Dialekte der Provinzen aufzugeben. Viele der betroffenen Untertanen verstanden nicht mehr Französisch als Latein. Das Französische war so wenig ihre Muttersprache, daß viele tatsächlich kein Wort davon verstanden. Diese Sprache blieb, wenn Sie so wollen, Vater- und Gelehrtensprache; sie wurde nach dem Lateinischen die Sprache des Rechts, die berechtigte Sprache - durch den Willen des Königs. Eine neuerliche Falle brachte in gewissem Sinne die Dialekte *vor das Gesetz*: um für den Dialekt zu plädieren, *bedurfte es*, wie überhaupt für jedes gerichtliche Plädoyer, *der Übersetzung*; man mußte Französisch lernen. Hatte man aber erst einmal Französisch gelernt, so war der dialektale Anspruch, die "mütterliche" Referenz zerstört. Versuchen Sie, jemandem, der gleichzeitig an der Macht ist und die Gerichtsbarkeit kontrolliert, zu erklären, daß Sie Ihre Sprache behalten wollen. Sie werden die seine lernen müssen, um ihn zu überzeugen. Wenn Sie sich aber erst, in der Sorge um rhetorische und politische Überzeugungskraft, die Sprache der Macht soweit angeeignet haben, daß Sie sie ausreichend beherrschen, um überzeugen oder siegen zu können, sind Sie Ihrerseits im voraus besiegt und haben sich selbst von Ihrem eigenen Unrecht überzeugt. Der andere, der König, hat durch die bloße Tatsache der Übersetzung bewiesen, daß er recht hatte, seine Sprache zu sprechen und sie Ihnen aufzuzwingen. Indem Sie in seiner Sprache zu ihm sprechen, erkennen Sie sein Gesetz und seine Autorität bereits an, Sie geben ihm recht, Sie unterzeichnen Ihrerseits den Akt, der ihm Recht über Sie gibt. Ein König ist jemand, der Sie warten oder Sie sich die Zeit nehmen lassen kann, seine Sprache zu lernen, um Ihr Recht einzufordern, d.h. das seine zu bestätigen. Ich entwerfe hier nicht das abstrakte Schema irgendeiner strukturellen Notwendigkeit, eine Art Dialektik von Herrschaft und Knechtschaft, die eher als Dialektik der Sprachen als des Bewußtseins zu verstehen wäre. Ich spreche vielmehr von einem paradigmatischen Ereignis. Es fand statt, als die Abgeordneten der Provence sich beim König darüber beklagen wollten, daß ihnen unter dem Vorwand der Notwendigkeit klaren und differenzierten Urteilens die Verpflichtung auferlegt worden sei, auf Französisch zu *urteilen*. Diese Abgesandten begaben sich, wie man sagt, hinauf nach Paris. Hören Sie, was passierte; ich zitiere Ramus' "Grammatik" von 1572:

Aber dieser wohlgesinnte König hielt sie Monat um Monat hin und ließ sie durch seinen Kanzler wissen, daß er keine andere Sprache gesprochen zu hören wünsche als die seine; so gab er ihnen die Möglichkeit, sorgfältig Französisch zu lernen. Einige Zeit später trugen sie ihre Beschwerde auf Französisch vor. Da erhob sich Gelächter über diese Redner, die gekommen wären, um die französische Sprache zu bekämpfen, und sie unterderhand bei diesem Kampf gelernt hätten, und die dadurch gezeigt hätten, daß, da ihnen dies in ihrem Alter schon so leicht gefallen sei, es für junge Leute noch viel leichter sein müsse, und daß, so sehr die Sprache auch dem Volk gehöre, es doch ganz passend sei, wenn die vornehmsten Männer im Dienst der Allgemeinheit in der Rede wie in der Kleidung einen gewissen Vorzug vor ihren Untergebenen hätten.

In solcher Dissymmetrie kommt also das zustande, was man noch nicht einmal einen Sprachvertrag nennen kann, sondern nur die Zuteilung einer Sprache, die vom Subjekt (dem Subjekt, das durch eine nicht in erster Linie und einfach sprachliche Kraft unterworfen ist, durch eine Kraft, die vor allem in der Macht besteht, den Weg, das Territorium, den Durchgang, die Routen, die Grenzen und die Regionen (marches) zu bahnen, zu spuren, zu öffnen, zu kontrollieren und ihre *eigenen* Spuren darin einzuschreiben und zu bewahren) verlangt, die Sprache des Stärkeren zu sprechen, um sein Recht einzuklagen und also das Recht, das es in Anspruch nimmt, a priori und de facto zu verlieren oder zu veräußern. Ein Recht, das einzuklagen von da an keinen Sinn mehr hat.

Was ich Ihnen hier nahelege, läuft nicht darauf hinaus, die Sprache oder die Macht der Sprache und damit den Krieg der Sprachen als solchen einer vor- oder nichtsprachlichen Macht, einem nicht sprachbezogenen Kampf oder allgemeinen Verhältnis (einem Verhältnis, das nicht unbedingt kriegerisch sein müßte, sondern auch ein Verhältnis der Liebe oder des Begehrens sein könnte), als sekundär unterzuordnen. Nein, ich unterstreiche nur, daß dieses sprachliche Verhältnis als solches schon ein Verhältnis verräumlichender Gewalt sein muß, ein zu bahnender Körper der Schrift im allgemeinsten und auch wieder differenziertesten Sinn dieser Worte. Unter dieser Bedingung haben wir die Chance zu verstehen, was passiert, wenn zum Beispiel ein Idiom die Macht - und möglicherweise die Staatsmacht - ergreift.

Eine Verordnung reicht dafür natürlich nicht aus. Die Widerstände gegen den Rechtsakt haben niemals aufgehört. Man müßte sehr viel Zeit daran wenden, sie in ihrer Komplexität, in ihrer langen Dauer in allen Bereichen zu analysieren, die Universitäten eingeschlossen, wo man fortfuhr, das Recht auf Lateinisch zu lehren und Abhandlungen (namentlich philosophische) auf Lateinisch zu veröffentlichen. Aber schon am Anfang des nächsten Jahrhunderts, im Jahr 1624, wurde es möglich, über Doktorarbeiten auf Französisch zu disputieren, während französischer Unterricht des Rechts erst 1680 von Colbert eingerichtet wurde. Damit kann man einen anderen bedeutsamen Hinweis in Verbindung bringen: Zweifellos um die Kinder der in Frankreich verbliebenen Protestanten zum Katholizismus zu bekehren, beschloß Ludwig XIV. 1698, öffentliche Schulen einzurichten, deren Besuch unentgeltlich und obligatorisch und in denen das Französische oder behelfsweise der regionale Dialekt die einzigen Unterrichtssprachen einer hauptsächlich religiösen Unterweisung sein sollten. Allerdings wurde dieser Beschluß nie ausgeführt.

Es gab also nicht nur Widerstand gegen den Gesetzesakt, eine Verzögerung seiner tatsächlichen Anwendung, sondern auch die Rechtslage selbst war nicht einfach. Man mußte mit einer historischen und sprachlichen Struktur rechnen, die gleichzeitig eine stark differenzierte territoriale Struktur darstellte. Der Gegensatz zwischen Paris oder der Ile de France und den Provinzen war schon ausgebildet, und noch heute ist von den Auswirkungen dieser Situation einiges zu spüren. So wurde das Französische den neu angegliederten Provinzen (der Bretagne (1532), einem Teil der Lorraine (1559), später im 17. Jahrhundert dem Elsaß, dem Roussillon, dem Artois und Flandern) nicht aufgezwungen. Wenn es sich nicht um administrative Schriftsätze handelte, mußte der Staat die Vielfalt der Sprachen hinnehmen. Und noch im Jahr 1681, in dem sie die Oberhoheit des Königs anerkannte, wurde die Stadt Straßburg von der Anwendung der Verordnung von Villers-Cotterets befreit.

Diese Geschichte überschneidet sich mit der Geschichte der Beziehungen zwischen Volkssprache und Kirchensprache, der der Bibel und der des Kultus; sie berührt alle Streitigkeiten, die um diese Fragen (in Frankreich und überall sonst in Europa) entstanden sind und deren Vorrat an Argumenten heute noch in Gebrauch ist, besonders wo es um die Sprache des Kultus, die Gebete und die Gesänge geht. Einstimmig erklärte die Sorbonne im Jahr 1523, daß man *Übersetzungen* schlicht und einfach *verbieten* sollte. Im Jahr 1525 hält sie dafür, daß "es für die christliche Gemeinschaft weder ratsam noch vorteilhaft ist und unter den gegebenen Umständen sogar verderblich

sein könnte, das Erscheinen von ganzen oder auszugsweisen Übersetzungen der Bibel zu gestatten, und daß die bereits existierenden eher unterdrückt als toleriert werden sollten."
Die Protestanten beklagten sich darüber:

> Ist es richtig, wenn ein Prinz es nicht gutheißt
> die Werke Christi allen bekannt zu machen
> und in die gemeine Sprache zu übersetzen?
> (Volksgesang, 1546)

Wenn man die Komplexität der beteiligten Kräfte und Motivationen ermessen will, muß man Montaigne zitieren; obwohl er einer der bedeutendsten Schöpfer oder Initiatoren der französischen Literatursprache war, hat er deswegen doch nicht weniger *gegen* die Volkssprache in Kultur und Gebeten Partei ergriffen:

Es ist kein Buch zum Erzählen; es ist ein Buch zur Verehrung, zur Scheu und zur Anbetung. Närrische Leute, die glauben, es dem Volk damit faßbar gemacht zu haben, daß sie es in die Volkssprache übertragen haben! (...) Ich glaube auch, daß die Freiheit für jedermann, ein so heiliges und gewichtiges Wort in jeder beliebigen Mundart zu verhökern, weit mehr Gefahr als Nutzen bringt. Die Juden, die Mohammedaner und so gut wie alle anderen haben die Sprache angenommen und verehren sie, in der ihre Heilslehren ursprünglich offenbart wurden, und es ist verboten, sie anzutasten und zu verändern: nicht ohne Grund. Sind wir gewiß, daß es im Baskenland und in der Bretagne genügend Urteilsfähige gibt, die diese Übertragung in ihre Sprache bewältigen können?[13]

Ich habe vorhin erwähnt, daß die Geschichte der französischen Sprache als staatlicher Institution drei große, dramatische Phasen durchgemacht hat. Eine solche Periodisierung kann nur summarisch sein, und dafür nehme ich sie auch. Darüber hinaus ist jede der genannten Phasen für sich genommen eigentümlich genug, um die Zugehörigkeit all dieser Ereignisse zu ein und derselben Geschichte, einer homogenen Geschichte Frankreichs oder der einen "französischen Sprache" mehr als problematisch erscheinen zu lassen. Das Schema soll uns vorläufig dazu dienen, eine erste Serie von Indizien zu erstellen und so eine weitere Ausarbeitung vorzubereiten. Die vorläufige Untersuchung der "ersten Phase", der von einigen unbestreitbaren Symptomen ausgehende Befund einer ersten Konfiguration erlaubt uns vielleicht, mit der Lektüre dieses philosophisch erscheinenden Ereignisses zu beginnen: Descartes schreibt, daß er den *Discours de la Méthode* auf Französisch schreibt. Die philosophische, politische, juristische, sprachliche usw. Tragweite dieser Geste zeichnet sich auf dem Hintergrund der von uns situierten Szene vielleicht deutlicher ab, auch wenn diese Situierung noch unzureichend und nur in groben Zügen ausgeführt ist. Umgekehrt wird uns die Fortsetzung der "immanenten" und "philosophischen" Lektüre von Descartes' Text vielleicht eine zusätzliche Chance bieten, die Implikationen der von uns in aller Kürze erinnerten historischen Ereignisse zu interpretieren. Nicht, daß Descartes von ihnen spräche oder uns die Wahrheit über sie sagte; sagen wir, daß sie im Verlauf seines Textes "angesprochen" werden, und das bleibt von uns zu übersetzen oder zu entziffern. Nicht als eine konventionelle Beziehung von Text und Kontext, von "immanenter" und "äußerer" Lektüre, sondern indem wir eine Umverteilung oder eine zweite Kontextualisierung vorbereiten, die eines *einzigen Textes*, was nicht heißt, daß dieser Text zusammenhängend und homogen sein müßte.

Aus diesem Grund habe ich mich bei diesen Prämissen und dieser "ersten" Phase der Verstaatlichung der französischen Sprache ein wenig aufgehalten. Die beiden anderen, von denen ich hier nicht sprechen werde, kulminieren in der "Französischen Revolution" und in gewissen technisch-wissenschaftlichen Mutationen der Gegenwart. Im Verlauf der Französischen Revolution stieß die Tendenz zur Verstaatlichung erneut auf das juristisch-politische Problem der Übersetzung und der Verständlichkeit der Dekrete. Ich verweise Sie zu diesem Thema auf *Une politique de la langue* von Michel de Certeau, Dominique Julia und Jacques Revel (Paris 1975). Der Widerstand gegen die Revolution wird von den Revolutionären oft als das Resultat einer bestimmten Macht und Form der Sprache gedeutet. In dem Moment, in dem die Sprachpolitik sich verschärft, schreibt Barère in einem Bericht des Wohlfahrtsausschusses an den Konvent:

... der Föderalismus und der Aberglaube sprechen niederbretonisch; die Emigration und der Haß auf die Republik sprechen deutsch, die Konterrevolution spricht italienisch, und der Fanatismus spricht baskisch.

In jeder Gemeinde, in der "die Einwohner eine fremde Mundart sprechen" (hinsichtlich der Dialekte ist man vorsichtiger), wird ein Französischlehrer ernannt, der "dem Volk die Gesetze der Republik vorlesen und mündlich übersetzen" und es die Sprache und die Menschenrechtserklärung lehren soll. Man entscheidet also für die Stimme und gegen die Schrift, die im Verdacht steht, "am Jargon der Ungebildeten festzuhalten". Das Dekret vom zweiten Thermidor verbietet, bei welcher Art der Verhandlung auch immer, sogar bei Privatabkommen, irgend ein anderes Idiom als das Französische zu verwenden. Am 16. Prärial des Jahres II präsentiert Grégoire dem Konvent seinen *Bericht über die Notwendigkeit und die Mittel, die Dialekte auszurotten und den Gebrauch der französischen Sprache allgemein zu machen*. Es wurden jedoch daraus keine Zwangsmaßnahmen abgeleitet, und nach dem Thermidor kehrte man zu einer toleranteren Vorgehensweise zurück. Aber wir würden weder von der Beziehung der Franzosen zu ihrer Sprache und Orthographie noch von der Rolle der republikanischen Schule des 19. und 20. Jahrhunderts etwas verstehen, wenn wir solche Hinweise nicht im Gedächtnis behielten.

Von der "dritten" großen Umwälzung (in der wir heute begriffen sind) werde ich nicht sprechen. Insofern sie von den beiden Erbschaften, von denen wir gerade gesprochen haben, etwas einbehält, wird sie auf eine neue und bestimmtere Weise kenntlich, und zwar *einerseits inwendig* durch das Erwachen sprachlicher Minoritäten, deren Recht anerkannt wird (und das umso leichter, als ihre Aktivität im Rahmen der Kulturpflege bleibt und in nichts die sprachliche Einheit des Nationalstaates gefährdet), und *andererseits äußerlich* durch den Kampf gegen die Monopolisierungsversuche der technischen und Wissenschaftssprache, deren technische und sprachliche Zwänge die Welt beherrschen (Handel, Industrie der Nachrichtentechniken, Informatisierung, software, Datenbanken usw.). Das ist bekannt, und ich halte mich dabei nicht auf. Ich werde mich mit einem Wort begnügen: Im Hinblick auf diese moderne Problematik, ob es sich nun um den komplexen und abgemessenen Rekurs auf eine Nationalsprache oder ihre Linguistik, ihren Diskurs über die Sprache handelt oder sogar um gewisse Entwürfe zu einer Universalsprache, ist das cartesianische Ereignis des "Ich schreibe französisch, die Sprache meines Landes" für uns keine Vergangenheit, kein einfaches Perfekt. Sein Präsens ist aus noch einem anderen Grund als dem von mir eingangs genannten nicht nur grammatisch.

Welche Vorsichtsmaßnahmen der Lektüre und der Interpretation müßte man ergreifen, wenn man versuchen wollte, dieses Ereignis von der französischen Niederschrift des *Discours de la Méthode* an zu denken? Man müßte zuerst daran erinnern, daß es mindestens drei Ordnungen und drei Bereiche von Texten zu berücksichtigen gilt.

Da ist zunächst die komplexe und heterogene, in, wie man sagen könnte, ungleichmäßiger Entwicklung begriffene Gesamtheit der sozio-juristischen oder politisch-religiösen Sprachgeschichte. Wir haben bereits verschiedentlich darauf angespielt. Andere wären versucht zu sagen, daß diese Sprachgeschichte das *Außen* des cartesianischen Textes darstellt. Aber dieses Außen schreibt sich *in* den Text ein, und ohne diese Einschreibung zur Kenntnis zu nehmen wäre es schwierig zu verstehen, was passiert, wenn Descartes unter rhetorischer Rechtfertigung seiner Strategie und seiner Wahl beschließt, *einen* seiner Texte auf Französisch zu schreiben. Das Wenige, was ich von dieser Geschichte mitgeteilt habe, reicht aus, um eine Vorstellung davon zu vermitteln: sein Handeln ist nicht einfach revolutionär, auch wenn es in der philosophischen Ordnung relativ einzigartig ist und in gewissem Sinn den Anschein eines Durchbruchs hat. In Wahrheit folgt er, wenn er von einer bestimmten Praxis abweicht, auf einen herrschenden Gebrauch verzichtet und seine Beziehungen zur Sorbonne kompliziert, durchaus der staatlich-monarchischen Tendenz; man könnte sagen, daß er sich in Richtung der Macht bewegt und daß er die Einsetzung des französischen Rechts befördert. Er übersetzt das "cogito" in "ich denke" ("je pense"), was eine andere Art ist, dem französischen Rechtssubjekt das Wort, aber auch das Gesetz zu geben. Außerdem versichert er sich, was vielleicht kein unmaßgeblicher Vorteil ist, einer gewissen Klientel an den ausländischen Höfen, an denen der Gebrauch des Französischen in Mode war. Diese komplexe Strategie müßte nicht unbedingt an dem Bewußtsein gemessen werden, das das Subjekt, allen voran das Subjekt Descartes, davon haben konnte, an seinem Bewußtsein oder an den Erklärungen, die es zu diesem Thema abgeben konnte.

Indes ist das zweite zu berücksichtigende Korpus (diesmal würde man von immanenter Lektüre sprechen) genau diese Gesamtheit von Aussagen, mit denen Descartes seine Wahl erklärt und rechtfertigt. Dieses Korpus ist zweigeteilt. Zunächst gibt es im Innern des *Discours* selbst die explizite Erklärung, die argumentierende Rechtfertigung, die ich anfangs vorgelesen habe. Sie ist in sich selbst verschlungen genug, und wir müssen wenigstens gesprächsweise darauf zurückkommen. Immer noch in diesem Korpus expliziter Erklärungen über die Wahl der Sprache gibt es sodann Aussagen außerhalb des *Discours* selbst, und zwar hauptsächlich in Briefen. Sie betreffen gleichzeitig eine bestimmte Pädagogik, eine gewisse pädagogische, für schwache Geister und Frauen bestimmte *Vereinfachung*/facilitation (vergessen wir nicht, daß das Bedürfnis, eine gewisse Forderung nach Eingängigkeit/facilité, ein "mot d'ordre" der cartesianischen Philosophie war). Es handele sich, sagt er, um ein Buch, von dem

ich wollte, daß selbst die Frauen etwas daraus lernen könnten, und daß andererseits auch die Scharfsinnigsten genügend Stoff darin fänden, ihre Aufmerksamkeit zu fesseln.

Diese Stelle verbindet zwar die Frage nach der Volkssprache nicht direkt mit der Frauenfrage, aber die Logik ihrer Argumentation verbindet, wie wir sehen werden, die beiden Motive.

Die dritte Ordnung oder dritte Textebene ist die Gesamtheit des cartesianischen Korpus hinsichtlich dessen, was sich als seine eigene Ordnung, seine "Abfolge von Begründungen" ("ordre des raisons"), sein Systementwurf wenigstens zeigt, die vorausgesetzte Übereinstimmung zwischen dem sprachlichen Ereignis und dem organisierten Ensemble der Philosopheme. Das sprachliche Ereignis beschränkt sich in diesem Fall nicht auf die Wahl einer natürlichen Sprache; es besteht in dem, was die philosophischen Aussagen an den Gegenstand "Sprache" (das ist die Frage nach der Struktur von Aussagen wie z.B. "cogito ergo sum") und an eine Philosophie der Sprache und der Zeichen bindet.

Natürlich wäre die Behandlung, der wir diese drei Ordnungen von Texten zu unterziehen versuchen könnten, weder gleich, gleichmäßig verteilt, noch hingegen getrennt oder sukzessiv. Ich habe qualitative oder strukturelle Grenzen zwischen diesen Ordnungen von Texten zu bezeichnen versucht, auch wenn sie sich nicht aufeinander beziehen wie ein textuelles Innen zu einem kontextuellen Außen, und auch wenn jeder von ihnen stark unterschieden bleibt. Vor allem über die Logik der expliziten Erklärungen Descartes' in den Briefen und im *Discours de la Méthode* werden wir wieder sprechen, angefangen mit dem Ende, daß ich heute zu Anfang vorgelesen habe und das ich jetzt wieder lese, um zu schließen:

Wenn ich ferner französisch schreibe, die Sprache meines Landes, und nicht lateinisch, die Sprache meiner Lehrer, so deshalb, weil ich hoffe, daß Leute, die sich nur ihrer ganz unverfälschten Vernunft bedienen, besser über meine Ansichten urteilen werden als solche, die nur den Schriften der Alten glauben; und was die betrifft, bei denen sich gesunder Verstand mit

Gelehrsamkeit verbindet und die allein ich mir zu Richtern wünsche, so werden diese sicherlich nicht so parteiisch fürs Lateinische eingenommen sein, daß sie sich weigern, meine Gründe zu hören, weil ich sie in der Volkssprache vortrage.

Wie Sie schon ahnen werden, verschwindet diese Stelle in der lateinischen, 1644, sieben Jahre nach dem Original erschienenen Übersetzung von Etienne de Courcelles. Die große Ausgabe von Adam und Tannery zeigt die Auslassung der Stelle an. Die Wendung ist sublim: "Es gab genau genommen keinen Grund, (sie) zu übersetzen." Mit der Zustimmung Descartes' und gemäß dem gesunden Verstand selbst, der auf der Welt verbreiteter ist als eine Sprache, tilgt so die Übersetzung eine Reihe von Aussagen, die nicht nur ohne die Möglichkeit eines Zweifels dem Original angehören, sondern die die Sprache, in der dieses Werk sich präsentiert, auch sprechen und performativ anwenden. Sie sprechen diese Sprache und sprechen *von* dieser Sprache. Nun ist es hier aber so, daß sie im Augenblick der Übersetzung in Form und Inhalt, mit Leib und Seele sozusagen, untergehen. Das ist der gesunde Verstand selbst: Welchen Sinn hätte es auch, wie Sie sehen, auf Lateinisch "ich spreche französisch" zu sagen? Oder es auf Englisch zu sagen oder zu tun?

Wenn ein "Original", indem es seine Sprache spricht, von seiner Sprache spricht, bereitet es also eine Art *Freitod durch Übersetzung* vor, wie man auch von "Freitod durch Gas" oder "Freitod durch Verbrennung" spricht. Eher Freitod durch Verbrennung, denn er erlaubt, sich fast ohne Rest zu zerstören, ohne sichtbaren Rest im Innern des Korpus.

Das sagt einiges über den Status dessen, was man Selbstreferenz nennen könnte, und zwar die Selbstreferenz eines Idioms im allgemeinen, einer Rede oder einer Schrift in ihrem Verhältnis beispielsweise zum linguistischen Idiom, aber auch in ihrem Verhältnis zur Idiomatizität überhaupt. Das metasprachliche und das nicht-metasprachliche Ereignis sind also in der übersetzenden Struktur der Auslöschung geweiht. Nun beginnt aber, wie Sie wissen, diese übersetzende Struktur nicht mit dem, was man für gewöhnlich die Übersetzung nennt. Sie beginnt mit dem Augenblick, indem sich ein bestimmter Typ von Lektüre des *Original*textes etabliert. Sie löscht aus, aber sie läßt das, wogegen sie Widerstand leistet und was ihr widersteht, auch bemerken. Sie gibt die Sprache in ihrer Auslöschung selbst zu lesen: verwischte Spuren eines Weges (odos), einer Fährte, Weg der Auslöschung. Die translatio, la traduction, die Übersetzung* ist ein über dem Weg oder jenseits des Weges der Sprache verlaufender Weg, der seinen Lauf nimmt. Die Übersetzung nimmt ihren Lauf, genau hier.

Aus dem Französischen:

Susanne Lüdemann

Anmerkungen

1 Bei dem vorliegenden Text handelt es sich um das Manuskript eines Vortrages mit dem Titel: "S'il y a lieu de traduire. La philosophie dans sa langue nationale (vers une "licterature en françois")", den Jacques Derrida 1985 im Rahmen eines Seminars in Toronto, in englischer Übersetzung gehalten hat. Anm. d. Hgg.

2 René Descartes, *Discours de la Méthode. Von der Methode des richtigen Vernunftgebrauchs und der wissenschaftlichen Forschung*, übers. u. hrsg. v. Lüder Gäbe, Hamburg (Meiner) 1960, S. 127.

3 Ferdinand de Saussure, *Cours de linguistique générale*. Hgg. Ch. Bailly u. A. Sèchehaye, Paris 1916, Kap. III.

4 Vgl. John Austin, *How to Do Things with Words*, Cambridge/Mass. 1962; dt. als: John Langshaw Austin, *Zur Theorie der Sprechakte. (How to do things with Words)*. Deutsche Bearbeitung von Eike von Savigny, Stuttgart ^{2}1979.

5 Ferdinand Brunot, *L'histoire de la langue française, des origines à 1900*, Paris 1905.

6 Moral Samuel R. Cohen, *Histoire d'une langue, le Français, des lointaines origines à nos jours*, Paris 1947.

7 Renée Balibar / Dominique Laporte, *Le français national. Politique et pratiques de la langue nationale sous la Révolution française*. (Collection Analyse: Série Langue et littérature), Paris 1974.

8 Renée Balibar, *Les Français fictifs. Le rapport des styles littéraires au français national*. (Collection Analyse: Série Langue et littérature), Paris 1974.

9 *Langue, Discours, Société*. Pour Emile Benveniste. Sous la direction de Julia Kristeva, Jean Claude Milner et Nicolas Ruwet, Paris 1975.

10 Vgl. Jacques Derrida, La langue et le discours de la méthode, in: *Recherches sur la philosophie et le langage*. Conférences de Daniel Bougnouse, Jacques Derrida etc. (Cahier du Groupe de recherches sur la philosophie et le langage, 3), Grenoble/Paris 1983, S. 35-51.

11 Vgl. ders., *Grammatologie*, übers. v. Hans-Jörg Rheinberger u. Hanns Zischler, Frankfurt/M. 1983 und ders., *Die Schrift und die Differenz*, übers. v. Rodolphe Gasché, Frankfurt/M. 1976.

12 Vgl. ders., Tympan, in: *Marges de la philosophie*, Paris (Minuit) 1972.

13 Michel de Montaigne, *Essais*. Ausw. u. Übers. v. Herbert Lüthy, Zürich (Manesse) ^{6}1985, Erstes Buch, Kap. LVI ("Über das Beten"), S. 306/307.

* Die mit einem Sternchen gekennzeichneten Wörter sind im Original deutsch. Anm. d. Übers.

Heinrich Bosse

Der geschärfte Befehl zum Selbstdenken

Ein Erlaß des Ministers v. Fürst an die preußischen Universitäten im Mai 1770

> **Politische Fragen.**
> Was thut der Nordische Wodan?
> Hm, war kürzlich in Schlesien, musterte seine Völker, gieng wieder nach Potsdam, hat ein neues Exercitium unter seinen Soldaten eingeführt, um die große Kopisten um sich her wirre zu machen, sitzt im Wolkendunkel seines Kabinets, und sinnt auf Schlachten, Eroberungen und Unsterblichkeit. Nicht wahr ists, was der Zeitungsschreiber im Haag räsonnirte, als wär der Minister Finkenstein in Ungnade gefallen. Er ist noch immer —— Friedrichs Rathgeber? Nicht doch! Friedrichs Schreiber. Das ganze Preußische Ministerium hat weiter nichts zu thun, als ihres Monarchen große Gedankengeburten aufzuschreiben.

D.F. Schubart, Deutsche Chronik. 18. Sept. 1775

Selbstdenken heißt den obersten Probierstein der Wahrheit in sich selbst (d.i. in seiner eigenen Vernunft) suchen; und die Maxime, jederzeit selbst zu denken, ist die Aufklärung.[1] So sagt es, in einer berühmten Anmerkung, Kant 1786. Auf welche Weise hat sich diese Maxime wohl ausgebreitet? Gewöhnlich sieht man sie wellenförmig oder horizontal weitergehen, von einem Philosophen zum nächsten, von einem Autor, der schreibt, zu einem Leser, der liest und seinerseits wieder schreibt und Autor wird und so fort. In den Reformen des Aufgeklärten Absolutismus zeigt sich nun aber auch die andere, eine vertikale Dimension. Wenn der Philosoph auf dem Thron im wolkendunklen Zentrum der Macht sitzt, so fließt die aufklärende Botschaft vom philosophierenden König zum philosophierenden Untertan, also konkret von Friedrich II. zu Immanuel Kant, einsinnig von oben nach unten. Damit wird sie zu einer politischen Frage. Um sie aufzunehmen, werden wir die Redeverhältnisse als Machtverhältnisse begreifen müssen, und umgekehrt.

Die preußischen Universitäten waren im 18. Jahrhundert nicht eigentlich sich selbst überlassen, denn sie wurden überwacht. Verbesserungen aber nahm man nur vor, wenn es denn sein mußte und dann ging es vor allem darum, die Anzahl der Studenten oder ihre Disziplin zu heben.[2] Universitätsverwaltung war eine Sache neben anderen, ganz wörtlich, ein Appendix innerhalb des Geistlichen Departements, das wiederum dem Justizministerium unterstand, wobei jeweils einer der Justizminister als Oberkurator für die Universitäten zu sorgen hatte. Von den Universitäten liefen meist halbjährlich offizielle Berichte, daneben die wohl informativeren Briefe von Vertrauensmännern ein. Das Oberkuratorium reagierte darauf mit Verfügungen, notfalls mit Visitationen an Ort und Stelle.[3] So blieb das System als ganzes dem Herkommen verpflichtet, auch wenn neue Themen und Denkweisen in die Vorlesungen eindringen oder neue Lehrstühle auf staatliche Initiative dazukommen konnten. Die finanzielle Basis war unverrückt dieselbe, fast ein Jahrhundert hielten sich die Etats der Universitäten auf dem gleichen niedrigen Stand.[4] Dies Verwaltungs-Stilleben begann freilich aufzuhören, als die Sache in die Öffentlichkeit gelangte.[5] Ausgehend von Johann David Michaelis' *Räsonnement über die protestantischen Universitäten in Deutschland* (1768-1775) setzte ein kollektives Nachdenken über Studium und Hochschule ein. Hieran beteiligte sich auch eine Broschüre von 32 Seiten, die als *Lettre sur l'Education* mit dem Untertitel *Lettre d'un Génevois à M. Burlamaqui, professeur à Genève* Anfang 1770 bei der Vossischen Buchhandlung in Berlin erschien. Die Abhandlung ist in die philosophischen Werke Friedrichs des Großen eingesargt worden und hat lange nicht die Aufmerksamkeit gefunden,[6] die ein so einflußreicher Autor wohl verdient hätte.

Die Schrift, datiert auf den 18. Dezember 1769, ist an einen Toten adressiert, den Professor des Völkerrechts an der Genfer Akademie Jean-Jacques Burlamaqui (1694-1748). Verfasser und Adressat sind sich einig, daß die Erziehung der Jugend eine der wichtigsten Regierungsaufgaben sei. Tatsächlich hatte Burlamaqui in seinen elegant geschriebenen Abhandlungen dem Fürsten das Reich der Gedanken, Meinungen und Ideen als sein vornehmstes Arbeitsfeld angewiesen.[7] Aus der klassischen Befugnis des Souveräns, die Religion der Untertanen zu regeln - ein Thema, über das Goethe eigentlich hatte promovieren wollen[8] - leitet Burlamaqui auch das Recht her, die Ideologie der Untertanen zu regeln (*le droit de juger des Doctrines qui s'enseignent dans l'Etat*). Es ist sogar die erste Pflicht des Souveräns, auf Herz und Geist der Untertanen einzuwirken und sie darüber aufzuklären, wie sie leben und was sie denken sollen, damit sie aus Einsicht und ohne Zwang zum Gehorsam bewogen werden. Je aufgeklärter die Untertanen, desto bereitwilliger gehen sie auf das Räsonnement des Herrschers ein, desto gegründeter wird also seine Herrschaft sein, desto größer seine Macht. Diese Argumentation, die ein späterer Autor auf die Formel bringt 'Aufklärung ist die Seele jedes Staats',[9] darf man nicht als Täuschung mißverstehen, mit der etwa Philosophen und Könige sich jeweils zu überlisten versuchen. Sie sozialisiert konkret den Staatsdienst der Staatsbürger und setzt den unwiderstehlichen Reiz des Mitredens an die Stelle kruder Belohnungen oder Strafen. Ohne eine gewisse

Gedankenfreiheit geht das freilich nicht; daher muß der Souverän dafür sorgen, daß auch abweichende Meinungen geäußert werden dürfen, solange sie den sozialen Frieden nicht gefährden.[10]

Von solch einer Meinungsfreiheit macht auch Friedrich II. Gebrauch, wenn er öffentlich an den bestehenden Verhältnissen Kritik übt. Sein Thema ist vor allem die Erziehung des Adels: vom einen Ende Europas bis zum anderen liegt sie im argen.[11] Vor dem durchsichtigen Prospekt der Genfer Stadtrepublik entwickelt der König seine Vision davon, den heranwachsenden Adel über einen bürgerlichen Leisten zu biegen, genauso wie er schon 1751 befohlen hatte, den Thronfolger Friedrich Wilhelm als einen gewöhnlichen Privatmann zu erziehen, der es im Leben zu etwas bringen müsse.[12] Die adligen Söhne sind als künftige Staatsbürger und Staatsdiener vor Müßiggang und Verschwendung zu bewahren; sie sollen tugendhaft, d.h. vernünftig, arbeitsam, mäßig werden. Die adligen Töchter sind als künftige Familienmütter vor oberflächlicher Bildung und Flatterhaftigkeit zu bewahren; sie sollen ihre Urteilskraft üben, vernünftige Bücher lesen und die Haushaltungskunst lernen. Dem Doppelgebot der modernen Leistungsgesellschaft, zu arbeiten und nachzudenken - in den Worten des Königs *"rendez-les laborieux, cultivez soigneusement leur raison"* - müssen sich die Adligen umsomehr unterwerfen, als sie zu den Führungspositionen in Militär, Diplomatie und Verwaltung, die ihnen vorbehalten bleiben, qualifiziert werden sollen.[13] Wenn nämlich die bloße Geburt über das Verdienst siegen würde, wäre alles in einem Staat verloren.

In diesem Zusammenhang werden auch die preußischen Schulen und Hochschulen kritisiert. Am Joachimsthalschen Gymnasium, an der Berliner Kadettenschule, in Kloster Bergen, an der Berliner und der Brandenburger Ritterakademie gebe es zwar tüchtige Lehrer, aber sie neigten dazu, lieber das Gedächtnis der Schüler anzufüllen, als sie an eigenes Denken zu gewöhnen und sie dazu zu bringen, selbständig zu räsonieren.[14] Von den Universitäten finden nur Halle und Frankfurt a.O. Erwähnung. Die Disziplin der Studenten sei inzwischen verbessert, doch müßten vier Dinge beanstandet werden. Das Griechische und Lateinische werde sehr vernachlässigt. Aus Eigennutz und Faulheit gäben die Professoren keine Privatkollegia oder nur zu unerhörten Preisen. Die Studenten machten keine eigenen Ausarbeitungen, sondern ließen sich ihre Thesen und Disputationen von anderen schreiben. Schließlich würden veraltete Autoren in den Vorlesungen zugrunde gelegt statt der modernen, so in der Medizin Hippokrates statt Boerhave, in der Geometrie Ptolemäus statt Newton, in der Philosophie zwar nicht mehr Aristoteles, aber leider doch immer noch der absurde und unverständliche Christian Wolff an Stelle von Thomasius und Locke. Zum Beschluß folgt die Geschichte, wie der König einen Wolffianer dazu bewegen wollte, eine Vorlesung über John Locke zu halten. Die Pointe in Friedrichs II. Version bildet der unphilosophische Zorn des Professors über die Zumutung - tatsächlich hielt Georg Friedrich Meier in Halle 1754 seine Vorlesung über Lockes *Essay concerning human under-*

standing vor vier Zuhörern, von denen einer jener Freiherr von Zedlitz war, dem Kant später die *Kritik der reinen Vernunft* widmete.

Die antikisierenden wie die modernisierenden Reformwünsche laufen in dem Ziel zusammen, die Bildungsanstalten so zu organisieren, daß die aus ihnen Hervorgehenden leistungsfähiger werden. Schulen und Universitäten sollen nicht ein Wissen weiterreichen, das in solennen Veranstaltungen sich selber repräsentiert und sich selber genügt, sondern eines, das selbst erarbeitet ist im Rahmen einer Arbeitserziehung, welche den Menschen zwingt, seine Leistungen immer wieder von neuem zu verbessern:

Il faut une éducation laborieuse pour l'homme; qu'il compose, qu'on le corrige, qu'il rechange son ouvrage, et qu'à force de le lui faire retravailler on l'accoutume à penser avec justesse et à s'énoncer avec exactitude.[15]

Hierfür ist eigenes Nachdenken notwendig, und dazu muß der Schüler gebracht werden (*en le faisant raisonner lui-même*). So oder so ähnlich hatten das schon seit über einem Jahrhundert die Schulmänner gefordert, wenn sie sich gegen das mechanische Auswendiglernen erklärten, und ebenso die Philosophen, wenn sie das Nachbeten der Autoritäten bekämpften. In Francis Bacons Einleitung zu seinem *Novum Organon* (1620) - falls nicht schon bei Plato - stand am Schluß die Erwartung, der Leser müsse sich von den eingewurzelten Denkgewohnheiten befreien, um zu sich selber zu kommen, und dann aus eigenem den Weg der Erkenntnis zu beschreiten (*atque tum demum, si placuerit, postquam in potestate sua esse coeperit, judicio suo utatur*). Von John Locke bis Immanuel Kant wurde diese Weisung weitergegeben,[16] im Rahmen der aufgeklärten Vorurteilslehre variiert, verfeinert oder nachgesprochen.[17] Christian Wolff wollte mit seiner deutschen Logik (1712) zu einem erfinderischen Umgang mit der Vernunft anregen, indem man

gründlich demonstrirte Wahrheiten recht begreiffen lernet, darnach untersucht, wie sie hätten können erfunden werden, und wenn man dadurch eine Fähigkeit nachzusinnen erlanget, Sachen zu suchen sich bemühet, die uns noch unbekandt sind, ja auch wohl noch sonst von niemanden erfunden worden.[18]

1736 gründeten Politiker und Geistliche eine Gesellschaft der Wahrheitsfreunde (Aletophilen), um Wolffs Philosophie auszubreiten, und ließen bei dieser Gelegenheit eine Medaille prägen, die die Köpfe von Leibniz und Wolff trug sowie die Inschrift "*Sapere aude*".[19] In diesem Reigen figuriert auch der König von Preußen, der 1765 einen Auszug aus dem Wörterbuch des Pierre Bayle anfertigte oder anfertigen ließ, den er als Brevier des gesunden Menschenverstandes für Leser von jedem Rang und Stand empfahl; denn, so die Begründung, es gibt für den Menschen nichts Wichtigeres, als seine Urteilskraft zu bilden.[20] Dabei fügt sich die Rolle des Autors, der, selbst anonym, die Grundgedanken der Aufklärung propagiert, in die eigentliche Regierungsarbeit ergänzend ein.

Etwa seit der Mitte des 18. Jahrhunderts haben die Öffentlichkeit und die Regierungen Mitteleuropas etwas gemeinsam: die Tendenz zur Veränderung der Gesellschaft. Die absolutistischen Regierungen beginnen, das staatliche Gewaltmonopol zur Beglückung ihrer Untertanen einzusetzen, so daß sich ein Experimentierfeld umfassender Neuerungen bildet. In einer Folge von Reformen oder gar Revolutionen von oben, die alte Selbstverwaltungseinrichtungen und hergebrachte Rechte annullieren, wird der Staatsaufbau rationalisiert und damit leistungsfähiger gemacht.[21] Dieser Umbau, der als Serie innenpolitischer Gewaltakte in Erscheinung tritt, bedarf des öffentlichen Räsonnements wie keine Epoche zuvor; gegenüber dem, was bloß immer schon so war, muß eben auch argumentativ durchgesetzt werden, was vernünftig, zeitgemäß, effizient ist. Ein gleiches gilt für außenpolitische Gewaltakte. In den Schlesischen Kriegen behielt Friedrich sich als Feldherr die Kriegsberichterstattung vor und übte sie, natürlich anonym, höchstpersönlich aus.[22] Die gekrönten Häupter, ihre Minister und leitenden Beamten, tragen ganz entscheidend zur Entstehung jener neuen Öffentlichkeit bei,[23] die durch Ja und Nein, legitimierend und kritisierend ermittelt, was vernünftig, zeitgemäß, effizient sei. Nur wenn man die Öffentlichkeit vom ohnmächtigen Untertanen her sieht, kann man auf den Gedanken kommen, es seien Privatleute am Werk gewesen,[24] um diesen Umschlagplatz der Macht zu schaffen, auf dem die Glückseligkeit der Untertanen und der Fürsten, die Wohlfahrt des einzelnen und die aller unaufhörlich miteinander vermittelt werden.

Wenn die Öffentlichkeit und die Regierungen alle beide um die Verbesserung der Verhältnisse besorgt sind, dann ist es nicht nur publizistisch, sondern auch politisch erwünscht, daß die Staatsbürger von ihrem Verstand Gebrauch machen, d.h. räsonnieren. Dies freilich hat schon vor zweihundert Jahren die aufgeklärte Öffentlichkeit nicht gerne glauben wollen. Eine von vier Professoren preisgekrönte Schrift argumentierte im Jahr 1788, die Haupthindernisse des Selbstdenkens lägen erstens darin, daß der Staat das Selbstdenken nicht verlange, und zweitens darin, daß er es unterdrücke.[25] Heute zitiert man zum Beweis aus Friedrichs Kabinetts-Schreiben an den Minister v. Zedlitz vom 5. Sept. 1779 seine Mahnung, in den Dorfschulen auf dem platten Land sei es genug, "wenn sie ein bisgen lesen und schreiben lernen, wissen sie aber zu viel, so laufen sie in die Städte und wollen Secretairs und so was werden."[26] Gewiß hat der König Sorge um seine ökonomische Basis, die Landwirtschaft. Aber aus demselben Beweggrund, aus Sorge um die ökonomische Basis, wünscht er dringend, daß seine Bauern nachdenken. Die Logik, so schreibt er in demselben Text, "ist das allervernünftigste, denn ein jeder Bauer muß seine Sachen überlegen, und wenn ein jeder richtig dächte, das wäre sehr gut". Noch der letzte Untertan soll mit Verstand arbeiten, also an seinem Verstande arbeiten, denn nur wer nachdenkt, ist seinen Konkurrenten überlegen:

Die Rhetoric und Logic ist für alle Stände, alle Menschen haben sie gleich nöthig, nur muß die Methode des Unterrichts ein bischen reformiret werden, damit die jungen Leute besser lernen (...) Wer zum besten raisonniren kann, wird immer zum weitesten kommen, besser als der, der nur falsche Schlüsse zieht.[27]

Zu dieser Zeit, wo das Räsonnement als Produktivkraft entdeckt wird, gilt es noch nicht als Waffe. Die Wahrheit, lehrt Burlamaqui, zahlt sich aus und ist ebendeshalb auch sozialverträglich, denn nur falsche Ideen stiften Unruhe.[28] Daher wünscht der König bei allen Untertanen einen ausgebildeten Verstand und darüber hinaus bei denjenigen, die sich dem Staatsdienst widmen, die Fähigkeit, ihn selbständig zu gebrauchen. Daß er die müßigen Klassen zum Arbeiten und die arbeitenden Klassen zum Nachdenken bringen wollte - ist das so schwer zu verstehen?

In Zusammenarbeit mit der Öffentlichkeit haben auch die Monarchen das Ihrige getan, und es war wirklich nicht wenig, um die moderne Leistungsgesellschaft zu organisieren. Jenes Bild des Kommiß-Königs, der seine Untertanen samt und sonders dressieren will, der ihnen Selbstdenken und Selbsttätigkeit geradezu mißgönnt,[29] ist eigentlich ein Talisman, um die große Koalition zwischen König und Vernunft hinwegzubeschwören. Es scheint irgendwie unverzeihlich, daß 'zur Räson bringen' und 'zum Räsonnieren bringen' dieselbe Wurzel haben. Nichts, buchstäblich nichts steht jedoch im Wege, um die öffentlich zirkulierende Weisung zum Selbstdenken als Dienstanweisung weiterzugeben. Ihre grammatische Form, der Imperativ, kommt der Befehlsgewalt des Souveräns (*imperium*) geradezu entgegen. Imperative lassen sich ohne weiteres verstaatlichen.

Solange Friedrichs Brief über die Erziehung im Raum der Autoren und Leser, in der Öffentlichkeit kursierte, solange konnte sich auch ein Untertan als Leser und Autor dazu verhalten, zumal wenn er anderer Meinung war. Einer der preußischen Schulleiter, Anton Friedrich Büsching (1724-1793), der berühmteste Geograph seiner Zeit, Oberkonsistorialrat und Direktor des Gymnasiums zum Grauen Kloster in Berlin, fühlte sich gekränkt, "das Er in seiner *Lettre sur l'education* den Schulen den Ruhm versaget, die Jugend zum Nach- und Selbstdenken anzuführen", und gab seiner Kränkung vorsichtig Ausdruck: "Mir ist dieses unangenehm gewesen, und ich habe es 1772 gewaget, Ihm darinn zu widersprechen, (welches die Minister nicht wagten)".[30] Büsching stellte 1772 ein Lesebuch aus den Publikationen seines Königs zusammen, "*Recueil de passages propres à former l'esprit, le gout et le coeur de la jeunesse, tirés des oeuvres du philosophe de Sans-Souci*", und schickte ihm die ersten Druckbogen davon zu. Als der König damit zufrieden war, verfaßte Büsching eine Widmung, in der er die universelle Kritik, kein Lehrer erziehe zum Selbstdenken, einfach abschwächte:

Dieses Vorurtheil und Vorgeben bestritte ich, und behauptete in seinen eigenen Worten das Gegentheil. *Si vous ne pouvez ignorer Sire*! schrieb ich, *qu'il y a dans vos Etats des ecoles publiques, ou l'on s'applique avec tout le soin possible, à faire penser par eux memes les jeunes gens, à former leur goût, à exercer leur jugement, et à leur inspirer, les sentimens nobles et vertueux, votre Majesté me permettra de lui dire, que de ce nombre est le collége, dont je suis le Directeur; etc.* Der königl. Staats- und Justitz-Ministre Baron von Zedlitz bezeugte mir sein Erstaunen über die Freymüthigkeit" -[31]

der König jedoch schickte ihm ein gnädiges Handschreiben. Schulmannsglück. Was aber, wenn der Brief über die Erziehung als Vorschrift an die Un-

tertanen kommuniziert wurde? Was konnte dann noch ein Erzieher antworten, der schon von sich aus die Jugend zum Selbstdenken zu bilden suchte?
Am 17. April 1770 übersandte der König seine Abhandlung über die Erziehung an den Etats- und Justizminister Ernst Friedemann Freiherr von Münchhausen, der damals das Geistliche Departement in Lutherischen Kirchen- und Schul-, Stifts- und Klöster- auch Katholischen Geistlichen Sachen leitete, um entsprechende Verbesserungsmaßnahmen anzuregen:

> Ich überschicke euch die hierbey kommende *Piece*, in der *Intention*, daß ihr solche lesen sollt, weil Ich glaube, daß darin einige *Reflexiones* befindlich sind, von welchen bey den Universitäten Gebrauch zu machen, nicht ohne Nutzen seyn dürfte".[32]

Münchhausen gab das Büchlein unverzüglich an den Etats- und Justizminister Carl Joseph Maximilian Freiherr von Fürst und Kupferberg[33] weiter, der als Oberkurator für die Universitäten zuständig war. Auch v. Fürst wußte im ersten Augenblick noch nichts Besseres mit dem Text anzufangen als ihn, im Verein mit allen Justizministern, seinerseits an die Universitäten weitergehen zu lassen. Was Königsberg betrifft, so mußte hier der Dienstweg über die Preußische Regierung eingehalten werden, die somit die folgende Anweisung erhielt:

> von Gottes Gnaden Friderich, König in Preußen,
> Marggraf zu Brandenburg, des Heil. Römi. Reichs
> Ertz-Cämmerer und Churfürst etc. etc. etc.
>
> Unsern gnädigen Grus und geneigten Willen zuvor, Hochwohlgebohrene und Edle Räthe, besonders lieber und liebe Getreue. Ihr empfanget hierneben ein *Exemplar* der gedruckten *Lettre sur L'Education*, mit der Auflage, der dortigen *Universitaet* solches zuzufertigen, und dabey zugleich vorstellig zu machen und einzuschärfen:
>
> daß Sie zwar schon von selbst längst und öfters die Wichtigkeit des Geschäftes der Erziehung und deren Einfluß in den Staat erwogen, und sich in ihrem gantzen Umfang die Pflichten vor Augen gestellet haben würden, welche Ihnen in Ansehung dererjenigen oblieget, so durch Sie zu nützlichen Bürgern und Dienern des Staats auf *Universitaeten* gebildet werden sollen.
> Beygehende Schrift aber werde Sie davon noch mehr überzeugen, indem sie eine lebhafte Schilderung von den Haupt-Mängeln der Erziehung, insbesonderheit auch des Unterrichts auf *Universitaeten* mache. Sie hätten also die sich darinn enthaltenen Anweisungen zu Nutze zu machen, und auch ihres Orts den großen Endzweck zu erfüllen sich zu bemühen, welchen Wir Höchstselbst Uns vorgesetzet, gelehrtere, gesittete, tugendhaftere und nützlichere Glieder des Staats zu bilden.
>
> Hieran geschiehet Unser gnädigster Wille und Wir sind Euch mit Gnaden und geneigtem Willen wohlbeygetahn.
> Gegeben Berlin den 20ten Aprilis 1770.
>
> Auf Sr Königl^n Maj^{tt} allergnädigsten *Special*-Befehl.
> (gez.) Jariges   Fürst   Münchhausen   v. Dorville[34]

Anweisung samt Textbuch kommunizierte die Preußische Regierung wörtlich unter dem 7. Mai 1770 dem Akademischen Senat der Universität Königsberg.

37

Das kleine Büchlein des großen Königs wirkt sich immer noch als Denkanstoß, nun aber auch obligatorisch aus: die Professoren müssen es lesen. Ihre eigene Einsicht und ihr königlicher Auftrag werden herbeizitiert, damit sie von sich aus Verbesserungen vornehmen. Genau in diesem Augenblick, wo das Selbstdenken ins Spiel kommt, tritt auch ein erster normierender Effekt ein: anders als früher geht der Reform-Impuls erstmals an alle preußischen Universitäten zugleich. In Königsberg wird er, nach der Beobachtung von Werner Stark,[35] bis in das 19. Jahrhundert hinein wirksam bleiben.

Die Leerstellen, welche die Anweisung vom 20. April geschaffen hatte, füllte v. Fürst einen Monat später durch das ausführliche Reskript vom 26. Mai 1770. Einleitend heißt es in einer modernen Begründung, die nachgerade klassisch geworden ist: da die Universität bislang von sich aus keinen Reformplan vorgelegt habe, müsse man nun von vorgesetzter Stelle aus handeln.[36] Neben den neuen Bestimmungen sind auch ältere eingearbeitet, namentlich solche aus einem Reskript an die Universität Halle im Jahr 1768.[37] Der leitende Gesichtspunkt ist die Normierung der Studien, so daß das für die Ausbildung erforderliche Wissen auch innerhalb eines bestimmten Zeitraums angeboten wird, oder, wie man heute sagen würde, die Erstellung eines Studienplans im Rahmen einer Regelstudienzeit von drei Jahren. Dem dienen zunächst die Bestimmungen für die Professoren. Die Lehrenden sollen die künftigen Lehrveranstaltungen, wie in Halle, sechs Wochen vor Semesterende kollegial beraten, gerecht verteilen und das erwünschte "*patrioti*sche uneigennützige Einverständniß" herstellen. Den Entwurf des Vorlesungsverzeichnisses sollen sie an das Oberkuratorium einsenden, und zwar, wie in Halle, nicht mehr nach dem Rang der Professoren, sondern nach sachlichen Gesichtspunkten gegliedert. Die Theologen werden besonders ermahnt, sich vor zuviel Polemik zu hüten und die Studenten statt dessen auf den Religionsunterricht für die Ungelehrten vorzubereiten. Zwei weitere Punkte betreffen die Kontrolle, ob die Vorlesungen auch tatsächlich gehalten wurden und ob der behandelte Stoff fristgerecht abgeschlossen wurde. Dann erst kommt die Rede auf das, was dem König am Herzen gelegen hatte, auf Methode und Inhalt des Unterrichts. Dieser muß dem Endzweck des Studierens angemessen erteilt werden: "Der HauptZweck muß allezeit seyn, der *Studiren*den Verstand und Beurtheilungs-Krafft zu bilden, und sie zum selbst dencken, und selbst urtheilen anzuführen". Dazu dienen eigene Ausarbeitungen der Studenten im Anschluß an Vorlesungen und überhaupt praktische Übungen (*Collegia examinatoria, disputatoria, elaboratoria*), die mehr als bisher abzuhalten sind. Daran schließen sich die einigermaßen unbestimmten Hinweise, mehr die soliden als die schönen Wissenschaften zu lehren, Autoren wie Thomasius, Locke, Newton und Boerhave zum Muster zunehmen, neben der deutschen und französischen Sprache das Lateinische nicht zu vernachlässigen, gegebenenfalls auch Griechisch und andere orientalische Sprachen zu lehren. Deutlicher sind dann wieder die Bestimmungen hinsichtlich der Studenten. Da "offt das erste halbe Jahr des Aufenthalts auf *Universitaeten* durch unglückliche Wahl der

Collegiorum, ehe den Studierenden beßer gerathen worden, unwiederbringlich verlohren gehet", sollen ihnen zu Studienbeginn "Methodologische Anweisungen" ausgehändigt werden. Während in Halle 1768 die einzelnen Fakultäten selber "Methodologische Tabellen" zusammenstellen und, vom Dekan bevorwortet, drucken lassen sollten, erhält Königsberg perfekte Studienpläne. In einer umfangreichen Beilage werden, auf sechs Semester verteilt, die einzelnen Disziplinen und Studienschwerpunkte in jeder der vier Fakultäten enumeriert. Am Schluß des Reskripts steht die Sorge um die Studienleistungen. Damit die Studenten in einer Welt ohne Noten gleichwohl zu einem bescheidenen Leistungsvergleich (*aemulatio*) ermuntert werden, sind die Besten und die Schlechtesten aufzuschreiben, so daß "alle halbe Jahre eine *Liste* von denen durch vorzüglichen Fleiß sich *distinguir*enden, und eine von denen vorzüglich unfleißigen und liederlichen" in doppelter Ausfertigung zu den Akten genommen wird, wodurch die letzteren riskieren, im Staats- oder Kirchendienst keine Anstellung zu finden.

Von diesem Erlaß macht v. Fürst sogleich unter dem 28. Mai 1770 dem König Mitteilung.[38] In seinem Anschreiben bezieht er sich ausdrücklich auf die *Lettre sur l'Education* und hebt die beiden entscheidenden Gesichtspunkte hervor, nach denen die bisherigen Mängel zu beseitigen wären: Verbesserung des Selbstdenkens, Verbesserung der Kontrolle. Die beigefügte Liste der "Haupt-Puncte" ist anders geordnet als der Erlaß an die Universitäten. Voran steht nunmehr der "Haupt-Endzweck des Unterrichts auf Universitäten", dann folgen Bestimmungen zur Anordnung des Studiums, zuletzt solche zur Kontrolle. Zwei Weisungen an die Professoren, was die Planung der Lehrveranstaltungen und das Theologiestudium betrifft, erwähnt v. Fürst dem König gegenüber nicht. Der Gedanke des Studium Generale, durch Überblicksvorlesungen sei es alle Wissenschaften, sei es die Gebiete einer einzigen Disziplin vorzustellen (Punkt 5), entstammt dem älteren Reskript für Halle und ist nicht nach Königsberg weitergegeben worden. In der allgemeinen Vorschrift, es müßten jeweils "die gründlichsten aber auch deutlichsten *Autores*" unterrichtet werden (Punkt 6), fand der König seine Vorstellungen von dem, was moderne Wissenschaft sei, offenbar nicht ausgedrückt. So verordnete er in seiner Randbemerkung den Unterricht nach den *maître-penseurs* Boerhave, Newton, Locke und Thomasius.[39] Der Minister v. Fürst muß den bereits ausgefertigten Erlaß zurückgehalten haben, um gegebenenfalls noch Allerhöchste Willensäußerungen einfügen zu können. Denn die vier Meisterdenker werden im Erlaß erst in einem Einschub am Rande aufgeführt, und auch da nicht als Unterrichtsstoff, sondern als Vorbilder der Aufklärung. In den Vorlesungen sollen "die Erkenntniße und das Licht weiter ausgebreitet werden, so wie *Thomasius*, wie *Locke*, wie *Neuton*, wie *Boerhave* in den Wißenschafften zu ihrem unvergänglichen Ruhm angezündet haben".[40] Zu der Annahme, der Minister habe das Bedürfnis gehabt, sich abzusichern, paßt jedenfalls, daß der Erlaß vom 26. Mai unverhältnismäßig spät in Königsberg einging: am 25. Juni 1770.

Auf dem Weg durch die Institutionen haben sich die Gedanken des Königs entwickelt und verändert, vor allem darin, daß sie mit dem Wunsch des Oberkuratoriums zusammenflossen, den wissenschaftlichen Unterricht - durch Vollständigkeit des gebotenen Stoffs, Einhaltung zeitlicher Grenzen, Kontrolle der Ausführung - äußerlich zu normieren. Die Lehrinhalte selber, sowohl die antiken wie die modernen, an die Friedrich dachte, sind dabei tunlichst an den Rand gedrängt. Denkweisen und Autoren werden, gegen den Wunsch des Königs, nicht vorgeschrieben. Sein Anstoß, Schüler und Studenten sollten selber denken und arbeiten lernen, wird jedoch aufgenommen und verstärkt, so daß er - dem König gegenüber - geradezu als Kernpunkt der ganzen Maßnahme erscheint. Praktisch und didaktisch wollte ihn der König durch eine intensive Arbeitserziehung (*une éducation laborieuse*) verwirklicht sehen. In seinem Sinne greift das Oberkuratorium auf einen Veranstaltungstyp zurück, der bislang im Schatten der Vorlesungen gestanden hatte, auf praktische Übungen. Übungen, in denen das Gelernte überprüft wird (*examinatoria*), in denen es argumentierend benützt wird (*disputatoria*), oder in denen es schriftlich dargestellt wird (*elaboratoria*), sollen die Lehrvorträge ergänzen. Diese Regelung bildet ein wichtiges Relais der Universitätsgeschichte: nach rückwärts weist sie auf traditionelle rhetorische Formen wie vor allem die Disputation, nach vorwärts auf die Arbeit in Seminaren. Nur der vierte kritische Punkt des Königs, jener Vorwurf, die Professoren seien zu faul, Privatvorlesungen zu halten, erscheint im Reskript nicht mehr. Doch auch dieser Punkt geht nicht verloren. Am 24. August 1770 legt die Universität weisungsgemäß den Entwurf des Vorlesungsverzeichnisses für das Wintersemester 1770/71 vor, allerdings ohne Zeitangaben für die Privatvorlesungen, weil diese nach Vereinbarung mit den interessierten Hörern festgesetzt würden. Die theologische Fakultät nimmt es auf sich, die Schwierigkeiten der Privatvorlesung zu entwickeln[41]: einerseits seien die Studenten gar nicht daran interessiert, weil sie entweder bloß Dorfschulmeister werden wollten, oder nebenher arbeiten müßten, nämlich als Hofmeister, so daß sie weder Zeit noch Geld dafür übrig hätten - und andererseits müßten die Professoren so viele kirchliche und andere Zusatzarbeiten verrichten, um ihr geringes Gehalt aufzubessern, daß sie mit Nebentätigkeiten überlastet seien.

An der Universität Königsberg hinterläßt das Reskript vom 26. Mai 1770 eine Reihe von Spuren. Zum einen erhält das Vorlesungsverzeichnis ein neues Aussehen; dank der thematischen Gliederung werden erstmals auch die Lehrveranstaltungen der Privatdozenten öffentlich gedruckt und kontrollierbar. Sodann werden die praktischen Übungen, die auch früher schon üblich waren,[42] zu neuem Leben erweckt. Im Sommersemester 1769 war nur ein Examinatorium bei den Theologen angeboten worden, im Winter 1769/70 auch nur eine homiletische Übung der Theologen und eine Disputierübung bei den Philosophen.[43] Dagegen hält man im folgenden Winter 1770/71 ein theologisches *Collegium examinatorium et disputatorium*, ein juristisches *Collegium exami-*

natorium et elaboratorium sowie zwei Repetitorien; und drei Philosophen, die Herren Wlochatius, Christiani und Kant, bieten jeweils ein *Collegium examinatorium et disputatorium* an.[44] Auch in den folgenden Semestern werden allein in der Philosophischen Fakultät regelmäßig vier bis fünf praktische Übungen durchgeführt. Und drittens wird jeder Student über Sinn und Umfang seiner Studien aufgeklärt. Von 1770 an[45] erhielt jeder, der sich an der Universität einschrieb, mit den Akademischen Gesetzen auch die tatsächlich gedruckten "Methodologischen Anweisungen". Speziell in der Anweisung, wie die Wissenschaften innerhalb der Philosophischen Fakultät zu studieren seien, stand geschrieben:

Wer auf *Universitaeten* die *Philosophie* studi*r*et, muß vornemlich zur Absicht haben, diejenige Fertigkeit zu dencken zu erlangen, welche der Natur der wahren *Philosophie* gemäß ist, die wahre *Philosophie* ist eine Fertigkeit, selbst, ohne Vorurtheile und ohne Anhänglichkeit an eine *Secte* zu dencken, und die Naturen der Dinge, zu untersuchen.
Damit er sich nun nicht *sclav*isch an das *Sistem* seines Lehrers binde, so muß er die besten *Philosophen* aus allen *Nationen* lesen und zu dem Ende fremder Sprachen mächtig seyn, sonderlich Lateinischen, Griechischen, Frantzösischen und Engländischen, wenigstens einiger derselben.[46]

Womit es nicht nur die Professoren, sondern auch die Studenten schwarz auf weiß hatten: weisungsgemäß war das Selbstdenken zu lehren und zu lernen, auch gegen die Autorität des Lehrers selber. Selbst die preußischen Gymnasien wurden darüber informiert. Ein Rundschreiben vom 22. November 1770 wies die Kriegs- und Domänen-Kammern an, den "Haupt-Schulen" ihres Bereichs Fürsts gedruckte "Anweisungen für die Studierende aus allen Vier Facultäten" zu kommunizieren.[47]
Der Befehl zum Selbstdenken schafft nun aber eine ganz neue und im Grunde, um Büschings Wort zu wiederholen, unangenehme Situation. Seit Jahrhunderten war es der Auftrag der Universitäten gewesen, nützliche Bürger und Diener des Staats zu bilden, wie es am 20. April noch einmal gesagt wird. Dieses Ziel erhält im Mai 1770 ein Nah- oder Zwischenziel vorgeordnet, das die Aufgabe paradox werden läßt. Sie wird dadurch nicht sinnlos, ganz im Gegenteil. Der Befehl ist unendlich stimulierend und entlastet so die Verwaltungsspitze davon, allein für die Verbesserung der Verhältnisse sorgen zu müssen - nun sind alle studierten Staatsbürger in diese Aufgabe eingebunden. Im Bereich des Wissens führt er die Studierenden zu eigenen Arbeiten und möglicherweise zu eigenen Entdeckungen, ein Weg, der im 19. Jahrhundert zur offiziellen Verbindung von Forschung und Lehre wird. Andererseits greift doch der Befehl in etwas ein, das auch ohne ihn geschehen kann. Die Königsberger Professoren hatten die großen Denker der Aufklärung ebenso gelesen wie ihr König und konnten ebenso wie er aus eigenem Antrieb um das Selbstdenken besorgt sein. Kant hat schon 1765 eine Nachricht von der Einrichtung seiner Vorlesungen herausgegeben. Die Studierenden würden bei ihm nicht Gedanken, sondern denken, nicht Philosophie, sondern philosophieren lernen, indem sie ihre Urteilskraft auch gegen die Autorität eines Autors üben:

Auch soll der philosophische Verfasser, den man etwa bei der Unterweisung zum Grunde legt, nicht wie das Urbild des Urtheils, sondern nur als Veranlassung selbst über ihn, ja sogar wider ihn zu urtheilen angesehen werden, und die Methode *selbst* nachzudenken und zu schließen ist es, deren Fertigkeit der Lehrling eigentlich sucht, die ihm auch nur allein nützlich sein kann, und wovon die etwa zugleich erworbene entschiedene Einsichten als zufällige Folgen angesehen werden müssen, zu deren reichem Überflusse er nur die fruchtbare Wurzel in sich zu pflanzen hat.[48]

Die Devise, Philosophie als etwas zu betrachten, was überhaupt erst noch gefunden werden muß, wird Wilhelm v. Humboldt eine Generation später auf alle Wissenschaften übertragen.

Fünf Jahre nach Kants Vorlesungsankündigung von 1765 ist sein selbstgesetztes Unterrichtsziel verstaatlicht.[49] Zu seinem eigenen Willen ist der staatliche Wille gleichlautend hinzugefügt worden. Wenn man eine Aufklärung von unten, die aus der Gesellschaft erwächst, von einer Staatsaufklärung unterscheiden kann, die von oben angeordnet wird,[50] so gibt die Verstaatlichung des Selbstdenkens exakt den Punkt an, in dem beides zusammenfällt. Für den König ist das nicht problematisch; war es doch ein und derselbe Text, der den Weg an die Öffentlichkeit und durch die unteren Instanzen nahm. Aber für den Untertan wird es problematisch, wenn er nicht mehr trennen kann, was er spontan tut und was er auf Befehl tut, wenn gerade im Reich der intellektuellen Selbstbestimmung nicht auseinander zu halten ist, was autonom und was heteronom gelehrt wird. In Brechts Keuner-Geschichte "Maßnahmen gegen die Gewalt" sieht sich der Denkende bewogen, seinen Diskurs zu ändern, ja zu verleugnen, als die Gewalt plötzlich hinter ihm steht. 1770 braucht der Denkende nicht zu erschrecken, oder jedenfalls nicht vor der Gewalt, denn sie steht ganz positiv hinter ihm und bedeutet ihm: weitermachen, denn hieran geschieht Unser gnädigster Wille und Wir sind Euch in Gnaden gewogen. Wer also hat das Sagen? Anders als in Brechts Geschichte, wo der Agent der Gewalt nach seinem Tode aus dem Haus geschafft wird, bleibt der Allerhöchste Wille präsent ohne Ende. Sein Befehl zum Selbstdenken vervielfältigt sich auf dem Weg vom König zu den Professoren und von den Professoren zu den Studenten. Er ist das Herzstück des akademischen Unterrichts geworden. Ein Schüler Kants, Johann Gottfried Herder, rühmt seinen Lehrer mit den Worten: "Er munterte auf, und zwang angenehm zum Selbstdenken; Despotismus war seinem Gemüth fremde".[51] Der *double-bind*, den Herder als alter Schulmann so gelassen formuliert, unterdrückt nicht, beraubt nicht, nimmt nichts weg, und doch sind Zwänge im Spiel. Daß die Stimme der Vernunft, gerade wenn sie sich zum eigenen Räsonnement erhebt, von einer anderen Stimme der Vernunft überlagert wird, könnte man als Interferenz auffassen. 1784 gebraucht Kant in diesem Kontext den Begriff der Vormundschaft.

Das Jahr 1784 ist denkwürdig in der Geschichte der Publizität. In diesem Jahr wird zum ersten Mal die Öffentlichkeit in die preußische Gesetzgebung eingeschaltet. Seit 1780 hatte eine Arbeitsgruppe unter der Leitung des Großkanzlers v. Carmer ein allgemeines Landrecht für die preußischen Staaten vorbereitet,[52] eine Reformarbeit, die recht genau nach dem Muster der vom König gewünschten Arbeitserziehung (*qu'il compose, qu'on le corrige, qu'il rechange son ouvrage, et qu'à force de le lui faire retravailler on l'accoutume à penser avec justesse et à s'énoncer avec exactitude*) ablief. Das vorläufige Resultat derselben brachte v. Carmer zwischen 1784 und 1788 mit Einwilligung des Königs an die Öffentlichkeit. In seiner Vorerinnerung vom 24. März definiert er sie als die Menge aller interessierten Sachverständigen, also nicht nur die betroffenen Landeskinder, und nicht nur die Akademiker. Vielmehr sollen vom ganzen Publikum ausdrücklich "dessen sachverständige Mitglieder, inn- und außerhalb des Landes" gehört werden, und ebenso die Nichtjuristen,

die sich eigentlich gar nicht zum sogenannten gelehrten Stande rechnen, dennoch aber durch Lektüre und Nachdenken ihren Verstand geschärft, und in den mancherley Geschäften des bürgerlichen Lebens reife Kenntnisse und Erfahrungen gesammelt haben.[53]

Nach dem Vorbild der Akademien und gelehrter Gesellschaften sollen die besten Einsendungen mit wertvollen Preismedaillen ausgezeichnet werden. Parallel dazu veröffentlichte einer der Mitarbeiter an dem Reformwerk, Ernst Ferdinand Klein (1744-1810),[54] im Aprilheft der *Berlinischen Monatsschrift* anonym, wie für einen Machtträger zu erwarten, eine Reihe von Gedanken zur Pressefreiheit. Sein Beitrag mit dem Titel "Ueber Denk- und Drukfreiheit. An Fürsten, Minister, und Schriftsteller" begleitet die unerhörte Begebenheit, die Öffentlichkeit an der Legislation zu beteiligen, mit Reflexionen, die einerseits an den König, andererseits an die interessierten Sachverständigen adressiert sind.

Klein benutzt die Strategie der sich überlagernden Stimmen in umgekehrter Richtung, indem er das, was Friedrich II. als Autor schrieb, geltend macht, um ihn als König zur Pressefreiheit zu zwingen, in der ausgesprochenen Zuversicht, "alles, was ich ihm in den Mund legen werde, wo nicht durch Worte des Schriftstellers, doch durch Thaten des Königs zu belegen".[55] Seiner Argumentation an die Adresse des Autors fügt er weitere Beweggründe an, die sich letztlich auch an die Adresse des Obersten Kriegsherrn richten. In Preußen, so sagt er ihm, können sich Aufklärung und Militarismus verbinden, denn da "kämpft man mit demselben Muthe gegen Feind, und Vorurtheile". Diese Verbindung ist, genau genommen, die einer komplementären Ergänzung. Das öffentliche Räsonnement kann die Kommandeure von innen kontrollieren, indem es ihre Befehlsgewalt zwar nicht durch Befehle, wohl aber durch Motivierungen bändigt:

Auf *Subordination* beruht die unwiderstehliche Gewalt des preußischen Kriegsheeres. Von der Subordination hängt die Ordnung ab, welche im preußischen Civilstande herrscht. Subordination ist die Seele des ganzen preußischen Staats. - Diese auf der einen Seite so unentbehrliche, auf der andern so lästige Subordination, wird durch die Freiheit laut zu denken gemäßigt, aber nicht gehemmt. Kein Vorgesetzter wird dadurch gehindert, zu thun was er will, sondern nur zuwollen, was er nicht soll. - Scheu vor dem Urtheile des Publikums kann unter solchen Umständen die Stelle des Patriotismus vertreten.[56]

Den Gedanken der komplementären Ergänzung übernimmt auch Kant in seiner "Beantwortung der Frage: Was ist Aufklärung?", die im Dezember 1784 in der gleichen Zeitschrift erschien.
Dabei dehnt Kant den Übergriff militärischer Strukturen, den Klein allgemein voraussetzt, ausdrücklich auf die Steuerverwaltung und sogar auf die Kirche aus: "Der Offizier sagt: räsonnirt nicht, sondern exercirt! Der Finanzrath: räsonnirt nicht, sondern bezahlt! Der Geistliche: räsonnirt nicht, sondern glaubt!"[57] Diesen Bereich eines sprachlosen Gehorsams ergänzt auf der anderen Seite ein Bereich der freien Rede, den Kant, wie schon Klein, seinem Herrn in den Mund legt: "Nur ein einziger Herr in der Welt sagt: *räsonnirt, so viel ihr wollt; aber gehorcht!*" Der Gehorsamsbereich stößt hart an den Freiheitsbereich, und beide haben den janusköpfigen Herrn an der Spitze, der zu gehorchen befiehlt und zu räsonnieren erlaubt. Nun hatte derselbe Herr in einem dritten Bereich nicht bloß gestattet, sondern schlechterdings befohlen zu räsonnieren, und zwar im Bereich der Schulen und Universitäten. Als Königsberger Professor konnte Kant es wissen, was dem altpreußisch orientierten Friedrich Adolf Trendelenburg auch nicht entgangen ist: "Kant hätte noch mehr sagen können. Dieser Herr wollte sogar, dass als denkende Wesen die Menschen sollten *raisonniren lernen;* und stellte seinem Minister die Aufgabe *es lehren zu lassen*".[58] Kant hat das nicht gesagt. Auf die unangenehme Situation, die der Befehl zum Selbstdenken geschaffen hat, antwortet er, indem er darüber schweigt. Aber sie gehört dennoch zu dem, worüber man reden kann.
Die Weisung zum Selbstdenken behandelt Kant als eine Sache zwischen Autoren und Lesern. Aufklärung beginnt damit, daß der Leser einen Imperativ aufnimmt, der aus der Gelehrtenwelt des Lateins zu ihm kommt: "*Sapere aude!* Habe Muth dich deines eigenen Verstandes zu bedienen! ist also der Wahlspruch der Aufklärung".[59] Er gilt allerdings nur im Freiheitsbereich der Bücher und Zeitschriften, und er gilt nicht im Gehorsamsbereich der alltäglichen Lebenspraxis. In diesen Bereich fällt auch der Unterricht, wobei Kant die religiöse Unterweisung zum Paradigma nimmt. Indem er freilich beide Bereiche übergangslos addiert, oder umgekehrt, "indem er die Vernunft des einzelnen in eine dienende und eine freie spaltet und dem Individuum so ein double-thinking zumutet, das an Schizophrenie grenzt",[60] setzt er das redende Subjekt einer Zerreißprobe aus. Die Trennlinie zwischen Befehlsstruktur und Freiheit läuft nicht - wie bei Brecht - am Rande der Reden, etwa zwischen Stillschweigen und Sprechen, sondern mitten durch den Diskurs. Fixiert wird sie durch den Unterschied zwischen Mündlichkeit und Schriftlichkeit;[61] die mündliche Mitteilung ist des Herrn, die schriftliche ist staats- und herrschaftsfrei. So hat der (seelsorgende) Lehrer zum Beispiel zu sagen, was "er nach Vorschrift und im Namen eines andern vorzutragen angestellt ist". Als Autor dagegen, "der durch Schriften zum eigentlichen Publikum, nämlich der Welt spricht", genießt derselbe Theologe die uneingeschränkte Freiheit, "sich seiner eigenen Vernunft zu bedienen und in seiner eigenen Person zu spre-

chen".[62] Im herrschaftsfreien Diskurs ist der Vernunftgebrauch öffentlich und der Redende sein eigener Herr. Im herrschaftsgebundenen Diskurs spricht der Redende nicht in eigener Person, er ist enteignet. Überraschenderweise nun bezeichnet Kant das, was man heute *entfremdete Rede* nennen würde, als "Privatgebrauch" der Vernunft. Wenn das Sprachpolitik sein soll,[63] so die der Beschönigung - eine Wortwahl, durch die der Philosoph zu verstehen gibt, das Reden unter dem Mantel der Macht sei Privatsache, und sich damit aus einer Affäre zieht, in die er selber verstrickt ist. Zwischen dem Privatgebrauch und dem öffentlichen Gebrauch der Vernunft fehlt der akademische Gebrauch der Vernunft, sein eigener philosophischer Unterricht. Autonomie der Vernunft war ihm von höchster Stelle zur Pflicht gemacht worden, nachdem er sie sich selbst bereits zur Pflicht gemacht hatte. Wo ist der Unterschied zwischen dem Gebot der Vernunft und dem Gebot des Königs? Von den Turbulenzen solch einer Frage zu reden, wagt, wie es scheint, eher ein preußischer Militär[64] als ein preußischer Professor. Wenn dieser auf seine berufliche Tätigkeit zu sprechen käme, könnte er seine Vernunft nicht mehr aufteilen in eine, die nur auf dem Büchermarkt wahrhaft zu Hause ist, und eine andere, die sich den Unterricht von oben diktieren läßt, er müßte von seiner eigenen Vormundschaft reden. "Anch' io sono *tutore*!",[65] auch ich bin Vormund, sagt Kants Freund und Kritiker Hamann.

Da Kant seine eigene Vormundschaft unausgesprochen läßt, wird ihm auch die des Königs unsichtbar. Anknüpfend an die Diskussion seiner Zeitgenossen,[66] geht es ihm vor allem um die Grenzen der Meinungsfreiheit in Religionsdingen. Hierin macht er das preußische *laissez-faire*, indem Friedrich II. "zuerst das menschliche Geschlecht der Unmündigkeit, wenigstens von Seiten der Regierung, entschlug", als Vorbild für die ganze Kirche geltend. Darüber hinaus dient Friedrich II. sogar im eigentlich politischen Bereich zum Muster, da er den Entwurf des allgemeinen Landrechts zur Diskussion stellen ließ in der Sicherheit, "daß selbst in Ansehung seiner *Gesetzgebung* es ohne Gefahr sei, seinen Unterthanen zu erlauben, von ihrer eigenen Vernunft *öffentlichen* Gebrauch zu machen".[67] So läßt Kant den Meridian der Macht nicht da verlaufen, wo er selber ist, spricht, handelt, sondern nebenan, bei den Geistlichen. Er schreibt, er habe

den Hauptpunkt der Aufklärung, die des Ausganges der Menschen aus ihrer selbst verschuldeten Unmündigkeit, vorzüglich *in Religionssachen* gesetzt: weil in Ansehung der Künste und Wissenschaften unsere Beherrscher kein Interesse haben, den Vormund über ihre Unterthanen zu spielen.

Aber damit gibt er für die Beantwortung der Frage: Was ist Aufklärung? ein ausgesprochen schlechtes Beispiel. Er vergißt die gesamte preußische Kultur- und Bildungspolitik seiner Zeit, er reduziert die bildungskritischen Willenserklärungen seines Königs auf bloße Meinungsäußerungen und den für ihn zuständigen Minister auf einen Bücherleser wie alle anderen. Im Fadenkreuz von Leser und Autor, König und Untertan ist jedoch der Doppelstatus des Ministers deutlich zu erkennen, und Kant selber hat ihn auch in einem anderen

Text ausgesprochen. In der Widmung seiner *Kritik der reinen Vernunft* (1781) sieht er den Minister v. Zedlitz[68] einerseits in der Position "eines Liebhabers und erleuchteten Kenners", andererseits auf dem "erhabenen Posten eines Beschützers" der Wissenschaften.[69] Und der erhabene Beschützer der Wissenschaften ließ sich die Königsberger Meritenlisten und Vorlesungsverzeichnisse nicht bloß zum Spaß nach Berlin kommen.

Unter dem Minister v. Zedlitz beginnt sich der paradoxe Befehl zum Selbstdenken auf die Verwaltungsvorgänge selber auszuwirken. Der Berliner Vormund hindert seine Schützlinge in Königsberg nicht daran, sich ihres eigenen Verstandes zu bedienen - im Gegenteil, er fordert sie dazu auf. Er unterdrückt nicht, sondern aktiviert.[70] In dem aufschlußreichen Erlaß vom 25. Dezember 1775 tadelt er, daß die Leistungen der Studenten aus den eingesandten Unterlagen nicht genügend hervorgingen, doch ohne vorzuschreiben, wie es besser zu machen sei: "Auch hoffen wir künftig Anzeigen von eigentlich gelehrten und minder zweideutigen Fleisses Proben als Gelegenheits-Reden sind, zu erhalten".[71] Hoffnungen, Erwartungen, Mißfallensäußerungen sind nun nicht eigentlich Befehle, sondern eher Reize, positive oder konträre Leitungsimpulse. Mit ihnen regiert der Minister:

> Es scheint, dass die Professores mit der neuen Literatur ganz unbekannt oder für das Alte so eingenommen sind, dass sie an den Aufklärungen, Reinigungen und Erweiterungen, welche jede Wissenschaft durch den Fleiss der Neueren erhalten, keinen Geschmack finden, da sie fast durchgehends (einige Lehrer und namentlich die Professores Kant und Reusch ausgenommen) über Lehrbücher lesen, welche zu ihrer Zeit gut waren, jetzt aber bei mehrer Erleuchtung der Gelehrten durch bessere Werke längst verdrängt sind (...) Wir befehlen Euch demnach den Professores aufzugeben, forthin die Lehrbücher, deren in allen Wissenschaften so viele gute vorhanden sind, sich mit besserer Einsicht zu wählen (...) So wenig Wir geneigt sind, über individuelle Meinungen herrschen zu wollen, so halten Wir doch für nöthig, der Ausbreitung gewisser allgemeiner nutzenlos befundener Meinungen vorzubeugen.[72]

Also keine Meisterdenker mehr wie in Friedrichs Randnotiz, stattdessen negative Anhaltspunkte dafür, was man zu lassen hat, bereichert um positive Beispiele, wie man es machen soll. Was Kant und Reusch in dieser lobenden Erwähnung widerfährt, läßt sich nicht als Subordination und nicht als Freiheit begreifen. Es ist die Einordnung in den Rahmen des Erwünschten und Erlaubten; in diesem Rahmen sollen Kant und Reusch so weitermachen wie bisher, und ihre Kollegen sollen nicht so weitermachen. Dieser Befehl, sich die Bücher mit besserer Einsicht zu wählen, nimmt die spontane Mitwirkung der Angesprochenen vorweg und weist ihnen einen Spielraum für ihre Selbsttätigkeit an, in Grenzen. Wir befinden uns nicht beim Kommiß, sondern in der Schule.

Daß ein Minister, der die Erziehungswissenschaft zu seinem Lieblingsthema erklärt hat,[73] sie auch praktisch anwendet, ist in gewisser Weise konsequent. Andererseits mag es überraschen, ausgerechnet auf den Pfaden der Bürokratie, im Schriftgang zwischen dem Justizministerium und der Regierung in Königsberg, zwischen der Regierung und dem Akademischen Senat, pädagogische Maßnahmen anzutreffen. Schließlich sind die Erziehungsgedanken außerhalb der Behörden entwickelt worden, in jenem Räsonnement, das die aufgeklärte Öffentlichkeit ausmacht. Ihr Thema ist daher auch der Mensch und erst in zweiter Linie, falls überhaupt, der Staatsbürger und Untertan. Und doch liegen gerade hier die Gemeinsamkeiten zwischen dem räsonnierenden Publikum und der absolutistischen Verwaltung offen zu Tage.

Der Erzieher, so sagt es ein wirklicher Genfer Bürger zu Beginn seines *Emile* (1762), muß wählen, ob er einen Menschen erziehen will oder einen Staatsbürger: beides zugleich ist unmöglich. Der natürliche Mensch ist ein in sich vollendetes Ganzes, er darf nicht fremden Zwecken dienstbar gemacht werden. Um ihn heranzubilden, kommt es darauf an, "daß er mit eigenen Augen sieht; daß er mit seinem Herzen fühlt; daß ihn keine Autorität außer seiner eigenen Vernunft beherrscht".[74] Auch im intellektuellen Bereich soll der Mensch frei sein, sich selbst zu bestimmen. Diese Werte entwickelt Rousseau nicht nur als Botschaft an den Leser aus der Distanz des Autors, sondern in der unentrinnbaren Nähe einer konkreten menschlichen Beziehung. Er erzählt die Beziehung zwischen Erzieher und Zögling, darin liegt die schreckliche Genialität seines Buches. Wenn mir die frohe Botschaft "Sei frei!" von einem Menschen zukommt, der größer und mächtiger ist als ich, und mit dem ich nicht nicht zusammenleben kann, so verändert die Botschaft ihren Charakter und führt zu einer dauernden Verhaftung.[75] Das heißt konkret, daß der Zögling das Gebot seiner Vernunft und das Gebot seines Erziehers nicht mehr unterscheiden kann.

"Ich will deinen Vorschriften gehorchen, ich will es immer, das ist mein unabänderlicher Wille", ruft Emil, "zwinge mich, mein eigener Herr zu sein, indem ich nicht meinen Sinnen, sondern meiner Vernunft gehorche!"[76]

Ein schwindelregendes Erziehungsziel, und Rousseau unterstreicht es: wenn euer Zögling nicht so denken und sprechen will, Kollegen, dann habt ihr etwas falsch gemacht.

Die Abhandlung *Du contrat social* liest man gern als Text zur Französischen Revolution, man liest vielleicht nicht so gerne *Emile ou de l'éducation* als Handbuch des Aufgeklärten Absolutismus. Gleichwohl ist die sich anbahnende Pädagogik zeitgleich und strukturgleich mit der herrschenden Politik. Der Aufgeklärte Absolutismus setzt das staatliche Gewaltmonopol ein, um seine Untertanen glücklich zu machen. Der Pädagoge setzt seine Gewalt ein,[77] um das Kind zum Menschen zu machen; denn erst der erzogene Mensch ist, nach Auffassung der Aufklärung, wirklich Mensch. Untertanen und Kinder wirken von sich aus diesen Zielen entgegen, sie sind selbstbewegt oder motiviert durch den Trieb ihres Glücksverlangens, d.h. durch die Selbstliebe.[78] Als erster bezieht sich Rousseau in ganzem Umfang auf diese Energie, die im moralischen Bereich damals nicht weniger Faszination und Entsetzen hervorrief als heute auf technischem Gebiet die Atomenergie. Die Energie des natürlichen Egoismus ist es, welche die Pädagogik als körperlichen Bewegungsdrang, als Selbsttätigkeit, als Wunsch und Begehren erforscht, überwacht, bändigt, verwertet. Während der Zögling für Rousseaus Erzieher transparent werden soll, bleibt der Erwachsene im Wolkendunkel seiner

Überlegenheit unsichtbar und lenkt ihn, ohne daß er es bemerkt. Das absolute Freiheitsprogramm, daß der Erzieher für das Kind schreibt, kontrolliert es absolut:

> Zweifellos darf es tun, was es will. Aber es darf nur das wollen, was ihr wünscht, daß es tue. Es darf keinen Schritt tun, den ihr nicht vorausbedacht hättet; es darf nicht den Mund öffnen, ohne daß ihr wüßtet, was es sagen wird.[79]

Aus der Position der Allmacht heraus hat Rousseau damit genau formuliert, worum es geht: um die Steuerung der Selbststeuerung. Indem der Pädagoge spontane Bewegungen vorwegnimmt, indem er Spielräume absteckt und Reize austeilt, wie v. Zedlitz es getan hat, stimuliert er eigenes Nachdenken und eigene Initiative im Rahmen des Erwünschten und Erlaubten.

Kants Beantwortung der Frage: Was ist Aufklärung? und Rousseaus Erziehungsphantasien gehören insofern zusammen, als Rousseau völlig neue Techniken der Vormundschaft beschreibt. Es ist sein erklärtes Ziel, die Vernunft des Erwachsenen und die Vernunft des Kindes interferieren zu lassen. Auch Rousseaus Erzieher spricht im Namen eines anderen, aber er ist der stellvertretenen Rede nicht unterworfen, sondern bedient sich ihrer. Jene unangenehme Situation, wenn der Lehrer den Befehl zum Selbstdenken erhält, wird eine günstige Situation, wenn er den Befehl zum Selbstdenken erteilt. In diesem Drehpunkt wandelt sich der Lehrer zum Pädagogen und der Befehl zum Stimulans. Der Anreiz zur intellektuellen Selbstbestimmung fügt sich dabei in die Menge aller anderen Konzepte ein, Selbsttätigkeit hervorzulocken und zu leiten. So kommt es, daß die Pädagogik an Stelle der Theologie zur Leitdisziplin der Beeinflussungswissenschaften wird.[80] In ebendem Zeitpunkt, wo der Henker von Genf Rousseaus Buch als gottlose Schrift verbrennt, beginnen sich protestantische Universitäten um die Schul- und Erziehungswissenschaft zu kümmern. Im Wintersemester 1761/62 liest Johann Christoph Dommerich, Professor der Logik und Metaphysik in Helmstedt, über die "Unterrichtswissenschaft, worinn die Gestalt, Lehrart und Pflichten eines guten Schullehrers, nebst dem ganzen Informationsamt abgehandelt werden".[81] Und in Königsberg hat Friedrich Samuel Bock, wie er selber 1779 schreibt, "seit dreyßig Jahren zu verschiedenen malen, der auf der hiesigen Akademie studierenden Jugend *pädagogische Vorlesungen* gehalten".[82] Als Kant die Frage beantwortete, was Aufklärung sei, stand der erste deutsche Lehrstuhl für Pädagogik schon wieder leer, und Kant selber hatte einschlägige Vorlesungen gehalten[83]: im Wintersemester 1776/77 nach Basedows Methodenbuch, im Sommer 1780 und im Winter 1783/84 nach dem Lehrbuch seines Kollegen Bock.

Die Art und Weise, wie die Pädagogik an die preußischen Universitäten kam, ist nicht einerlei.[84] In Königsberg wurde befohlen und normiert, was die Professoren von sich aus getan hatten. So hatte nicht nur Bock 1769 und 1769/70 Anleitungen zum Schulunterricht gegeben, sondern schon vor ihm Johannes Gotthelf Lindner 1765/66 und neben ihm Georg Christoph Pisanski im Winter 1770/71 und 1772/73.[85] Etwa 1774 forderte die Preußische Regierung als vorgesetzte Behörde die Universität auf, sich darüber zu äußern, wie die Universität zur Verbesserung des Schulwesens beitragen könne. Der Senat verwies zweifellos auf das, was bereits geschah, und wurde daraufhin am 13. Juni 1774 angewiesen, "das in Vorschlag gebrachte Collegium Scholastico-Practicum zu Stande zu bringen, und durch einen deren Profeßorum aus der Philosophischen Facultaet, jedoch publice halten zu lassen." Das hieß, die Professoren bekamen kein Honorar dafür. Um die Last zu verteilen, sollten sie sich innerhalb der Philosophischen Fakultät reihum abwechseln, was auch mit gutem Erfolg bis zur Gründung eines Lehrerseminars im Jahr 1790 fortgesetzt wurde. Auf diese Weise hatte sich die Philosophische Fakultät als ganze der Aufgabe anzunehmen, künftigen Schulmännern und Hofmeistern eine Ausbildung oder wenigstens Anregungen zu geben. Vergleichbares ist damals von keiner anderen Universität bekannt.

In Halle dagegen versuchte der Minister v. Zedlitz, Basedows Reformanstöße direkt an die Universität zu vermitteln. Den Ansatzpunkt bot das seit der Gründung 1691 bestehende theologische Seminar. Nach 1757 waren dort auch angehende Lehrer durch philologische Vorlesungen und Ausarbeitungen vorbereitet worden, 1777 wurde diese Sektion als Pflanzschule für Pädagogen verselbständigt, an der laut Zedlitz' *Plan d'une Pépinière de Pédagogues et de Gouverneurs établie à Halle en 1777* Vorlesungen zu halten waren.[86] Als sich 1779 die Gelegenheit bot, den bisherigen Inspektor zu entlassen, berief v. Zedlitz Ernst Christian Trapp (1745-1818) als Nachfolger und ernannte ihn zugleich zum ordentlichen Professor der Philosophie und Pädagogik.[87] Trapp, neben Rousseau und Basedow einer der offenherzigsten Pädagogen des 18. Jahrhunderts, unterrichtete an Basedows Philanthropin und hatte sich dadurch empfohlen, daß er schon 1777 die Einrichtung eines besonderen Lehrstuhls für Erziehung, ja einer Erziehungsfakultät ins Auge gefaßt hatte.[88] Er hatte allerdings bisher noch keinen akademischen Grad erworben, so daß der Minister die Philosophische Fakultät alsbald anwies, dem Professor Trapp kostenfrei die Doktorwürde zu erteilen.[89] Solcherart trat Trapp als ein Neuling und Neuerer unter seine akademischen Kollegen, die ihm nichts nachsahen, schon gar nicht, daß er die lateinische Gelehrtensprache, die bisher das Rückgrat aller schulischen Anforderungen gebildet hatte, auf provozierende Weise ablehnte.[90] Vom Sommersemester 1779 an, seit 1780 über sein eigenes Lehrbuch *Versuch einer Pädagogik*, bis zum Wintersemester 1782/83 hielt Trapp in Halle Vorlesungen,[91] dann gab er auf. Der Oberkurator v. Zedlitz gab nicht auf und versuchte es mit Friedrich August Wolf; doch 1784 schon ließ der selbstbewußte Philologe die Professur der Pädagogik fallen und übernahm eine der Beredsamkeit. Das Seminar wurde aufgelöst. Dem Theologen August Hermann Niemeyer gelang es dann 1787, das pädagogische Seminar neu zu begründen und pädagogische Vorlesungen mit Erfolg in Halle heimisch zu machen.

Auch die Befehle, über Pädagogik zu lesen, sind Befehle und keine Erlaubnis. In Königsberg wird die Aufgabe als unbezahlte Arbeit innerhalb einer Fakultät an alle verteilt, wodurch interessierte Professoren die Gelegenheit zu einer geldbringenden Privatvorlesung verloren haben. In Halle wird die Aufgabe, die vorher am Rande der Universität lag, auf beinahe autokratische Weise einem besonderen Lehrstuhl übertragen. Das staatliche Interesse überlagert und reguliert die Interessen derer, die um die Schulwissenschaften und ihre Verbesserung bemüht waren. Es überlagert sie jedoch gleichsinnig, zumindest was das Ziel betrifft. Die staatlichen Maßnahmen zielen darauf ab, die Untertanen glücklich zu machen.[92] Ebendas tun auch die pädagogischen Maßnahmen. Trapp definiert: "Erziehung ist Modifikation des Menschen in der Absicht ihn glücklich zu machen".[93] Darin, in der menschlichen und politischen Glückseligkeit, sieht die ganze erste Generation der Pädagogen in Deutschland den Zweck der Erziehung. Denn Politik und Erziehung stehen beide vor den Problemen der Menschenführung, die durch das Gebot, zu arbeiten und nachzudenken (*rendez-les laborieux, cultivez soigneusement leur raison*), neu hervorgerufen werden. Und die Erziehungswissenschaften sind es, die sich auf ihrem parapolitischen Gebiet der Paradoxien annehmen können, die bei der Steuerung der Selbststeuerung entstehen. Wie in einer großen Raffinerie werden in ihnen die Schwierigkeiten verfeinert und veredelt, brauchbar und schmackhaft gemacht. Zumal der "Spielraum des Selbstdenkens", wie Pestalozzi ihn nennt,[94] wird von Anfang an getestet, variiert und, im Rahmen des Erwünschten und Erlaubten, vervollkommnet. Wenn Trapp in seinem Buch oder in seiner Vorlesung auf den Befehl zum Selbstdenken zu sprechen kommt, so gibt er ihn nicht nur weiter, sondern bedenkt zugleich seine Durchführbarkeit. Das heißt, er bearbeitet ihn:

Da die Jugend leichtgläubig ist, und ihrer Natur nach nicht anders sein kann: so scheint der Zweck des Unterrichts, der im *Glauben* an die Worte des Lehrers besteht, nicht schwer zu erhalten zu sein. Indessen ist hier folgende nicht unerhebliche Schwierigkeit. Der Schüler soll mehr lernen, als bloß an den Lehrer glauben; man soll seine Vernunft bearbeiten und seinem Verstand aufhelfen, daß er mit eignen Augen sehe. Diese Aufklärung führt aber unvermeidlich zum *Widersprechen* und zum *Zweifeln*.
Nach der Meinung vieler Männer von Einsicht kann man der Jugend keinen grössern Dienst thun, als wenn man sie bescheiden zweifeln lehrt. Dis ist der Grund aller Toleranz, und Toleranz ist die nothwendigste Tugend in der Gesellschaft.
Auf der anderen Seite ist ein Mensch, der sich in Zweifeln vertieft und verirrt, manchmal sehr unglücklich; er verliert alle Gemüthsruhe, und weiß oft nicht mehr, was recht oder unrecht, was schwarz oder weiß ist.
Man kann sich vorwerfen, daß man an dem Jammer eines solchen Unglücklichen schuld ist, wenn man ihn zweifeln gelehrt hat.
Auf der andern Seite kann man sich vorwerfen, daß man an der Intoleranz derer schuld ist, die man nicht zweifeln gelehrt hat.
Es scheint mir schwer zu sein, hier den gehörigen Ausweg zu finden.[95]

Um dennoch eine Antwort zu geben, versucht es Trapp mit einer fachspezifischen Lösung: anhand juristischer Themen soll das Selbstdenken und Zweifeln geübt, bei religiösen Themen um Gottes willen vermieden werden.
Eine Generation später steht die Frage nicht mehr im Kontext der Glückseligkeit, sondern ist mit den Erfordernissen der dynamischen Leistungsgesell-

schaft verbunden, die aus Bejahung und Widerspruch ihren eigenen Fortschritt produziert. Die Welt ist noch nicht vollendet, lehrt Schleiermacher, und braucht das Moment der Konservierung ebenso wie das der Revolution. Daher muß die Erziehung sowohl zum Erhalten als auch zum Verändern des Bestehenden hinführen. In seinen pädagogischen Vorlesungen, die er 1813/14, 1820/21 und 1826 an der Berliner Universität hält, entfaltet er den Grundsatz,

die Jugend müsse so erzogen in das Leben eintreten, daß sie die Aufgabe des Lebens erkenne und löse, und daß in ihr, wenn auch in verschiedenem Grade, die Fähigkeit liegen müsse, den gegebenen Zustand zu verbessern.[96]

Was für Trapp ein Dilemma blieb, ist nun zur dialektischen Basis von Erziehung entwickelt worden. In ihr erhält das Selbstdenken den unauffälligen Platz des Selbstverständlichen.

Unter diesen Umständen wird es überflüssig, in öffentlichen Ermunterungen oder durch königliche Reskripte das Selbstdenken zu verbreiten. Für Hegel liegt in diesem Begriff, der einmal soviel wie Aufklärung bedeutete, nur noch etwas eigenwillig Ungenaues; im Zeitalter des elaborierten Lernens versteht es sich von selbst, daß "ein Gedanke nicht anders gelernt werden kann, als dadurch, daß er *selbst gedacht* wird".[97] So kann er im Jahre 1812 mit bestem Bewußtsein den Grundgedanken der Aufklärung widerrufen:

Das Verfahren im Bekanntwerden mit einer inhaltsvollen Philosophie ist nun kein anderes als das *Lernen*. Die Philosophie muß *gelehrt und gelernt* werden, so gut, als jede andere Wissenschaft. Der unglückselige Pruritus, zum *Selbstdenken* und *eigenen Produciren* zu erziehen, hat diese Wahrheit in Schatten gestellt.[98]

Wenig später widerrief auch der König von Preußen den Special-Befehl, den sein Vorgänger vor einem halben Jahrhundert erlassen hatte. In der Kabinetts-Ordre vom 11. Januar 1819 wünschte Friedrich Wilhelm III.:

Alles unnötige Räsonieren und Diskutieren mit der Jugend ist zu vermeiden, damit sie früh lerne, ohne Widerspruch den vorgeschriebenen Gesetzen zu folgen und sich willig der bestehenden Obrigkeit zu unterwerfen.[99]

Zu spät. Was Fichte, v. Humboldt und Schleiermacher das Lernen des Lernens genannt haben, oder modern gesprochen, die Programmierung von Selbständigkeit, war inzwischen durch alle Bereiche des Bildungswesens zerstreut und verteilt, bis herab zur elementaren Praxis des Lesen- und Schreibenlernens.[100] So betrachtet, ist der aufgeklärte und absolutistische Befehl zum Selbstdenken von größerer Wirkung, als man bisher in akademischen Kreisen zu wissen gewagt hat.

Anmerkungen

1 Was heißt: Sich im Denken orientieren? (zuerst in: *Berlinische Monatsschrift* Okt. 1786), *Kant's gesammelte Schriften*, Akademie-Ausgabe, 1. Abt., Bd.VIII, Berlin und Leipzig 1923, S. 146.

2 Conrad Bornhak, *Geschichte der preussischen Universitätsverwaltung bis 1810*, Berlin 1900.

3 Ausgangspunkt ist die Proposition, die auf Fehler der Universität aufmerksam macht. Auf diese hin werden Visitations-Kommissare beauftragt und mit einer entsprechenden Instruktion ausgerüstet. Sie vernehmen an Ort und Stelle jeweils Rektor, Dekane und Professoren einzeln zu den vorformulierten Fragerubriken. Das Protokoll aller Antworten geht wieder an die Regierung zurück, die dann ein Visitationsdekret beschließt. Besser wußte der ältere Absolutismus Kontrolle und Dialog nicht zu verbinden. Vgl. zu dem Verfahren Alexander Kluge, *Die Universitäts-Selbstverwaltung. Ihre Geschichte und gegenwärtige Rechtsform*, Frankfurt/M 1958, S. 55f.

4 Die Universität Halle begann 1691 mit 5400 Rth, erhielt 1709 sodann 6700 Rth, welche Summe 1733 auf 7000 Rth aufgerundet wurde, womit es sein Bewenden hatte. Nur dank eigener Einnahmen und königlicher Sondermittel konnte der Etat steigen, bis 1768 auf knapp 11 000 Rth. Mit den Reformen um die Jahrhundertwende schnellte die Summe fast auf das Fünffache: 1787/88 auf 17 884, 1804 auf 29 000, 1814 auf 50 000 Rth. Für die neuzugründende Berliner Universität veranschlagte man zur gleichen Zeit bereits 150 000 Rth. Vgl. zu den Hallischen Zahlen Wilhelm Schrader, *Geschichte der Friedrichs-Universität zu Halle*, Berlin 1894, Bd. I, S. 91f u. 571; Bd. II, S. 525.

5 René König, *Vom Wesen der deutschen Universität*, Berlin 1935, S. 34ff; Carles E. McClelland, *State, society, and university in Germany 1700-1914*, Cambridge UP 1980, S. 69ff macht darauf aufmerksam, daß zugleich ein nicht-öffentlicher Strom von Denkschriften innerhalb der Administration zirkulierte oder vielmehr steckenblieb.

6 Vgl. jedoch Friedrich Adolf Trendelenburg, Friederich der Grosse und sein Staatsminister Freiherr von Zedlitz. Eine Skizze aus dem preussischen Unterrichtswesen (zuerst 1859), in: A. Trendelenburg, *Kleine Schriften*, Bd. I, Leipzig 1871, S. 127ff; Jürgen Bona Meyer, Hg., *Friedrich's des Großen Pädagogische Schriften und Äußerungen* (Bibliothek pädagogischer Klassiker), Langensalza 1885, S. 41ff; Reinhold Koser, Friedrich der Große und die preußischen Universitäten, in: *Forschungen zur Brandenburgischen und Preußischen Geschichte* XVII/1904, S. 143ff.

7 Jean-Jacques Burlamaqui, *Principes du droit politique*, Bd.I, Amsterdam 1751, S. 229f: "(...) il est bien manifeste que la première attention du Souverain doit être de faire éclairer l'esprit de ses Sujets, & de ne rien négliger pour qu'ils soient bien instruits dès leur enfance de tous les principes qui peuvent les former à une vie honnête & tranquille, & des doctrines conformes au but & à l'avantage des Sociétés. C'est-là le moyen le plus efficace de porter les hommes à une obéissance prompte & sûre, & de former insensiblement leurs moeurs; sans cela les loix ne sont qu'un frein insuffisant pour retenir les hommes dans les bornes de leur devoir".

8 Dichtung und Wahrheit, 11. Buch. *Goethes Werke* (Hamburger Ausgabe) Bd. IX, S. 473. Goethe gedachte, den Konflikt zwischen der Befugnis des Souveräns (*cuius regio, eius religio*) und der Gewissensfreiheit des Untertans durch die Trennung von Öffentlichkeit und Privatsphäre zu lösen. Den Straßburger Juristen war 1771 der erste Teil des Themas zu heikel. Über den zweiten Teil des Themas kam jedoch in Heidelberg 1954 eine Doktorarbeit zustande, und zwar von Reinhart Koselleck, *Kritik und Krise. Eine Studie zur Pathogenese der bürgerlichen Welt*, Frankfurt/M 1979.

9 Johann Ludwig Ewald, *Ueber Volksaufklärung. Ihre Gränzen und Vortheile. Dem Menschlichsten Fürsten gewidmet*, Berlin und Leipzig 1791, S. 91. Der Verfasser, Superintendent in Detmold, entwickelt seine These, daß Aufklärung die wahre Macht eines Staats bestimme, historisch, psychologisch und auch ökonomisch mit dem Fazit, "daß Despotismus, falsche Regierungs- und Religions-Grundsäze; kurz: Unaufklärung, ein Paradies zur Wüste, den mächtigsten Staat zum ohnmächtigsten macht, und daß Freiheit, Menschlichkeit, vernünftige Regierungsart, kurz: Aufklärung, eine Wüste zum Paradies umschaffen, und die größte Monarchienmacht in wenige Quadratmeilen zusammendrängen kann" (S. 100).

10 Burlamaqui (Anm. 7), S. 233: "*L'avancement des sciences, les progrès de la vérité demandent qu'l'on accorde une honnête liberté à tous ceux qui s'y appliquent*".

11 *OEuvres de Frédéric le Grand*, ed. J.D.E. Preuß, Bd. IX, Berlin 1848, S. 134: "*L'éducation qu'on donne à la noblesse est certainement répréhensible d'un bout de l'Europe à l'autre*". Vgl. a. *Instruction pour la direction de l'Académie des Nobles à Berlin* (1765) und *Dialogue de morale à l'usage de le jeune noblesse* (1770), ebda.

12 *Instruction au Major Borcke*, ebda., S. 43: "*Traitez mon neveu comme un particulier qui doit faire sa fortune (...) Qu'il apprenne que tous les hommes sont égaux, et que la naissance n'est qu'une chimère, si elle n'est pas soutenue par le mérite*".

13 Ebd., S. 141f: "*La justice, les finances, la politique, le militaire honorent sans doute une naissance illustre; mais tout serait perdu dans un Etat, si la naissance devait l'emporter sur le mérite, principe aussi erroné, aussi absurde, qu'un gouvernement qui l'adopterait en éprouverait de funestes conséquences*".

14 Ebd., S. 134f: "*Le seul reproche qu'on peut leur faire est peut-être qu'ils s'appliquent uniquement à remplir la mémoire de leurs élèves, qu'ils ne les accoutument pas à penser par eux-mêmes, qu'on n'exerce pas d'assez bonne heure leur jugement, qu'on néglige de leur élever l'âme et de leur inspirer des sentiments nobles et vertueux. Le jeune homme n'a pas mis le pied au delà du seuil de l'académie, qu'il oublie tout ce qu'il avait appris, parce qu'il ne s'est proposé que de réciter sa leçon par coeur à son pédagogue (...) Pourquoi n'exerce-t-on pas son jugement, non pas en lui apprenant simplement la dialectique, mais en la faisant raisonner lui-même?*"

15 Ebd., S. 136.

16 Alois Winter, Selbstdenken - Antinomien - Schranken. Zum Einfluß des späten Locke auf die Philosophie Kants, in: *Aufklärung. Interdisziplinäre Halbjahresschrift zur Erforschung des 18. Jahrhunderts und seiner Wirkungsgeschichte* I/1986 (Eklektik, Selbstdenken, Mündigkeit), S. 27ff.

17 Werner Schneiders, *Aufklärung und Vorurteilskritik. Studien zur Geschichte der Vorurteilstheorie* (Forschungen und Materialien zur deutschen Aufklärung, Abt. II, Bd.2), Stuttgart 1983.

18 Christian Wolff, Vernünftige Gedanken von den Kräften des menschlichen Verstandes und ihrem richtigen Gebrauche in Erkenntnis der Wahrheit (*Gesammelte Werke*, 1. Abt., Bd.I), Hildesheim und New York 1978, Vorrede S. 105. Von 1712 bis 1754 erschienen vierzehn Auflagen der deutschen Logik.

19 Franco Venturi, Was ist Aufklärung? - Sapere aude!, in: *Rivista Storica Italiana* 71/1959, S. 119ff.

20 *Extrait du Dictionaire Historique et Critique de Bayle*, nouv. ed. Berlin 1767, Avant-Propos, p. III: "*C'est le bréviaire du bon sens, c'est la Lecture la plus utile que les personnes du tout rang & de tout état puissent faire; car l'application la plus importante de l'homme est de se former le jugement*".

21 Vgl. die Textsammlung und vor allem die Einleitung von Karl Otmar Freiherr von Aretin, Hg., *Der aufgeklärte Absolutismus* (Neue wissenschaftliche Bibliothek 67), Köln 1974. Zum Interesse des aufgeklärten Staates an der Leistungsfähigkeit und dem Leistungswillen der Untertanen äußert sich prononciert Volker Sellin, Friedrich der Große und der aufgeklärte Absolutismus. Ein Beitrag zur Klärung eines umstrittenen Begriffs, in: Ulrich Engelhardt u.a., Hgg., *Soziale Bewegung und politische Verfassung. Beiträge zur Geschichte der modernen Welt*, Stuttgart 1976, S. 83ff.

22 Johann Gustav Droysen, *Kriegsberichte Friedrichs des Großen aus den beiden Schlesischen Kriegen*, Berlin 1875.

23 Das Phänomen verdient eine genauere Untersuchung. Bisher wurde es, falls überhaupt, eher bewußtseinsgeschichtlich wahrgenommen als politisch. Vgl. z.B. Rudolf Vierhaus, Die aufgeklärten Schriftsteller. Zur sozialen Charakteristik einer selbsternannten Elite, in: H.E. Bödeker u. U. Herrmann, Hgg., *Über den Prozeß der Aufklärung in Deutschland im 18. Jahrhundert. Personen, Institutionen und Medien* (Veröffentl.d. Max Planck Instituts f. Geschichte 85), Göttingen 1987, S. 59.

24 Jürgen Habermas, *Strukturwandel der Öffentlichkeit. Untersuchungen zu einer Kategorie der bürgerlichen Gesellschaft* (zuerst 1962), 3. Aufl. Neuwied 1968.

25 Karl Traugott Thieme, *Ueber die Hindernisse des Selbstdenkens in Deutschland*, Leipzig 1788.

26 Zit. n. Jürgen Bona Meyer (Anm. 6), S. 170.

27 Ebd., S. 169.

28 Burlamaqui (Anm. 7), S. 134: "(...) *il faut tenir pour constant que la vérité est par elle-même très-avantageuse aux hommes & à la société, que nulle opinion véritable n'est contraire à la paix, & que toutes celles qui sont par elles-mêmes contraires à la paix doivent dès-là être regardées comme fausses*".

29 So - allen Ernstes - Ulrich Herrmann, Erziehung und Unterricht als Politicum. Kontroversen über erhoffte und befürchtete Wechselwirkungen von Politik und Pädagogik im ausgehenden 18. Jahrhundert in Deutschland, in: H.E. Bödeker u. U. Herrmann, Hgg., *Aufklärung als Politisierung - Politisierung der Aufklärung*. (Studien zum achtzehnten Jahrhundert 8), Hamburg 1987, S. 54f. - Es ist der Fall, daß Friedrich II. und sein Minister v. Zedlitz das Bildungswesen ständisch abstufen wollten, aber es ist nicht der Fall, daß sie dumme Untertanen haben wollten. In seiner Rede über die Erziehung zum Patriotismus (7. Nov. 1776) wünscht der Minister politischen Unterricht in Geschichte und Erdkunde, ausdrücklich auch über Republiken wie Venedig, Holland, die Schweiz, um ein staatsbürgerliches Bewußtsein zu schaffen: "Um gute Untertanen zu bilden, wollen wir keine Unwissende ziehen (*pour former de bons sujets nous ne voulons point élever des ignorans*); das sind die kläglichen Grundsätze der Klöster. Der Jüngling lerne die Welt kennen, er untersuche, er vergleiche, dadurch wird er nur ein desto besserer Bürger werden". Der Herausgeber der deutschen Übersetzung dieser Rede kommentiert sie mit den Worten: "Friedrichs Departementschef artikulierte mit seiner Rede das Programm, durch Schulbildung Aufklärung des "großen Haufens" zu verhindern, er formulierte den Willen, Bildung zu erschweren". Ludwig Fertig, Hg., *Die Volksschule des Obrigkeitsstaates und ihre Kritiker. Texte zur politischen Funktion der Volksbildung im 18. und 19. Jahrhundert* (Texte zur Forschung 30), Darmstadt 1979, S. 13 und S. XI. Ludwig Fertig muß einen völlig anderen Text vor Augen gehabt haben.

30 A.F. Büsching, *Beyträge zu der Lebensgeschichte denkwürdiger Personen, insonderheit gelehrter Männer, Theil V, der den Charakter Friedrichs des zweyten, Königs von Preussen, enthält*, Halle 1788, S. 83.

31 A.F. Büsching, *Beyträge zu der Lebensgeschichte denkwürdiger Personen, Theil VI, Eigene Lebensgeschichte*, Halle 1789, S. 587.

32 Zit. n. Büsching, *Beyträge* V (Anm. 30), S. 81. Hiernach auch J.D.E. Preuß, *Friedrich der Große als Schriftsteller*, Berlin 1837, S. 204f.

33 Freiherr v. Fürst stammte aus schlesischem Hochadel und trat 1740 in preußische Dienste. 1763 wurde er Justizminister, Präsident des Kammergerichts und Oberkurator aller Universitäten, ein Amt, worin ihn im November 1770 v. Münchhausen, im Januar v. Zedlitz ablöste. Wegen der Affäre des Müllers Arnold wurde er 1779 entlassen.

34 "gesittete" ist in die Reihe der Erziehungsziele nachträglich eingefügt, weshalb wohl der zu erwartende Komparativ entfallen ist. Die ganze Anweisung befindet sich bei den Königsberger Akten im Geheimen Staatsarchiv Preußischer Kulturbesitz: GStA PK, XX.HASTA Königsberg, EM 139 b, Nr. 25, Bd. 4, Bl. 277. Ich danke dem Geheimen Staatsarchiv für die Erlaubnis, den vorliegenden Text und die weiteren Zitate zu veröffentlichen.

35 Werner Stark wird die Königsberger Materialien, darunter auch das Reskript vom 26. Mai 1770, in seiner Dissertation *Untersuchungen zu Kants Vorlesungen* (in der Reihe *Kant-Forschungen*) voraussichtlich 1989 publizieren. Für die vielen Anstöße und Hinweise zur preußischen Universitätsgeschichte möchte ich ihm an dieser Stelle nachdrücklich danken.

36 "Es sind schon von Zeit zu Zeit und noch jüngsthin unterm 20^t April verschiedene Anweisungen zu beßerer Beförderung gründlichen und vollständigen Unterrichts der *Studirenden* auf der dasigen *Universitaet* an Euch erlaßen worden; Und Unser Ober *Curatorium* hat allenfalls von Euch einen nach den dasigen *Local*-Umständen noch beßer eingerichteten Plan, die *Universitaet* überhaupt in eine beßere Aufnahm und Ansehen auch bey Auswärtigen wieder empor zu bringen erwartet. Da aber der Erfolg die Erwartung noch nicht erfüllet; so finden Wir Uns bewogen, nicht allein die schon ergangenen Verordnungen wegen beßerer Erziehung der Jugend noch mehr einzuschärfen, sondern auch noch einige neue hiedurch hinzuzufügen". *GStA PK*, XX.HASTA Königsberg, EM 139 b, Nr. 25, Bd. 5, Bl. 1. Hiernach auch die weiteren Zitate Bl. 3 u. 4.

37 Rescript an die Universität zu Halle, was für Anweisungen den Studirenden daselbst gegeben, und wie die *Collegia* eingetheilet werden sollen. Berlin, den 12. Decemb. 1768, in: *Novum Corpus Constitutionum Prussico-Brandenburgensium*, Bd. IV, Berlin 1771, Sp. 5049ff. Der Visitations-Kommissar hatte empfohlen, auf eine vierjährige Studienzeit hinzuwirken und Meritenlisten über gute und schlechte Studenten einzureichen, vgl. Schrader (Anm. 4), I, S. 384. Das Reskript verlangt bloß, "binnen einem mäßigen Zeitraum" die Studien zu vollenden, die Meritenlisten werden erst 1770 eingeführt.

38 S. Anhang

39 Büsching, der Fürsts "geschärfte Befehle" und die Randbemerkung des Königs kannte, registriert in seinen *Beyträgen* (V, Anm. 30) mit vorsichtigem Spott S. 36, "Daß Er irriger Weise den Christian Thomasius für einen guten Geschichtsschreiber gehalten hat". Wenn man jedoch von der Politik und Jurisprudenz ausgeht, so nimmt Thomasius - für den die Historie neben der Philosophie das andere Auge der Weisheit ist - diesen Platz nicht zu Unrecht ein. Vgl. Notker Hammerstein, *Jus und Historie. Ein Beitrag zur Geschichte des historischen Denkens an deutschen Universitäten im späten 17. und im 18. Jahrhundert*, Göttingen 1972, S. 124ff.

40 *GStA PK*, XX. HASTA Königsberg, EM 139 b, Nr. 25 Bd. 5, Bl. 3v.

41 *GStA PK*, XX. HASTA Königsberg, EM 139 b, Nr. 25 Bd. 5, Bl. 40 u. 41.

42 Der Königsberger Mathematiker Friedrich Johann Buck (1722-1786) gibt in seiner Autobiographie eine Fülle von Details zu den früheren Disputierübungen. In seiner Studienzeit um 1740 hielten der Philosoph Martin Knutzen, der Mediziner Kesselring und der Professor der Beredsamkeit Flottwell wöchentlich solche Übungen ab, an denen Buck eifrig teilnimmt. Knutzen überträgt ihm sogar die Leitung der Übungen und überwacht sie aus dem Nebenzimmer. Als Magister (1743) und Professor (1758) hält Buck kontinuierlich ein *Collegium disputorium* ab, nachdem er 1748 gar eine lateinische Anleitung zum Disputieren veröffentlicht hat. Vgl. J.F. Buck, Geschichte des Herrn Friedrich Johann Buck ordentlichen Professors der Logik und Metaphysik auf der königl. Universität zu Königsberg, in: *Neues Gelehrtes Europa* XX/1775, S. 1000ff.

43 Auskünfte über die Königsberger Vorlesungen verdanke ich Klaus Weimar, Zürich.

44 *GStA PK*, XX. HASTA Königsberg, EM 139 b, Nr. 25 Bd. 5, Bl. 47, 48, 51.

45 Wie lange die Vorschrift befolgt wurde, weiß ich nicht. In einem Monitum zum Entwurf des Preußischen Allgemeinen Landrechts, aus dem Jahr 1786, scheint sie schon der Vergangenheit anzugehören. Vgl. Chr. U. D. v. Eggers, *Bemerkungen zur Verbesserung der Deutschen Gesetzgebung*, Bd. I, Kopenhagen 1798, S. 248: "Ehedem war es in Königsberg gebräuchlich, daß man jedem Studierenden mit seiner Matrikel einen gedruckten halben Bogen übergab, worauf ihm eine kurze, aber überaus angemessene Idee von der Wissenschaft, der er sich widmen wollte, angegeben, und zugleich die Ordnung vorgeschrieben wurde, nach welcher er am besten bey den verschiedenen Lehrern Vorlesungen über die einzelnen Theile derselben hören könne. Diese Einrichtung, welche höchst vernünftig und zweckmäßig ist, wäre vielleicht allgemein zu machen."

46 *GStA PK*. XX. HASTA Königsberg, EM 139 f, Nr. 25 Bd. 5, Bl. 23. Vgl. a. das Verzeichnis von Kants Kollegien bei Emil Arnoldt, *Gesammelte Schriften*, Bd. V, Berlin 1909, S. 224f.

47 *Novum Corpus Constitutionum* (Anm. 37), Bd. IV, Sp. 7427f.

48 Nachricht von der Einrichtung seiner Vorlesungen in dem Winterhalbenjahre von 1765-1766. *Kant's gesammelte Schriften*, Akademie-Ausgabe, 1. Abt., Bd. II, S. 307.

49 Man könnte versucht sein, sich dieser melancholischen Erkenntnis zu entziehen und sich vielmehr zu freuen, daß endlich eine fortschrittliche Idee im feudalabsolutistischen Staatsapparat zur Geltung kommt. Dann ginge es um das *take-over* von Ideen, im Grunde ein Anliegen für Idealisten. Denn die entscheidende Frage ist wohl nicht, welche Idee ans Ruder kommt, sondern: wie werden die Untertanen gesteuert?

50 Vgl. Gert Robel, *Aufklärung ohne Bürgertum - russische und polnische Aufklärung unter deutschem und französischem Einfluß*. Vortrag, gehalten auf der Jahrestagung der Deutschen Gesellschaft für die Erforschung des 18. Jahrhunderts am 18. - 21. November 1987 in Wolfenbüttel.

51 Briefe zur Beförderung der Humanität, 6. Sammlung (1795). *Herders Sämmtliche Werke*, Hg. B. Suphan, Bd. XVII, Berlin 1881, S. 404.

52 Johann Heinrich Casimir v. Carmer (1721-1801) löste v. Fürst nach dem Eklat um den Müller Arnold 1779 als Justizminister und Großkanzler ab. Zum Gang der Reformarbeit vgl. Dieter Boeck, *Die Schlußrevision des Allgemeinen Landrechts für die preußischen Staaten von 1794. Vorgeschichte und Entstehung des Landrechts, privatrechtliche Neuerungen anhand der Schlußrevision, geschichtliche Wirkungen und Würdigungen*. Jur. Diss. Hamburg 1966.

53 *Entwurf eines allgemeinen Gesetzbuchs für die Preußischen Staaten*. Erster Theil, Berlin und Leipzig 1784, (Reprint 1984), Vorerinnerung S. 5 und 9. Insgesamt gingen 52 (Boeck) oder 62 (Hattenhauer) Monita ein, darunter auch von Hamburger Kaufleuten und Berliner Verlegern.

54 Klein gehört mit v. Carmer und Carl Gottlieb Svarez (1746 - 1798) zu dem Breslauer Trio, dem 1780 die Arbeit am Landrecht übertragen wurde und das in Berlin sogar mehrere Jahre im gleichen Hause wohnte. Er war Advokat und somit, seit Friedrich II. 1780 die Advokatur verstaatlicht hatte, ab 1780 Beamter mit dem Titel eines Assistenzrats. 1791 wurde er Professor und Universitätsdirektor in Halle, 1800 Geheimer Obertribunalsrat in Berlin. Heinrich G. Hümpel hat ihn als Autor des Drukfreiheits-Aufsatzes identifiziert. Dessen Zusammenhang mit dem Entwurf des Allgemeinen Landrechts ist bisher nicht beachtet worden.

55 Reprint in: Michael Albrecht und Norbert Hinske, Hgg., *Was ist Aufklärung? Beiträge aus der Berlinischen Monatsschrift*, 3. im Anmerkungsteil ergänzte Auflage Darmstadt 1981, S. 390.

56 Ebd., S. 403. Vgl. hierzu S. LI f. der Einleitung.

57 Ebd., S. 455.

58 Trendelenburg (Anm. 6), S. 133. Trendelenburg (1802-1872) war Philologe und Philosoph, mehrfach Rektor der Berliner Universität, Sekretär der Akademie der Wissenschaften und Mitglied der wissenschaftlichen Prüfungskommission.

59 *Was ist Aufklärung?* (Anm. 55), S. 452. Wenn man Redeverhältnisse als Machtverhältnisse studiert, und umgekehrt, so kann einem nicht entgehen, daß der Imperativ eine wesentliche Ungleichheit mit sich bringt, hier in der Asymmetrie von Leser und Autor. Dem Leser gegenüber beginnt die Aufklärung mit einer Instruktion. Im Autor dagegen beginnt sie dezisionistisch mit einem Willensakt (als hätte der Autor nicht zuvor gelesen). Erst die romantische Theorie des - entgegenwirkenden - Lesens hat diese Ungleichheit egalisiert.

60 Werner Schneiders, *Die wahre Aufklärung. Zum Selbstverständnis der deutschen Aufklärung*, Freiburg und München 1974, S. 59. Norbert Hinske hat zwar versucht, in seinem Nachwort die Kantische Zweiteilung als "Ausdruck der Selbstbescheidung und des Respekts vor der Auffassung des anderen" (Anm. 55, S. 534) zu interpretieren, aber dazu muß man wohl die Herrschaftsverhältnisse noch stärker außer acht lassen, als selbst Kant es tut.

61 Die mediale Unterscheidung, die im letzten Drittel des 18. Jahrhunderts den Umgang mit Literatur gründlich verändert hat, benutzt Kant auch im Zusammenhang mit Urheberrechtsfragen ein Jahr später in "Von der Unrechtmäßigkeit des Büchernachdrucks" (*Berlinische Monatsschrift*

Mai 1785, S. 403-417). Hier operiert er ebenfalls mit der Figur der stellvertretenden Rede. Vgl. Heinrich Bosse, *Autorschaft ist Werkherrschaft. Über die Entstehung des Urheberrechts aus dem Geist der Goethezeit*, Paderborn 1981, S. 44f.

62 *Was ist Aufklärung?* (Anm. 55), S. 458. Dank der aktivierten Unterscheidung von Mündlichkeit und Schriftlichkeit kann die ältere Frage, wie sich Religion und Theologie zueinander verhalten, zugespitzt werden. So erklärt sich, daß Kants Argumentation mit zwei Erlassen des Ministers v. Zedlitz übereinstimmt, der 1776 und 1783 ebenfalls den Seelsorger vom Autor trennt, ja sogar die Gemeindemitglieder als Nicht-Leser definiert, die theologische Schriften weder beurteilen können noch dürfen. Gisbert Beyerhaus, Kants 'Programm' der Aufklärung aus dem Jahre 1784, in: *Kant-Studien* XXVI/1921, S. 1-16.

63 Lucian Hölscher, *Öffentlichkeit und Geheimnis. Eine begriffsgeschichtliche Untersuchung zur Entstehung der Öffentlichkeit in der frühen Neuzeit* (Sprache und Geschichte 4), Stuttgart 1979, S. 101ff.

64 Wolf Kittler, *Die Geburt des Partisanen aus dem Geist der Poesie. Heinrich von Kleist und die Strategie der Befreiungskriege*, Freiburg 1987.

65 Hamanns Brief an Christian Jacob Kraus vom 18. Dez. 1784, zit. n. Oswald Bayer, Selbstverschuldete Vormundschaft. Hamanns Kontroverse mit Kant um wahre Aufklärung (zuerst in der *Festschrift Ernst Steinbach* 1976), in: O. Bayer, *Umstrittene Freiheit*, Tübingen 1981, S. 72. Hamann, gelesen von Oswald Bayer, fragt nach "dem anderen", ohne dessen Leitung der Denkende eigentlich denken soll, und stößt damit auf das *sujet de l'énonciation*, auf die Vormundschaft der Autoren.

66 *Was ist Aufklärung* (Anm. 55), Einleitung bes. S. LII ff.

67 Ebd., S. 462ff.

68 Karl Abraham Freiherr von Zedlitz (1731-1789), aus schlesischem Adel, übernahm im Januar 1771 das Geistliche Departement im Justizministerium sowie das Oberkuratorium der Universitäten. Im Juli 1788 mußte er beides an den Justizminister Johann Christoph von Wöllner abgeben. Eine moderne Darstellung dieses ersten modernen Kultusministers fehlt bitter.

69 *Kant's gesammelte Schriften*, Akademie-Ausgabe, 1. Abt., Bd. IV.

70 Es ist bekanntlich das Verdienst von Michel Foucault, das Gespräch über die produktiven Effekte der Macht eröffnet zu haben. Vgl. z.B. M. Foucault, *Sexualität und Wahrheit I* (Der Wille zum Wissen), Frankfurt/M 1983, S. 106ff.

71 Durch einen vernünftigen Zufall ist auch dies Dokument der Aufklärung in Kants Werke gelangt. *Immanuel Kant's Sämmtliche Werke*, Hgg. K. Rosenkranz u. F.W. Schubert, Bd. XI, Tl.2, Leipzig 1842, S. 59-61.

72 Unter den unerwünschten Autoren wird vor allem die Philosophie des Christian August Crusius hervorgehoben.

73 In der Antrittsrede bei der Aufnahme in die Akademie der Wissenschaften 1776. Vgl. *Nouveaux Mémoires de l' Académie Royale des Sciences et Belles Lettres*, Annee 1776, S. 20: "Vous savez que ma vocation, d' accord avec mon goût, fait de tout ce qui tient à la science de l'éducation, mon objet favori."

74 Jean-Jacques Rousseau, *Emil oder über die Erziehung*, übers. v. Ludwig Schmidts, 4. Aufl. Paderborn 1978, S. 263f.

75 Paul Watzlawick et al., *Menschliche Kommunikation. Formen, Störungen, Paradoxien*, Bern 1969.

76 Rousseau (Anm. 74), S. 349f.

77 Zum vergessenen Anteil der Gewalt vgl. Katharina Rutschky, Hg., *Schwarze Pädagogik. Quellen zur Naturgeschichte der bürgerlichen Erziehung*, Frankfurt/M, Berlin, Wien 1977.

78 Zur Urleidenschaft der Selbstliebe vgl. Rousseau (Anm. 74), S. 212 u.ö. Friedrich II. will sie zum Feldherrn aller Tugend machen in seinem *Versuch über die Selbstliebe, als Grundsatz der Moral betrachtet*, Berlin 1770, S. 13: "Ich aber wünschte, daß diese Triebfeder dazu gebraucht würde, die Menschen einsehen zu lassen, daß es ihr wahrer Vortheil erfordere, gute Bürger,

gute Väter, gute Freunde zu seyn, und mit einem Worte, alle moralische Tugenden zu besitzen; und da dieses in der That wahr ist, so würde es auch nicht schwer seyn, sie wirklich davon zu überführen".

79 Rousseau (Anm. 74), S. 105. Der Erzieher verhält sich also zum Zögling wie die Öffentlichkeit zum Vorgesetzten in E.F. Kleins Argumentation (vgl. Anm. 56) - eine nicht unwesentliche Analogie für die Geschichte der Publizität.

80 Der Grundlagentext für diesen Paradigmawechsel ist Zedlitz' Rede über die Erziehung zum Patriotismus von 1776 (Anm. 29), in der Zedlitz vorschlägt, den Patriotismus genau wie die Religion zu unterrichten.

81 Für den Hinweis auf Joh. Chr. Dommerich (1723-1767) danke ich wiederum Klaus Weimar, Zürich. Der frühe Beleg für den Terminus "Unterrichtswissenschaft" ist bemerkenswert; "Erziehungswissenschaft" sagt man seit 1767. Vgl. Nicola Schöhl-Gräfin von Norman, *Anfänge einer systematischen Pädagogik, Untersuchungen zur Entwicklung einer pädagogischen Fachsprache in der zweiten Hälfte des 18. Jahrhunderts am Leitbegriff der Erziehungswissenschaft*. Phil. Diss. Köln 1974, S. 31.

82 Fr. S. Bock, *Lehrbuch der Erziehungskunst, zum Gebrauch für christliche Eltern und künftige Jugendlehrer*, Königsberg und Leipzig 1780, Vorrede (dat. 8. Okt. 1779). Bock (1716-1786) hatte auch eine Theologieprofessur innegehabt, sie aber abgegeben, und war Professor der Griechischen Literatur. Den aufgeklärten Programmbegriff des Selbstdenkens verwendet er nur, um Unterrichtsmethoden zu relativieren, S. 126: "Es werden aber diese Methoden alsdenn erst recht nützlich, wenn der, so sie ausübet, ein selbstdenkender, kluger und liebreicher Schulmann ist, und verschaffen weniger Vortheil, wenn dabey nur mechanisch verfahren wird".

83 Walther Schwarz, *Immanuel Kant als Pädagoge* (Mann's Pädagogisches Magazin 607), Langensalza 1915, bes. S. 46ff.

84 In bildungsgeschichtlichen Arbeiten werden die verwaltungsgeschichtlichen Fragen oft unterschätzt. So schreibt Max Fuchs, *Das Scheitern des Philanthropen Ernst Christian Trapp. Eine Untersuchung zur sozialen Genese der Erziehungswissenschaften im achtzehnten Jahrhundert*, Weinheim 1984, S. 105: "Hochschullehrer bekamen in Preußen im Jahre 1774 durch königliche Verordnung die Auflage zu regelmäßigen pädagogischen Vorlesungen, für die Zedlitz die zu verwendenden Lehrbücher verbindlich vorschrieb". Ein Satz, an dem einfach alles falsch ist.

85 Schwarz (Anm. 83), S. 47f., ebenso das Zitat im Text. Aus Schwarz' Angaben läßt sich allerdings der vertikale Dialog, der schließlich zur Verordnung führte, nur ungefähr rekonstruieren. Bock kündigte seine Lehrveranstaltungen als "*Collegium paedeutico-scholasticum seu manuductionem ad instituendam juventutem*" an. Vgl. Anm. 43.

86 Inspektor war Christian Gottfried Schütz (1747-1832) von 1769 bis 1779, der später durch die Herausgabe der Jenaischen Allgemeinen Literatur-Zeitung bekannt geworden ist. Als er 1779 einen Ruf nach Jena benutzte, um sein Gehalt erhöhen zu lassen, ermunterte ihn v. Zedlitz zum Weggang und gewährte Trapp "für die Hälfte der Arbeit ein größeres Gehalt als Schütz", Theodor Fritzsch, *Ernst Christian Trapp. Sein Leben und seine Lehre*, Dresden 1900, S. 36. Zur Geschichte des Hallischen Seminars vgl. Conrad Rethwisch, *Der Staatsminister Freiherr v. Zedlitz und Preußens höheres Schulwesen im Zeitalter Friedrichs des Großen*, Berlin 1886, S. 175ff.

87 Trapp stammte aus ärmsten Verhältnissen, hatte in Göttingen studiert und an verschiedenen Schulen unterrichtet, bevor er 1777 Lehrer am Philanthropin wurde. Nach dem Debakel in Halle übernahm er Campes Erziehungsanstalt in Hamburg. Von 1786 bis 1790 wirkte er im Braunschweigischen Schuldirektorium mit. Eine umfassende neuere Darstellung gibt Ulrich Herrmann in dem Reprint von E. Chr. Trapp, *Versuch einer Pädagogik. Unveränderter Nachdruck der 1. Ausgabe Berlin 1780* (mit Trapps Hallischer Antrittsvorlesung), Paderborn 1977, S. 419ff.

88 E. Chr. Trapp, *Von der Beförderung der wirksamen Erkenntnis*, Altona 1777 und 1778, zit. n. Fritzsch (Anm. 86), S. 21.

89 Schrader (Anm. 4), I, S. 539. Schrader erwähnt am gleichen Ort noch weitere Beispiele. Auch wenn die akademischen Grade damals weniger leistungsbezogen erteilt wurden, mußte

doch der Befehl, welcher Disputation, Feierlichkeit und Einnahmen ausfallen ließ, einen Affront darstellen.

90 Im Zusammenhang mit der Erziehung zur Innovationsfähigkeit konstatiert Trapp, Schulen und Universitäten seien bisher "an den meisten *Erfindungen* ganz unschuldig". Es sei wichtig, die Kinder im Erfinden zu üben, sollte darüber auch das Latein ganz verdrängt werden: "Mich däucht, man könne alle neuere lateinische Verse für ein Mittel wider die Viehseuche hingeben, ohne daß man sonderlich dabei einbüßte". *Versuch einer Pädagogik* (Anm. 87), S. 412 des Originals. Die Empörung aller an der Antike Gebildeten kann man noch in Schraders Urteil (Anm. 4, I, S. 426) nachschwingen hören.

91 Ein Verzeichnis seiner Vorlesungen gibt U. Herrmann (Anm. 87), S. 453f.

92 Zedlitz' Denkschrift zur Verbesserung des Schulwesens, die die Gründung des Oberschulkollegiums bekanntgibt, wurde von der *Berlinischen Monatsschrift* mit dem Hinweis eingeleitet, "daß eine der ersten Thaten der itzigen segensvollen Regierung diesen großen Punkt der Menschenglükseligkeit betrifft" (*Berlinische Monatsschrift* August 1787, S. 98). Gerade weil die Zeitschrift der Regierung extrem nahe stand - der eine Herausgeber war Sekretär des Ministers v. Zedlitz, der andere wurde in ebendiesem Text zum Mitglied des Oberschulkollegiums ernannt - ist die Formulierung ernstzunehmen.

93 *Versuch einer Pädagogik* (Anm. 87), S. 330 d.O.

94 Wie Gertrud ihre Kinder lehrt (1801). *Pestalozzi Sämtliche Werke*, Bd. XIII, S. 269.

95 *Versuch einer Pädagogik* (Anm. 87), S. 389ff d.O.

96 Friedrich Schleiermacher, *Pädagogische Schriften*, Hg. E. Weniger, Bd. I, 2. Aufl. Düsseldorf und München 1966, S. 316.

97 Ueber den Vortrag der Philosophie auf Universitäten (Schreiben an Friedrich v. Raumer vom 2. Aug. 1816). *Georg Wilhelm Friedrich Hegel's Werke*, Bd. XVII (= Vermischte Schriften Bd. 2, Hgg. F. Förster und L. Boumann), Berlin 1835, S. 353.

98 Schreiben an Friedrich Immanuel Niethammer vom 23. Okt. 1812. Ebd., S. 343f.

99 Zit. n. H. W. Prahl u. I. Schmidt-Harzbach, Hgg., *Die Universität. Eine Kultur- und Sozialgeschichte*, München u. Luzern 1981, S. 96.

100 Heinrich Bosse, "Die Schüler müßen selbst schreiben lernen" oder Die Einrichtung der Schiefertafel, in: *Schreiben - Schreiben lernen*. Rolf Sanner zum 65. Geburtstag, Hgg. D. Boueke u. N. Hopster, Tübingen 1984, S. 164ff. Auch hier spielt Trapp eine Rolle, da er als erster vorgeschlagen hat, Lesen und Schreiben zusammen lernen zu lassen.

Anhang*

(Adresse:)

An Seine Königliche Maÿestät meinen allergnädigsten Herrn

Euer Königl. Maÿestät Landesväterliche Intention zu erfüllen und denen in der Lettre sur l'Education bemerkten Mängeln auf Universitaeten zu remediiren
    der jungen Leuthe Verstand und Jugement beßer zu formiren
    sie zum selbstdenken und gründlichen Erlernen solider
    Wißenschaften auch der griechischen und lateinischen Sprache
    anzuführen
habe ich geschärfte Anweisungen an die Professoren ergehen laßen

Die Beÿlage enthält davon die Haupt-Punkte und zugleich die Art, wie ich sowohl die Professoren als die Studirenden, daß beÿde ihre Pflicht thun, zu controlliren bemühet bin.
Da ich aber allein ohne Hülfe beÿ meiner andern surchargirten Justitz-Arbeit, mit aller Attention nicht im Stande bin hinlänglich zu vigiliren
    daß auch das vorgeschriebene würklich und mit Exactitude
    befolget werde
So wünschte ich Euer Königl. Maÿestät allergnädigste Approbation
    daß ich desto öfter Local Visitations auf den Universitaeten
    durch einen dazu capablen Rath vornehmen laßen dürfe
    und daß in Ermangelung anderer Fonds zu den Kosten aufs
    wenigste ein freÿer Vorspann Paß zu jedesmahliger Visitation
    bewilliget werde.

    Berlin den 28ten May 1770.

                                            (gez.)   Fürst

(Blatt 2:)

    Haupt-Puncte,
        der an die Universitaeten ergangenen Anweisungen.

1.) Der Haupt-Endzweck des Unterrichts auf Universitäten muß seÿn, der Studirenden Verstand und Jugement zu formiren und sie zum Selbstdencken und Selbsturtheilen anzuführen.

Die Professoren müßen sich daher nicht begnügen, nur solche Collegia zu lesen, wodurch die Zuhörer eine bloss historische Kentniß der Wißenschafften erlangen, und ihre Memorie chargiren, sondern sie müßen auch solche Stunden halten, worinnen die Studirenden, durch Examen, Übungen, und eigene Ausarbeitungen, ob sie das ihnen gelehrte, begriffen, selbst durchgedacht und beurtheilet haben, geprüfet und rectificiret werden.
2.) Außer der nothwendigen Excolirung der lebendigen Sprachen, besonders der deutschen und frantzösischen, muß
    die Lateinische und Griechische,
nicht vernachläßiget werden, da die, in diesen Sprachen geschriebene Bücher, die größten Schätze der Gelehrsamkeit enthalten.
3.) Die Studirenden müßen mehr,
    zu den soliden und nützlichen Wißenschafften, und
    zu deren gründlichen und nicht blos superficiellen Erlernung
angeführet werden, um sie zu brauchbaren Gliedern des Staats zu machen.
4.) Damit ein jeder, auf die Universitaet ankommender, sogleich sein Studiren, in der rechten Ordnung anfange, muß jedem,
    ein Plan, woraus zu ersehen, alles was er, und in welcher
    Ordnung er, zu dem Emploi, wozu er sich destiniret, zu
    erlernen nöthig habe,
zugestellet werden, so anjetzo, auf sämtliche Universitaeten eingerichtet, gedruckt wird.
5.) Um jedem, noch mehr eine allgemeine Idée, von dem Zusammenhang, Ordnung, Quellen und Hülfs-Mitteln, aller ihm zu seiner Destination nöthigen Wißenschaften beyzubringen, müßen Collegia über
    gute kurtze Encyclopedies, z.E. von Sultzer, Gesner, Pütter,
    Semmler, Ludwig
gelesen werden.
6.) In jeder Special-Wißenschaft müßen,
    die gründlichsten aber auch deutlichsten Autores
zum Grund des Unterrichts gelegt werden.
7.) Damit es so wenig in einer Haupt- als Special-Wißenschafft, jemahls an Unterricht fehle, und Studirende wegen deßen Mangel keinen Theil ihrer kostbaren Zeit, auf Universitaeten vergebens zubringen, muß jede Universität halbjährig,
    was jeder Professor für Collegia und Stunden halten werde,
vor der Publication einsenden, damit das etwa fehlende, noch zu suppliren vorgeschrieben werde.
8.) Zur Gewißheit: Ob auch diese Collegia und Stunden würklich gehalten, und in der vorschriebenen Zeit, zu Ende gebracht worden, müßen die Universitäten gleichfalls, am Schluß jeden halben Jahres, anzeigen,
    welche Collegia und Stunden würcklich gehalten worden.
9.) Auf den Fleiß und Conduite der Studirenden, müßen die Professoren aufmerksam vigiliren, und alle halbe Jahr, zweÿ Listen,

eine, von den durch vorzüglichen Fleiß und Conduite sich distinguirenden,
die andere, von den liederlichen und unfleißigen Studenten,
einsenden;
damit nicht allein dadurch Emulation erwecket, sondern auch die Väter oder Vormünder der Liederlichen von hier avertiret werden: Daß, wenn keine baldige Beßerung erfolge, ihre Söhne und Pflegebefohlne, des bösen Exempels willen, von der Universität weggeschafft werden und zu keiner Bedienung jemahls gelangen würden.

(Randbemerkung Friedrichs:)
Sie Müßen in der Medecin besonders bei des borhavens Metode bleiben in der Astronomie Neuton in der Metafisik Loc in den Historischen Kentschafften die Metode des Tomasius folgen, im übrigen wirdt eine Vissitation vihlen Nutzen haben, wan sie einen gescheiten menschen Comitiret wirdt.

* ZStA Merseburg, Universität Frankfurt/O., Rep.51 Nr. 4. Ich danke dem Zentralen Staatsarchiv in Merseburg für die Überlassung der Xerographien und die Erlaubnis zu ihrer Veröffentlichung. (Unterstreichungen im Original. - Anm. d. Hgg.)

Kurt Mueller-Vollmer

Humboldts Bildungspolitik und die Französische Revolution

1

In jener bemerkenswerten Gruppe von Dichtern, Schriftstellern und Denkern, die das klassische Zeitalter der deutschen Literatur und Philosophie prägten, war Wilhelm von Humboldt als einziger imstande, die Ideen und Ideale der klassischen Kultur von Jena und Weimar in ein Langzeitprogramm politischen Handelns zu übersetzen. Humboldt, in eine Lage realer Macht versetzt, hatte keinerlei Skrupel, diese Macht für eine bleibende Umwandlung der sozialen und politischen Ordnung in Deutschland und Preußen einzusetzen.[1] Obwohl auf dem Wiener Kongreß seine Versuche scheiterten, Deutschland eine liberale Verfassung zu geben, und 1819 auch seine Bemühungen, Preußen aus einem autokratischen Staat in eine demokratisch aufgebaute Gesellschaft zu überführen, zu völligem Fall gebracht wurden, waren seine Bildungsreformen von 1809/10 teilweise erfolgreich und von bleibender Wirkung.[2] Das gesamte deutsche Bildungssystem, wie es während des neunzehnten Jahrhunderts und weit hinein ins Zwanzigste bestand, entsprang den radikalen Reformen von 1809/10, deren maßgebender Architekt Humboldt war. Und als in der ersten Hälfte des neunzehnten Jahrhunderts das moderne amerikanische System öffentlicher Erziehung aufgebaut wurde, übernahm es das Modell Humboldts. Gleichermaßen richtete sich die moderne amerikanische Universität, die aus der zweiten Hälfte des neunzehnten Jahrhunderts stammt, nach dem Modell Humboldts, dessen Prototyp, die Universität Berlin, er 1810 geschaffen hatte. Heute über Humboldts politische Philosophie und Praxis zu sprechen, heißt demnach, einen wichtigen Teil unserer eigenen Institutionsgeschichte nachzuzeichnen.
Für Humboldt wie für viele andere deutsche Intellektuelle, Künstler und Schriftsteller - ich erwähne nur die Namen Klopstock, Schiller, Fichte, Hölderlin, Hegel und Beethoven - erwiesen sich die Französische Revolution und die von ihr bewirkten radikalen Änderungen als entscheidender Einfluß. Üblicherweise untersuchen wir den Effekt der Revolution auf diese Männer vom Gesichtspunkt der Literatur oder Biographie, der Geistes- oder Sozialgeschichte, als wären sie getrennt von der Untersuchung politischer und sozialer Institutionen, die wir als Aufgabe lieber den kälteren Spezialisten für Politik und sozialen Wandel übertragen. Das Problem, beide Bereiche in Beziehung zu setzen, bleibt folglich gemeinhin dem Wunsch- und Willkürdenken ideologischer

Spekulationen überlassen. Im Fall Humboldt, der sowohl in der deutschen Geistesgeschichte wie auf der politischen Bühne eine bedeutende Rolle gespielt hat, führt die Trennung der zwei Bereiche zu einem verzerrten Verstehen beider. Eine Untersuchung von Humboldts politischer Konzeption und Praxis schließt auf maßgebliche Weise auch die Geschichte sozialer und kultureller Institutionen ein. Das soll hier am Fall der Bildungsreform, wie die Revolution sie hervorgerufen hat, illustriert werden.

Als der zweiundzwanzigjährige Humboldt und sein vormaliger Erzieher Joachim Heinrich Campe, der Reformpädagoge und Übersetzer von *Robinson Crusoe*, Anfang August 1789 die westdeutsche Stadt Holzminden in Richtung Frankreich verließen, hofften sie beide - wie Campe schreibt -, Paris noch rechtzeitig zu erreichen, "um dem Leichenbegängnis des französischen Despotismus beizuwohnen".[3] Ihre Erwartungen wurden nicht enttäuscht, denn während ihres Dreiwochenaufenthalts in der französischen Hauptstadt ergaben sich zahlreiche Gelegenheiten, den grundlegenden Wandel im Leben der französischen Nation zu beobachten. Am 13. und 14. August konnten die beiden sogar zwei Sitzungen der Nationalversammlung beiwohnen.

Während aber Campe nach Frankreich in der erklärten Absicht gereist war, seinem deutschen Publikum zu beschreiben, was er (und es) zu sehen erwartet hatte, nämlich "eine Nation (...) in dem Zustande ihrer noch fortdauernden *Wiedergeburt* zu einem neuen, kraftvolleren, edleren und glücklicheren Dasein",[4] war für Humboldt noch nicht ausgemacht, was die revolutionären Ereignisse für die Zukunft Frankreichs und des übrigen Europa bedeuten würden. Er stimmte mit der optimistischen und utilitaristischen Menschenauffassung seines vormaligen Erziehers nicht überein und ließ seine Wahrnehmung der Dinge deshalb nicht von solchen Vorurteilen leiten.[5] Das Tagebuch, das der junge Humboldt auf seiner Reise führte, bezeugt eine außerordentliche Offenheit und gibt die Unmittelbarkeit augenblicklicher Eindrücke, Beobachtungen und Reflexionen aufs genaueste wieder.[6] Betrachtet man die öffentlichen Ereignisse, das Alltagsleben der Massen und die meisterlichen Vignetten öffentlicher Institutionen wie des Armenhospitals Hôtel de Dieu, der Morgue oder der Comédie Française durch Humboldts Augen, so wird eine seltsame Diskrepanz zwischen den hohen Zielen der Revolution und den zugrundeliegenden sozialen Haltungen und Wirklichkeiten sichtbar. Während er das Volk von Paris beim Zerstören der berüchtigten Bastille beobachtet, staunt Humboldt darüber, warum es so lange gebraucht hat, gegen seine Unterdrücker aufzustehen. Das Christentum, befindet er, hatte das Volk zur Annahme des Glaubens konditioniert, daß geduldiges Leiden verdienstvoll sei, und es auf die Vorstellung eines künftigen Lebens im Jenseits fixiert, so daß seine menschlichen Widerstandskräfte und Freiheitstriebe unterdrückt blieben. Im allgemeinen schienen Leute

nie so dankbar auch gegen die kleinste wohlthat, als wenn sie von eben der hand kommt die alle macht ihnen zu schaden hat, von der sie nur stolz, vernachlässigung, härte erwarten.

Warum würden wir sonst so zufrieden mit unsren königen sein? Warum von den schwächsten zeichen ihrer güte so gerührt werden? Warum sie so willig loben, wenn sie doch wahrlich nichts mehr als erträglich sind?[7]

Äußerungen wie diese verraten einen anthropologischen Religionsbegriff fast wie bei Feuerbach und ein tiefverwurzeltes republikanisches Gefühl gegenüber Königtum und Staatsautorität. Darin aber liegt ein erster Schlüssel zu Humboldts politischer Philosophie, wie er sie in den Monaten und Jahren nach seinem ersten Besuch des revolutionären Frankreich im Sommer 1789 entwickelte.

Dieser Philosophie liegt ein Konzept von Mensch und Gesellschaft zugrunde, dessen Elemente erstens die Aufklärungsideale der Menschenrechte sind, wie sie in der Menschenrechtserklärung von 1789 Ausdruck gefunden haben, zweitens eine Ablehnung der absoluten Monarchie und jedes autoritären oder patronalen Regierungskonzepts, drittens schließlich Ideen aus einer selbständigen und kritischen Lektüre Kants. Bereits 1789 entwickelte Humboldt eine Kulturtheorie, die die Bedeutung der menschlichen Sinnlichkeit für geistige und sittliche Bildung unterstreicht und den Begriff eines ästhetischen Zustands artikuliert, der als dritter Zustand zwischen dem geistigen und dem sinnlichen Teil der Menschennatur in seiner Bildung allen weiteren menschlichen Fortschritt bedingt.[8] Humboldts enger Freund Schiller sollte diese Ideen 1794/95 zur Ausarbeitung seiner eigenen Kulturtheorie in den *Briefen über die ästhetische Erziehung des Menschen* benutzen. Schiller war es auch, dessen Zeitschrift *Neue Thalia* 1792 zwei wichtige Aufsätze veröffentlichte, in denen Humboldt die Grundsätze seiner politischen Philosophie vorstellte. Dabei führt der Anfang des ersten Aufsatzes unmittelbar ins Zentrum von Humboldts Argument:

Der wahre Zweck des Menschen - nicht der, welchen die wechselnde Neigung, sondern welchen die ewig unveränderliche Vernunft ihm vorschreibt - ist die höchste und proportionirlichste Bildung seiner Kräfte zu einem Ganzen.[9]

Die Verwirklichung dieses Imperativs individueller Selbstentwicklung jedoch hing nach Humboldt von einer Reihe von Bedingungen ab. Unter ihnen zählte Freiheit "als erste und unnachlaßliche Bedingung". So reformulierte Humboldt die grundlegenden Ideale der Aufklärung, wie Kant sie 1783 in seiner *Beantwortung der Frage: Was ist Aufklärung?* ausgedrückt hatte, und überwand damit die bloß abstrakte Forderung nach Menschenrechten. Denn neben der Freiheit mußte eine andere wesentliche, mit ihr eng verwandte Bedingung erfüllt sein: eine "Mannigfaltigkeit der Situationen". Ohne sie würde Freiheit für das Individuum nur ein leeres Wort bleiben. Folglich übertrug Humboldt das Aufklärungsideal Freiheit in einen lebensweltlichen Kontext, der dem Individuum konkrete Gelegenheiten bietet, seine oder ihre Möglichkeiten frei zu entfalten. Nur in einer solchen Umgebung kann Selbstentwicklung oder "Bildung" stattfinden. Aber für Humboldt ist der Mensch keine Monade. Der Begriff Bildung schließt immer schon eine interaktive dynamische Beziehung zwischen Mensch und Welt ein, also auch eine Überwindung der cartesischen

Dichotomie von Subjekt und Objekt. Nach Humboldt wird der Mensch nur durch "Verbindungen" mit anderen zum Individuum:

> Durch Verbindungen also, die aus dem Innren der Wesen entspringen, muss einer den Reichthum des andren sich eigen machen. Eine solche charakterbildende Verbindung ist, nach der Erfahrung aller, auch sogar der rohesten Nationen, z.B. die Verbindung der beiden Geschlechter.[10]

Wichtig ist dieser Begriff der Verbindung nicht nur für Humboldt, sondern auch für andere Denker der Klassik. In einem berühmten Kapitel seiner *Phänomenologie des Geistes* bestimmte Hegel das Wesen des menschlichen Selbst als Ergebnis wechselseitiger Anerkennungen mit dem anderen. Sein Modell jedoch war der Kampf auf Leben und Tod zwischen zwei Individuen, wo eines über das andere siegen muß. Während Hegels Grundmetapher der Konstitution des Selbst also einen kriegerischen und aggressiven Zug verleiht, beschwört Humboldts Ausdruck "Verbindung" den sexuellen Bereich und setzt die ursprüngliche Form der Anerkennung in der "Verbindung der Geschlechter".

Selbstverwirklichung des Individuums durch wechselseitige Akte der Anerkennung oder Verbindung hängt ab von der Kunst des Sozialverkehrs, dessen Prinzip nach Humboldt ein

> ununterbrochenes Streben (ist), die innerste Eigenthümlichkeit des andren zu fassen, sie zu benutzen, und, von der innigsten Achtung für sie, als die Eigenthümlichkeit eines freien Mannes, durchdrungen, auf sie zu wirken.[11]

Humboldts negative Einstellung gegenüber der Staatsautorität und der Rolle, die dem Staat im Leben der Menschen zukommen solle, ist bekannt. Aber seine klassischen "Ideen zu einem Versuch, die Gränzen der Wirksamkeit des Staats zu bestimmen",[12] die John Stuart Mills Aufsatz "On Liberty" von 1859 so tiefgreifend beeinflußten, lassen sich nicht als Ausdruck eines Laissez faire-Liberalismus konstruieren. Daß Humboldt dem Staat Grenzen setzt, folgt aus einer utopischen Vision, die seine Theorien und politischen Praktiken bestimmt:

> Ich könnte hier ein erfreuliches Gegenbild eines Volkes aufstellen, das in der höchsten und ungebundensten Freiheit, und in der grössesten Mannigfaltigkeit seiner eigenen und der übrigen Verhältnisse um sich her existirte; ich könnte zeigen, wie hier noch in eben dem Grade schönere, höhere und wunderbarere Gestalten der Mannigfaltigkeit und der Originalität erscheinen müssten, als in dem schon so unnennbar reizenden Alterthum.[13]

Den Kern von Humboldts utopischer Vision bildet also im wesentlichen Verschiedenheit zwischen Nationen und innerhalb von Nationen, Verschiedenheit der Situation für jedes Individuum, Verschiedenheit der Verbindung von Individuen innerhalb einer gegebenen Gesellschaft, wo das Ideal freier Verbindung das ganze Leben durchdringt.[14] Der Grad und die Art, wie diese Vision sich letztlich auf soziale und historische Wirklichkeit bezieht, unterscheiden Humboldts Position von hegelschen und nachhegelschen Denkern wie auch von den französischen Revolutionären, die in Humboldts Augen versuchten, eine neue sozialpolitische Ordnung allein aus der utopischen Blaupause reiner Vernunft zu schaffen.

2

"Staatsverfassungen lassen sich nicht auf Menschen, wie Schösslinge auf Bäume propfen." Diesen Satz veröffentlichte Humboldt 1792 in der *Berlinischen Monatsschrift*. Sein Aufsatz entwickelte Humboldts Ansichten über die Errichtung neuer politischer Institutionen und insbesondere über die Möglichkeit revolutionären Wandels. "Veranlasst" war er, wie der Titel nahelegt, "durch die neue französische Constitution" von 1791, die in Deutschland und unter Humboldts Freunden Gegenstand hitziger Debatten geworden war.[15] Die rhetorische Metapher des zitierten Satzes faßt Humboldts Kritik am französischen Experiment recht gut zusammen:

Staatsverfassungen lassen sich nicht auf Menschen, wie Schösslinge auf Bäume propfen. Wo Zeit und Natur nicht vorgearbeitet haben, da ists, als bindet man Blüthen mit Fäden an. Die erste Mittagssonne versengt sie.

Diese negative Prognose Humboldts darf vor allem nicht als eine konservative Ablehnung der Revolutionsideale, etwa wie in Burkes *Reflexions on the Revolution on France* von 1791, gelesen werden. Im Gegenteil, Humboldt lehnt die Kritik seiner Landsleute an den radikalen Maßnahmen der Französischen Nationalversammlung als Vorurteil oder Tatsachenirrtum ausdrücklich ab. Aber selbst wenn diese Kritik in Teilen recht hätte - denn "zwölfhundert auch weise Menschen (in der Nationalversammlung sind) doch immer nur Menschen" -, würde das ihren Versuch, eine politische Ordnung für alle Bürger auf den Prinzipien von Freiheit und Gleichheit zu errichten, durchaus nicht diskreditieren.[16]

Was für Humboldt als einzige und einzig grundlegende Tatsache zählt, ist, daß "die constituirende Nationalversammlung (...) es unternommen (hat), ein völlig neues Staatsgebäude, nach blossen Grundsätzen der Vernunft, aufzuführen".[17] Auch unter der Annahme, daß die Grundsätze der neuen Verfassung nicht lediglich spekulativ waren, sondern "auf die Ausführung berechnet", daß ferner die gesetzgebende Körperschaft beim Abfassen ihrer Artikel und Vorschriften "den wirklichen Zustand Frankreichs und seiner Bewohner auf das anschaulichste vor Augen gehabt" hat und völlig unbeschadet der praktischen Ausführungsschwierigkeiten, die er in dem Aperçu zusammenfaßt, "qu'il ne faut pas donner des leçons d'anatomie sur un corps vivant", glaubte Humboldt, daß eine solche Verfassung unmöglich blühen oder gar überdauern könnte. Die Geschichte gab ihm bekanntlich recht. Die Verfassung von 1791 machte der Revolutionsverfassung "des Jahres I" (1793) Platz, die unter der Terrorherrschaft nie offiziell in Kraft trat und 1795 der Verfassung "des Jahres III" Platz machte. Diese Rückkehr zu einer gemäßigt repräsenta-

tiven Regierungsform kennzeichnete die Periode von 1795 bis 1799, das sogenannte Direktorat.[18] Während seines Parisaufenthalts von 1797 bis 1801, der ihre Lebensdauer um zwei Jahre übertraf, nutzte Humboldt ausgiebig die Gelegenheit, das Wirken und die Probleme dieser Verfassung zu studieren.
Was dabei zählt, ist weniger die Genauigkeit von Humboldts Vorhersagen als vielmehr die Ursache, die in seinen Augen zum Scheitern dieser Verfassung führte. Sie liegt nämlich im Versuch selber, eine Verfassung allein aus rationalen Grundsätzen zu konstruieren. Wie sehr das Ideal reiner Vernunft oder Rationalität tatsächlich im Denken der revolutionären Politiker vorherrschte, die die Verfassung von 1791 schufen, zeigen Feststellungen wie die des Abbé Sieyès, der als erster Beweger und wichtigster Architekt der Revolution 1790 erklärte:

Wenn die gegenwärtig stattfindende Revolution keiner anderen gleicht, so darum, weil ihre erste und wahre Ursache der Fortschritt der Vernunft ist. Durch die Kraft der Grundsätze haben wir gesiegt (...) Es war Vernunft, ja, Vernunft, die uns zur Freiheit reif machte und der die ganze Ehre der Revolution gebührt.[19]

Humboldts Einwand ging darauf, daß das revolutionäre Projekt ein umfassendes politisches System anstrebte, das zum vorhergehenden in gänzlicher Opposition stand. Wenn aber zwei derart entgegengesetzte Zustände einander in der wirklichen Welt folgen, entsteht das Problem, wie der Übergang vom einen zum anderen möglich ist. "Wo ist nun das Band, das beide verknüpft?", fragt Humboldt. "Wer traut sich Erfindungskraft und Geschiklichkeit genug zu, es zu weben?"[20] Die Verknüpfung eines rational konstruierten Systems mit einem vorhergehenden verlangte vollständiges Wissen und Verstehen der Gesamtheit von Kräften in einer gegebenen Gesellschaft zu einem gegebenen Zeitpunkt. In Humboldts Sicht jedoch war ein solches Wissen unmöglich, weil zu jedem gegebenen Zeitpunkt nur einige dieser Kräfte erkennbar sind, andere dagegen verborgen. Folglich hing der Erfolg der rational konstruierten Ordnung von schierem Zufall ab, weil Zufall laut Humboldt nur ein Wort für "diese von uns unerkannten Kräfte" ist.[21] Was Humboldt statt dessen vorschlägt, läuft darauf hinaus, "den Zufall wirken" zu lassen und ihn durch "Vernunft nur zu lenken".

Aus der ganzen, individuellen Beschaffenheit der Gegenwart (...) geht dann die Folge hervor, die Entwürfe, welche die Vernunft dann durchzusetzen bemüht ist, erhalten, wenn auch ihre Bemühungen gelingen, von dem Gegenstande selbst noch, auf den sie angelegt sind, Form und Modifikation.

Bloße Absichten oder willkürliche Versuche eines radikalen Wandels scheitern immer, weil jede Wirkung notwendig eine Gegenwirkung von gleicher Stärke hervorruft. Soll in der Gesellschaft etwas Neues geschaffen werden, muß ihm laut Humboldt "ein gleich thätiges Empfangen" begegnen; sind die Bedingungen erst reif, dann "reisst da die Gegenwart die Zukunft an sich."[22]
Selbst wenn es möglich wäre, ein politisches System allein auf die Vernunft zu gründen, hieße das, daß alle menschlichen und gesellschaftlichen Kräfte, die (wie im Lebensprozeß des Individuums) gemeinhin nur im Nacheinander auf-

treten, zur selben Zeit aktiviert werden müßten. Das Ergebnis wäre völlige Erschöpfung. Humboldt schloß daraus, daß die vollkommen konstruierte Gesellschaft die Lebensenergien ihrer Bürger verbrauchen müßte. Der Mensch würde Maschine - "man bewundert, was er thut; man verachtet, was er ist."[23] Damit wird schon sichtbar, daß Humboldt seine politische Philosophie auf ein neues Konzept von Geschichte und historischem Wandel gründete, das von geläufigen Begriffen des achtzehnten Jahrhunderts abwich und Grundsätze einer anderen Geschichtstheorie vorbrachte, der dann Denker wie Hegel, Marx oder Hannah Arendt folgten. Anstatt die Geschichte (wie die meisten Aufklärer es taten) als Drama eines fortwährenden Streits zwischen dem Licht der Vernunft und der Nacht der Unterdrückung zu sehen, achtet Humboldts dialektisches Modell auf Komplexitäten der geschichtlichen Wirklichkeit und Veränderung. Die Geschichte lehrt nicht nur, daß keine der vorherigen Verfassungen vollkommen war, sondern auch, daß selbst die korrupteste Verfassung noch positive Züge enthielt.

In der europäischen Geschichte stellte Humboldt drei unterschiedliche Verfassungstypen fest, die drei sehr verschiedene Formen von Herrschaft und Politik repräsentierten: die Staaten Griechenlands und Roms, die mittelalterliche europäische Gesellschaft und den modernen Staat absoluter Herrschaft. Humboldts historische Typologie und seine Argumente erinnern an Hannah Arendts vergleichbare Unterscheidungen in *Conditio humana*.[24] So kann in seinen Augen der antike Staat mit den politischen Systemen, die wir Modernen kennen, unmöglich verglichen werden, weil das Dasein eines Systems stets absichtliche Planung einschließt, die aber im griechischen und römischen politischen Leben schlicht fehlt. Wo wir Modernen philosophische und politische Argumente zur Rechtfertigung unserer politischen Institutionen vorbringen, argumentierten die Alten aus der Geschichte. Zu einer anderen Form politischen Lebens führte die Herrschaftsform des Mittelalters. Innerhalb des Feudalsystems machte die Rivalität zwischen Mächten einen Begriff von Freiheit möglich. So konnte unter feudalen Verfassungen paradoxerweise niemand frei sein, der nicht gleichzeitig selber ein Unterdrücker war. Denn der Vasall widerstand seinem Lehnsherrn mit nicht weniger Entschiedenheit, als er sie - nach Humboldt - zur denkbar unmenschlichen Unterdrückung seiner Untertanen verwandte. Und dieser Kampf zwischen Lehnsherrn, Vasallen, Bauern und Knechten - anders gesagt: das Feudalsystem als ganzes - hielt die Idee der Freiheit für kommende Generationen lebendig. Was den modernen Staat nach Humboldt kennzeichnet, ist die Tatsache, daß der ökonomische Bereich vom Staat absorbiert und dazu benutzt worden ist, die absolute Herrschaft zugleich zu stützen und zu rechtfertigen.[25] Weil aber der moderne Staat rationale Grundsätze zur Organisation seines politischen Lebens einsetzte, erleichterte er mit Notwendigkeit die Ausbreitung aufgeklärter Ideen über Vernunftgebrauch und Menschenrechte, brachte also unter seinen Bürgern eine "Sehnsucht nach Freiheit" als Vorbedingung nachfolgender revolutionärer Umwälzungen hervor. So negativ Humboldt die Aussichten für die

neue französische Verfassung einschätzte, so sehr begrüßte er die Veränderungen, die die Revolution selber bewirken würde; mit Notwendigkeit würde sie "die Ideen aufs neue aufklären" und Innovationen für ganz Europa stimulieren.
Zwei Eintragungen in Humboldts Tagebuch von 1798 bekräftigen seine früheren Urteile noch. Sie berichten von der Desillusionierung zweier einflußreicher revolutionärer Intellektueller aus Humboldts Bekanntenkreis, des Philosophen de Tracy und des Politikers und Publizisten Roederer, über den Zusammenbruch der Verfassungsordnung von 1791 und die folgende Terrorherrschaft:

Le mal n'est pas l'effet de l'ordre établi, mais la difficulté de son établissement.[26]

Wir bemerkten, sagte er, daß wir die Macht hatten, den Thron mit unseren Pamphleten zu stürzen, und glaubten, um so leichter mit gleichen Mitteln die Revolution kontrollieren zu können - und darin täuschten wir uns.[27]

3

Historiker und Kommentatoren Humboldts haben bislang einen seltsamen und unerklärlichen Schnitt behauptet, der den politischen Theoretiker und Philosophen vom praktischen Politiker und Reformer trennen würde. Als Humboldt 1809 die Leitung der Sektion für Kultus und Unterricht im preußischen Ministerium des Inneren übernahm, soll er einer neuen Aufgabe schlecht vorbereitet gegenübergetreten sein. Keine seiner Theorien war für praktische Anwendung gedacht und so radikal politischen Aktionen, wie die Reorganisation eines ganzen nationalen Erziehungssystems sie nach sich zieht, stand Humboldt angeblich ganz fern.[28] Solchen Historikern muß es in der Tat wie ein Wunder vorkommen, daß der reine Theoretiker Humboldt über Nacht zum kaltblütigen Politiker und Reformer wurde, der es in weniger als zwei Jahren fertig brachte, das Bildungssystem einer ganzen Nation dauerhaft zu ändern. Dieser grobe Irrtum entsteht aber nur durch völlige Mißachtung von über vier wichtigen Jahren in Humboldts Leben, die er zwischen 1797 und 1801 im revolutionären Paris verbracht und fast gänzlich einem systematischen Studium der Politik, der Institutionen und der Kultur der neuen Republik gewidmet hatte.
Ein bleibender Lieblingsgegenstand von Humboldts Aufmerksamkeit in diesen Jahren waren die Versuche der aufeinanderfolgenden revolutionären Regierungen, ein umfassendes System der Nationalerziehung einzurichten. Humboldt kannte nicht nur die wichtigen einschlägigen Schriften, sondern auch die meisten ihrer Verfasser. Wobei die Autoren oft gleichzeitig Mitglieder der Gesetzgebung und folglich selber beauftragt waren, die Erziehungsreformen durchzuführen, die sie befürwortet hatten - unter anderen Sieyès, Lakanal, Talleyrand und Cabanis. In dieser Umgebung konnte Humboldt seine eigenen Ansichten über Erziehung, Politik und Kultur testen und erweitern. Um

so überraschender also, daß die extensiven Untersuchungen der deutschen Erziehungsreformen von 1809/10 und zumal diejenigen von Humboldts Politik seine Frankreicherfahrung nie behandelt und seinen Pariser Tagebüchern, die die intime Verbindung zwischen Humboldts politischer Theorie und Praxis schon weitgehend erklären, kaum Aufmerksamkeit gezollt haben. Neben ihrem außerordentlichen dokumentarischen Wert für das politische und kulturelle Leben des Direktorats stellen diese Tagebücher und Aufzeichnungen das einzige Zeugnis für Humboldts systematischen Versuch dar, den gesamten Lebensprozeß der zeitgenössischen französischen Gesellschaft in seinen Hauptaspekten zu beobachten, aufzuzeichnen und zu analysieren. Zeigte das frühe Tagebuch von 1798 Humboldts Meisterschaft im Kombinieren von Ereignis- oder Personenbeschreibungen mit einem wachen Sinn für die Wirklichkeiten, deren Teil sie waren, so gelangt diese Kunst nun zur Vollendung. Unmittelbare Wahrnehmung verbindet sich mit einer analytischen Sondierung, die immer wieder neue Einblicke ins komplexe Gewebe oder Kräftespiel auftut, wie es das französische Gesellschaftsleben der Zeit ausmachte.[29]

Höchst informativ sind schon die Berichte von Begegnungen mit Persönlichkeiten aus verschiedensten Gesellschaftsschichten: mit Politikern, Intellektuellen, Schriftstellern, Künstlern, Mitgliedern der Mittelklasse, frustrierten Royalisten, Radikalen und Aristokraten. Allein im Register der Tagebücher liegt ein *Who Is Who* aller bedeutenden Männer und Frauen der Epoche vor.[30] Dazu kommen Humboldts Beobachtungen von öffentlichen oder privaten Ereignissen, deren Beschreibung oft sehr detailliert ist. Eine dritte Rubrik von Eintragungen betrifft Humboldts systematische Lektüren, die praktisch alle Wissensgebiete abdeckten: Ökonomie, Geographie, Politik, Physik, Statistik, politische Philosophie, Anthropologie, Erziehung, eigentliche Philosophie, zumal Sprachphilosophie und Semiotik, Geschichte und Literatur. Wobei unter Literatur sowohl die französischen Klassiker Molière, Racine, Corneille und Kardinal Retz wie auch zeitgenössische Autoren figurieren, vor allem Madame de Staël.

Auf politischem Feld verfolgte Humboldt aus ziemlicher Nähe die Verhandlungen der gesetzgebenden und staatlichen Körperschaften; häufig besuchte er persönlich die Versammlungen des Rats der Fünfhundert und des Ältestenrats. Knappe Kommentare zu ihren Verhandlungen betrafen vor allem politische und konstitutionelle Konflikte und Probleme im Moment ihres Auftretens.[31] An einer anderen, aber gleichermaßen wichtigen Front machte Humboldt es sich zur Pflicht, regelmäßig die Sitzungen der verschiedenen Klassen des Institut de France zu besuchen, das als Nachfolgeorganisation der Französischen Akademie die intellektuelle und politische Elite des Landes versammelte. Viele seiner Mitglieder, vor allem in der zweiten Klasse der "Sciences Morales et Politiques" waren zugleich Delegierte der Legislative oder Inhaber wichtiger Regierungsstellen. Die Prominentesten von ihnen[32] zählten zu Humboldts Bekannten, mit denen er häufig die sozialen, philosophischen, politischen und pädagogischen Probleme des Tages diskutierte - so mit Garat, Cabanis, Le Breton, Mercier, Daunou, Sieyès, Dupont de Nemours, Roederer, Destutt de Tracy, Degerando und anderen. Eben diese Männer bildeten die mächtige Intellektuellengruppe, die das kulturelle und politische Leben der Französischen Republik zwischen 1795 und Napoleons Machtergreifung von 1802 beherrschte. Ihre Bezeichnung als "Ideologen" entstammte der neuen philosophischen Disziplin der Ideologie, deren Namen der Philosoph Destutt de Tracy eingeführt und populär gemacht hatte.[33] Diese Wissenschaft sollte auf den Doppelpfeilern von Physiologie und Semiotik in strikt wissenschaftlicher Weise die Analyse der menschlichen Erkenntnis von den einfachsten Vorstellungen bis zu den komplexesten Denksystemen betreiben. Da ihre Epistemologie von Locke und Condillac stammte, widersprach Humboldt den meisten metaphysischen Vorannahmen der Ideologen, die er vergebens vom transzendentalen Standpunkt Kants oder Fichtes zu überzeugen suchte.[34] Und doch teilte er ihre wichtigsten Interessen - vor allem an Sprache als dem Schlüssel zum Verständnis und Fortschritt menschlicher Kultur - und ihren Glauben an die Wesentlichkeit öffentlicher Erziehung für den politischen und sozialen Fortschritt der Menschheit.[35]

Während die traditionellen Aufklärungsphilosophen gegenüber der Idee einer allgemeinen Bildung oft zweideutige Haltungen einnahmen - Diderot, Voltaire und Rousseau hielten es für unklug, den unteren Klassen eine Erziehung zu verschaffen, die über die Bedürfnisse ihres Sozialstandes hinausgehen würde -, kämpften die Ideologen für ein Erziehungssystem, das allen Männern und Frauen offen stehen sollte.[36] Im November 1793 erklärte Chénier vor der Nationalversammlung, daß "öffentlicher Unterricht das erste Bedürfnis des Menschen in der Gesellschaft" wie auch "die erste Pflicht der Gesellschaft gegenüber ihren Mitgliedern" sei.[37] Sieyès, der für die meisten Formulierungen der Verfassung von 1791 verantwortlich zeichnete, artikulierte auch ihre Forderungen an ein öffentliches Unterrichtssystem, "das allen Bürgern gemeinsam" sein sollte, "frei in Hinblick auf die für jedermann unabdingbare Erziehung" und "nach einer Hierarchie geordnet, die der Einteilung des Königreichs entsprechen würde".[38] Zwischen 1793 und 1795 leitete Sieyès eine Sonderkommission für Erziehungsreformen und legte dem Konvent eine Reihe einschlägiger Pläne vor. Der Widerstand Robespierres und seiner Jakobinerfraktion verhinderte ihr Inkrafttreten. Wo Sieyès seine Erziehungspläne in Übereinstimmung mit der Menschenrechtserklärung entwickelt und für ein System plädiert hatte, das die rein literarische Ausrichtung der Schule zugunsten einer zugleich "literarischen, intellektuellen, physischen, moralischen und industriellen" abschaffte,[39] sah Robespierre in der Erziehung nur ein Instrument einer radikalen "Wiedergeburt" der Nation, "um ein neues Volk zu schaffen".[40] Kinder zwischen fünf und zwölf Jahren sollten von ihren Eltern getrennt und in "Erziehungshäusern" aufgezogen werden:

Dort erfahren alle gleiche Behandlung, gleiche Ernährung, gleiche Kleidung, gleiche Unterrichtung; Gleichheit wird für die jungen Schüler keine scheinbare Theorie, sondern eine durchgängig wirksame Praxis sein. Auf diese Weise wird eine neue Rasse entstehen, kraftvoll, arbeitsam, geordnet, diszipliniert und durch eine untrennbare Schranke vor jedem unreinen Kontakt mit den Vorurteilen unserer eigenen antiquierten Gattung bewahrt.[41]

Erst nach dem Ende der Terrorherrschaft konnte das Gesetz vom dritten Brumaire, dem 25. Oktober 1795, erlassen werden, das schließlich ein zusammenhängendes und umfassendes System der Nationalerziehung errichtete. Seine Festsetzungen waren das Ergebnis einer ausführlichen Debatte und verwirklichten Vorschläge, die Talleyrand 1791, Condorcet und Sieyès 1792 der Gesetzgebenden Versammlung vorgetragen hatten. Humboldt kannte diese Dokumente und hatte die wechselhaften Schicksale der Erziehungsreformen von der Verfassung von 1791 an studiert. Talleyrands Vorschlag hatte die Bühne für alle folgenden Debatten vorbereitet. Er befürwortete ein Vierphasensystem der Erziehung: für jedermann zugängliche Primärschulen, auf Unterricht in Wissenschaften und Künsten spezialisierte Sekundärschulen zur Vorbereitung auf die Berufsausbildung; Berufsschulen zur Ausbildung in Medizin, Rechtswesen und Militärkunst; schließlich als Krönung des Systems das Institut National de France. Dort sollten die führenden Gelehrten, Philosophen und Wissenschaftler der Nation der Aufgabe nachgehen, "auf die Vollendung von Künsten und Wissenschaften hinzuwirken". Condorcets Vorschlag vom April 1792 forderte Ähnliches in Philosophie, fügte aber mehr und teilweise unterschiedliche Details hinzu.[42] Nach seiner Hinrichtung unter Robespierre kam die Debatte zu einem plötzlichen Ende. Aber Condorcets Vermächtnis überlebte und rief lebhafte Diskussionen hervor, als im April 1795 auf Verlangen des Komitees für öffentlichen Unterricht dreitausend Kopien seiner postumen Schrift *Esquisse d'un tableau historique des progrès de l'esprit humain* in ganz Frankreich verteilt wurden. Für Condorcet wie für die Ideologen war Erziehung das wichtigste Mittel, um den Fortschritt der Gesellschaft zu materieller und geistiger Vollkommenheit sicherzustellen.[43]

Das im Gesetz vom dritten Brumaire 1795 geschaffene System war in Kraft, als Humboldt 1797 in Paris eintraf. Es sorgte für eine oder mehrere Primärschulen in jedem Kanton, eine Zentralschule (école centrale) auf Sekundärniveau in jedem Departement, eine Lehrerausbildungsschule (école normale) in Paris unter der Oberaufsicht des Institut National, das nach Talleyrands erstem Vorschlag an der Spitze der ganzen Hierarchie stand. Weil die Revolution schon zu Beginn das kirchliche Erziehungssystem des Ancien Régime abgeschafft hatte, herrschte akuter Mangel an qualifizierten Lehrern. In dieser Lage sollte die Ecole normale Abhilfe schaffen und Delegationen aus jedem Schuldistrikt zu Schnellkursen in Denkmethoden, semiotischer Analyse und verwandten Themen einladen. Dann sollten die Delegierten in ihre Distrikte zurückkehren, um dort sekundäre Normalschulen zu gründen.[44] Aber diese wichtige Seite der Reformpolitik scheiterte ebenso traurig wie gründlich. Humboldt las stenographische Mitschriften von Vorlesungen, die einige seiner bekannten Ideologen an der Normalschule gehalten hatten, woraufhin er urteilte: "Die Normal Schulen waren ein schöner, aber ungeheurer Plan, der durch seine Grösse selbst sinken musste."[45]

Das Schicksal des Lehrerausbildungsprogramms für Elementarschulen war symptomatisch für die Einseitigkeit und die Schwierigkeiten des gesamten Projekts. Einmal mehr mußte die Regierung auf Teile des Klerus zurückgreifen und das Weiterbestehen von Privatschulen erlauben, um das nationale Territorium mit einer zureichenden Zahl von Primärschulen zu überdecken. Im Licht dieser Erfahrung wird begreiflich, weshalb Humboldt zehn Jahre später auf der Errichtung eines gesunden Systems von "Normal Schulen" bestand und sowohl die Vermittlung geeigneter pädagogischer Methoden wie auch eine effiziente Organisation betonte, die das Beste von Zentralisation und Dezentralisation verband. Die aus Pestalozzis pädagogischen Theorien und Praktiken abgeleiteten Methoden erwiesen sich als wirksam und die Organisation - ein Netzwerk von Normalschulen, die nach dem unter Humboldts persönliche Aufsicht gestellten Modell Königsberg entstanden - arbeitete jahrzehntelang mit Erfolg. Mit der Errichtung eines umfassenden und für alle offenen Systems nationaler und öffentlicher Primärschulen hatte Humboldt erreicht, woran die französische Revolutionsregierung gescheitert war.

Mittlerweile hatte die Sekundärerziehung, also jenes System von "Zentralschulen", in das die Ideologen fast alle ihre Energien und Kräfte steckten, mit eigenen Schwierigkeiten zu kämpfen. Von Cabanis, dem Präsidenten des Komitees für öffentlichen Unterricht selber, hörte Humboldt im Juli 1778 über diese Schwierigkeiten und die von der Regierung ins Auge gefaßten Abhilfen.[46] Hoch auf der Liste von Engpässen, die Cabanis Humboldt mitteilte, stand seine Klage über die unzureichende Autorität, die dem Minister des öffentlichen Unterrichts zur Erfüllung seiner Aufgabe eingeräumt wurde. Diese Lektion fiel nicht in taube Ohren. Zu jedermanns Überraschung sollte Humboldt die Macht und Autorität des Amtes, das er 1809 übernahm, aufs Äußerste ausbauen und ausnutzen. Ein andermal riet Humboldt Jacquemont, mit dem er Kants Philosophie und Probleme öffentlicher Erziehung erörtert hatte, ein Buch darüber zu schreiben, wie das bestmögliche Erziehungssystem zu erreichen wäre. Jacquemont lehnte ab - er hatte Angst, sich selber zu viele Feinde zu schaffen.[47]

Was Humboldt selbst über die Frage dachte, legte er zehn Jahre später in einer Reihe von Denkschriften nieder, die er als preußischer Sektionschef für Kultus und Unterricht 1809/10 schrieb. Diese Schriften, obwohl nur an ein kleines, aber einflußreiches Publikum in Regierungskreisen gerichtet, sollten alsbald das Leben aller Bürger Preußens prägen.[48] Humboldts Plan war so kühn wie einfach. Wenn Erziehung zum Instrument der fortschreitenden Emanzipation von Individuum und Gesellschaft werden sollte, mußte sie auf kompromißlose, aber leicht verständliche Grundsätze gestellt werden. Öffentliche Erziehung hatte jedem Individuum auf der Basis von Gleichheit die Mittel zur persönlichen Entwicklung zu verschaffen. In Humboldts Augen waren zu diesem Zweck nur drei Schultypen notwendig, die er am Modell des individuellen geistigen Wachstums konzipierte: Elementarunterricht, Schulunterricht und Universitätsunterricht.

Elementarunterricht sollte den Schülern die basalen Formen der "Bezeichnung" beibringen, d.h. Sprach-, Zahl- und Maßverhältnisse. Daß die "Art des Bezeichneten" dabei ausgeschlossen blieb, macht an Humboldts Argument sehr deutlich, daß er die semiotische Erkenntnistheorie der Ideologen studiert hatte. - Der Unterricht der Sekundarstufe hingegen sollte darauf zielen, die verschiedenen geistigen Funktionen und Fähigkeiten zu üben, ohne die wissenschaftliche Einsicht und Kunstfertigkeit unmöglich wären. Dabei geht es für den Schüler nicht bloß um das Lernen, sondern vielmehr um "das Lernen des Lernens". Sobald der Schüler "so viel bei andern gelernt hat, dass er nun für sich selbst zu lernen im Stande ist", wird er zum dritten Erziehungsstadium reif: zur Universität. Der Übergang von der semiotischen Erkenntnisphase zu kantischer Selbstbestimmung und Selbsttätigkeit ist vollzogen.[49]

Humboldts Plan, auf seiner organisatorischen und curricularen Ebene ebenso wie in der zugrunde liegenden Philosophie, reflektiert seine französische Erfahrung.[50] Die Errichtung eines nationalen Volksschulsystems war nur ein Teil seines Gesamtplans, der darüber hinaus die gleichzeitige Schaffung eines Sekundärschulsystems mit wohldefinierter curricularer Kontinuität zwischen beiden vorsah. Eben dieser Aspekt steht in schroffem Gegensatz zu den oft verwirrenden oder überlappenden Funktionen all der Zentralschulen, Lyzeen und Kollegien, die in Frankreich Schüler auf den Eintritt in Berufsschulen vorbereiten sollten. Auch gelang es Humboldt, das Lehrerausbildungsproblem für Sekundärschulen oder Gymnasien durch einen wahren Geniestreich zu lösen: Die künftigen Lehrer höherer Schulen würden eben jene Absolventen der neuen Universität sein, die in Humboldts Architektur zur Krönung werden sollte. So fiel der Universität, ähnlich wie im revolutionären Frankreich dem Institut National, eine Schlüsselrolle zu. Doch die Unterschiede zwischen beiden Institutionen hätten nicht ausgeprägter sein können. Das Institut National war ein elitärer Club der französischen Intelligenz mit Exklusivrechten auf Wissenschaft und Forschung in allen Fächern und der Macht, das Lehrerausbildungsprogramm der Nation zu steuern. Im Gegensatz dazu sollte Humboldts Universität allen intellektuell Qualifizierten offenstehen und in jedem Feld oder Fach, für das das französische System nur spezialisierte Berufsschulen gegründet hatte, Forschung, Lehre und Wissensverbreitung kombinieren. Nach Humboldts Vorschlag verlor die Akademie ihre Sonderstellung, um fortan mit der neuen Institution zu konkurrieren und ihre Hilfsquellen mit ihr zu teilen. Humboldt konzipierte die Universität als eine Verbindung von Dozenten und Studenten zu ein und demselben Unternehmen: der Wissenschaft um ihrer selbst willen und ohne organisatorische Fremdherrschaft. Wissenschaft galt nicht als feststehend und stabil, sondern als das unerreichbar ferne Ziel aller geistigen Tätigkeit. Einmal mehr stimmte Humboldt mit seinen ideologischen Freunden überein, wenn er die Wichtigkeit der Philosophie für die Wissenschaften unterstrich: Als Erkenntnistheorie oder wahrhafte "Wissenschaftslehre" sollte sie Ethos und Leitsätze für alle Wissenschaften im Dienst ihrer Einheit aufstellen. Aber während die Ideologen annahmen, ihr eigenes Semiotiksystem würde die materialen Konzepte für diese Einheit der Wissenschaften bereitstellen, kann Humboldts Standpunkt am ehesten als tentativ und pragmatisch transzendentaler beschrieben werden. Die Philosophie kann die Einheit von Wissen und Wissenschaft nicht sicherstellen, sondern lediglich ein transzendentales regulatives Ideal einer solchen Einheit vorstellen, wobei der Wissenserwerb der Arbeit in den Einzelfächern überlassen bleibt und die Philosophie ihr Ideal mit jedem Wissensfortschritt reformuliert.

Um der Universität ihre Unabhängigkeit gegenüber dem Staat und politischen Druckmitteln zu sichern, plante Humboldt, sie mit Grundbesitz auszustatten, der ihr die nötigen Einkünfte bringen würde. Von der Idee einer solchen Schenkung hörte Humboldt erstmals durch Sieyès, der 1798 ihm gegenüber seine erfolglosen Versuche beklagte, die Nationalversammlung zur Umwandlung der ehemaligen Kirchengüter in eine permanente Schenkung zugunsten des öffentlichen Unterrichts zu überreden.[51] Aber auch Humboldts Bemühungen blieben ohne Erfolg. Erst wesentlich später, 1864, unterzeichnete Präsident Lincoln in den Vereinigten Staaten das Landschenkungsgesetz, das 64 Einrichtungen des amerikanischen höheren Schulwesens zugute kam und die Basis für das heutige System von Staatsuniversitäten legte.

Ähnlichkeiten und Unterschiede der Philosophie, die den Plänen Humboldts und seiner Vorgänger zugrundelag, sollen zum Schluß noch kurz illustriert werden. Das führt zurück zum Begriff der persönlichen Entwicklung oder Bildung in Humboldts frühen Aufsätzen. Humboldt glaubte, daß eine allen angemessene Erziehung, statt den Schüler auf eine spezifische soziale Funktion im Dienst vorherrschender Zwecke vorzubereiten, die Entwicklung der "allgemeinen Menschenbildung" des Individuums anzielen müsse. Sie hatte die Selbsttätigkeit der Schüler anzuregen und ihre eingeborenen Kräfte zur Bewältigung der Mannigfaltigkeit kommender Lebenssituationen zu wecken. Als Sieyès 1794 es als Zweck des Primärunterrichts definierte, "Kindern von beiderlei Geschlecht diejenige Erziehung zu geben, die für freie Menschenwesen notwendig ist", stimmte das mit Humboldts Ansichten durchaus überein.[52] Aber das resultierende Erziehungssystem, obwohl es "für alle angemessen" sein sollte, zielte faktisch darauf ab, Haltungen und Fähigkeiten zu entwickeln, die zur Vorbereitung der Schüler auf spezifische soziale Funktionen notwendig waren. Nur so nämlich konnte Erziehung dazu dienen, "die öffentliche Vernunft zu vervollkommnen und den Fortschritt des menschlichen Geistes zu beschleunigen".[53] Damit stimmte Humboldt durchaus nicht überein. Jemand für eine spezifische Funktion zu trainieren, statt ihn zu erziehen, würde zur Einseitigkeit führen, wie Humboldt in einer Denkschrift an den preußischen König feststellte:

Faengt man aber von dem besondern Berufe an, so macht man ihn einseitig, und er erlangt nie die Geschicklichkeit und Freiheit, die nothwendig ist, um auch in seinem Berufe allein nicht bloss mechanisch, was Andere vor ihm gethan, nachzuahmen, sondern selbst Erweiterungen vorzunehmen. Der Mensch verliert dadurch an Kraft und Selbständigkeit.[54]

Schiller wäre wohl höchlich erstaunt gewesen, hätte er diese Feststellungen seines jüngeren Freundes in einem offiziellen Regierungsdokument lesen können, das den Lesern seiner eigenen *Briefe über die Ästhetische Erziehung des Menschen* vertraute Ideen in einen Plan öffentlicher Nationalerziehung übersetzte. Während aber Schillers *Briefe* in der kryptischen Vision einer Zukunftsutopie enden, ergriff Humboldt die Gelegenheit, das Ideal in ein Handlungsschema im Realen der Politik zu überführen. Und doch waren seine Absichten bei der Erziehungsreform nur Teil einer weiteren Vision. Für Humboldt fungierte Erziehung als Prozeß, der die Bürgerschaft auf Teilnahme am politischen Leben der Nation vorbereiten sollte. Die Sphären von Erziehung und Politik bildeten nur zwei Seiten dieses Lebens. Für Humboldt gingen pädagogischer und politischer Fortschritt Hand in Hand, weil beide von Natur aus erzieherisch waren und eine Übung in Selbsttätigkeit darstellten, wie die wachsenden ökonomischen und industriellen Kräfte der Zeit sie forderten. Ziel war die Schaffung einer politischen und sozialen Ordnung, die jedem Individuum eine "Mannigfaltigkeit von Situationen" einräumte, um in ihnen ein menschliches Leben zu leben.[55]

Humboldts Schema, obwohl sicherlich viel erfolgreicher als das seiner Ideologen-Freunde, konnte nicht zum vorgesehenen Ziel geführt werden. 1819 kamen alle sozialen und politischen Reformen durch Metternich zu tödlichem Stillstand und das preußische Schulsystem, einmal errichtet, erstarrte zu einer Bürokratie, bevor es seine befreienden Kräfte entfalten konnte. Doch selbst in seiner halbvollendeten Form stieg es zu einem Modell auf, das andere Nationen im neunzehnten Jahrhundert weitgehend befolgten. Viele von den Fragen und Problemen, die Humboldt und seine Erziehungsreformen in Preußen gestellt haben, bleiben heute noch offen. Unterdessen mag die Tatsache, daß wir zur heutigen Konferenz auf diesem Campus der Universität von Kalifornien versammelt sind,[56] bescheidenes Zeugnis davon ablegen, daß etwas von Humboldts Erbe noch unter uns lebt.

Aus dem Amerikanischen:

Friedrich A. Kittler

Anmerkungen

1 Für eine Übersicht über Humboldts Laufbahn vgl. Paul R. Sweet, *Wilhelm von Humboldt. A Biography*, 2 Bände, Columbus, Ohio, 1978-1980; Bruno Gebhardt, *Wilhelm von Humboldt als Staatsmann*, 2 Bände, Stuttgart 1896-1899, Reprint Aalen 1965; ferner die Dokumentation in:

Wilhelm von Humboldt, *Werke in fünf Bänden*, Hgg. A. Flitner und K. Giel, Darmstadt 1964 und 1981, Bd. IV und V sowie in: Wilhelm von Humboldt, *Studienausgabe*, Hg. E. Mueller-Vollmer, Frankfurt/M. 1971, Bd. II.

2 Clemens Menze, *Die Bildungsreform Wilhelm von Humboldts*, Hannover-Dortmund-Darmstadt-Berlin 1975.

3 Joachim Heinrich Campe, *Briefe aus Paris während der Französischen Revolution geschrieben*, Hg. H. König, Berlin 1961, S. 115.

4 Ebd., S. 115.

5 Vgl. folgenden Tagebucheintrag Humboldts: "Ich kann mich nicht in die art finden, wie er die dinge ansieht. Seine und meine gesichtspunkte liegen himmelweit auseinander. Ewig hat er vor augen, und führt er im munde das was nützlich ist, was die menschen glücklicher macht, und wenn es nun darauf ankommt zu bestimmen was das ist, so ist diese bestimmung immer so eingeschränkt (...) Vom Rheinfall bei Schaffhausen sagte er mir, 'ich sehe lieber einen kirschbaum, der trägt früchte, und so schön und gross der Rheinfall ist so ist er doch ein unnützes geplätscher, das niemandem nützt.'" (Wilhelm von Humboldt, *Gesammelte Schriften*, Hg. A. Leitzmann, Berlin 1903-1936, Bd. XIV, S. 85f.).

6 Ebd., Bd. XIV und XV.

7 Ebd., Bd. XIV, S. 120f.

8 Über den Einfluss des Theismus, Atheismus und Skeptizismus auf die Sitten der Menschen (1788/89), von Leitzmann veröffentlicht unter dem Titel "Über Religion" (Wilhelm von Humboldt; Anm. 5), Bd. I, S. 45-76).

9 Wie weit darf sich die Sorgfalt des Staats um das Wohl seiner Bürger erstrecken?, in: Wilhelm von Humboldt (Anm. 5), Bd. I, S. 106-123; Zitat S. 106.

10 Ebd., S. 107.

11 Ebd., S. 123. Dieser Passus erschien erst postum in: Ideen zu einem Versuch, die Gränzen der Wirksamkeit des Staates zu bestimmen.

12 In: Wilhelm von Humboldt, *Gesammelte Schriften*, (Anm. 5), Bd. I, S. 97-254.

13 Ebd., Bd. I, S. 88.

14 Die Begriffe von Mannigfaltigkeit oder Verschiedenheit und die eng verwandten von Unterschied oder Differenzierung spielen in Humboldts Denken eine zentrale Rolle und kehren lebenslang in seinen ästhetischen, anthropologischen und linguistischen Schriften wieder. Sein letztes Werk, das magnum opus von 1835, trägt den Titel: *Über die Verschiedenheit des menschlichen Sprachbaus*.

15 Ideen über die Staatsverfassung, durch die neue französische Constitution veranlasst (1791), in: Wilhelm von Humboldt, *Gesammelte Schriften* (Anm. 5), Bd. I, S. 77-96.

16 Ebd., S. 78.

17 Ebd.

18 G. Lefebvre, *La Révolution française*, Paris 1956; B. Melchior-Bonnet, *Dictionnaire de la Révolution et de l'Empire*. Paris 1965, S. 101-104; D. Woronoff, *The Thermidorean Empire and the Directory 1774-1799*, Cambridge / England-New York-Sydney 1984.

19 Zitiert in: Murray Forsyth, *Reason and Revolution. The Political Thought of Abbé Sieyès*, Leicester-New York 1987, S. 103 (aus Sieyès' "Projet d'un decret provisoire sur le clergé", 1890).

20 Ideen über Staatsverfassung, in: Wilhelm von Humboldt, *Gesammelte Schriften* (Anm. 5), Bd. I, S. 79.

21 Ebd.

22 Ebd., S. 80.

23 Ebd., S. 81.

24 Hannah Arendt, *The Human Condition*, Chicago 1958.

25 Humboldt argumentiert, daß im modernen Staat der Gebrauch von Geld die Sklaverei ersetzt hat. Die staatliche Förderung der Industrie dient dem Zweck der Geldschaffung und daher sind Macht für den Herrscher und Güterproduktion für die Untertanen lediglich ein Mittel zu diesem Zweck. Wilhelm von Humboldt, *Gesammelte Schriften* (Anm. 5), Bd. I, S. 81.

26 Ebd., Bd. XIV, S. 618.

27 Ebd., S. 563.

28 Zur Stützung dieser Ansicht kann, wie häufig geschehen, Humboldt selbst zitiert werden, der 1809 an Nicolovius schrieb: "Es kann Niemand unvorbereiteter in einen Posten kommen als ich in den meinen" (*Werke in fünf Bänden* (Anm. 1), Bd. V, S. 504). Vgl. auch Menze, *Die Bildungsreform* (Anm. 2), S. 59. Aber daß Humboldt keine praktische Erfahrung in der Organisation und Führung von Erziehungseinrichtungen hatte, um von einem ganzen Nationalerziehungssystem zu schweigen, heißt keineswegs, daß er nicht mit den praktischen und politischen Problemen bei Planung und Errichtung eines Nationalerziehungssystems tiefgreifend beschäftigt war, wie seine Pariser Tagebücher bezeugen.

29 Humboldt teilte die Skepsis einiger seiner französischen Bekannten und Freunde, zumal Sieyès', ob die historische Wahrheit von Ereignissen, etwa der verschiedenen Phasen der Revolution, je zu erlangen sei (*Gesammelte Schriften* (Anm. 5), Bd. XIV, S. 404, 414, 422, 431, 464f., 627f., 649). Deshalb versucht Humboldt, statt auf eine Einheitsinterpretation des französischen Gesellschaftslebens zu zielen, möglichst viele exakte Tatsachen und Beobachtungen zu mannigfachen Phänomenen zu sammeln, um dem Leser so etwas wie ein Netzwerk semiotischer Orientierungspunkte zu schaffen, das es ihm erlauben soll, unterschiedliche Kraftlinien des Sozialen und Kulturellen am Werk zu sehen.

30 Vgl. etwa Woronoff, *The Thermidorean Empire* (Anm. 18) und vergleiche das Namenregister dieser Arbeit mit dem von Humboldts Tagebüchern, *Gesammelte Schriften* (Anm. 5), Bd. XV.

31 Unter den von Humboldt kommentierten Problemen waren: Zensur und Pressefreiheit, Wahlpolitik, Verhaftungen ohne Prozeß, Unterdrückung radikaler Clubs und Verfassungskonflikte.

32 Zur Zusammensetzung des Instituts vgl. A. Potiquet, *L'Institut National de France. Ses diverses organisations, ses membres, ses associés et ses correspondants*, Paris 1871.

33 Ch. H. Van Duzer, *Contribution of the Ideologues to French Revolutionary Thought*, Baltimore 1935 (The Johns Hopkins University Studies in Historical and Political Science, Reihe LIII, Nr. 4). Humboldts Tagebuch enthält kritische Exzerpte aus Tracys an das Institut gerichteter Denkschrift "Comment acquerons-nous la connaissance des corps extérieurs et du nôtre?" (22. 2. 1798, *Gesammelte Schriften* (Anm. 5), Bd. XIV, S. 423). Nach Lektüre der offiziellen Resumés des Instituts "Travaux pendant l'an, V" kommentiert Humboldt: "Tracy sur la faculté de penser. Schlägt eine neue Wissenschaft darüber vor: l'Idéologie." (Ebd., S. 426).

34 Nachdem Humboldt Tracys Bekanntschaft gemacht hatte, organisierte dieser im Mai 1798 eine metaphysische Debatte, wo Humboldt über vier Stunden lang vergebens versuchte, die Prinzipien von Kants und Fichtes Transzendentalphilosophie zu verteidigen und zu erklären. Neben Tracy nahmen an der Debatte folgende Ideologen teil: Jacquemont, Cabanis, La Romiguière, Le Breton und Sieyès (Humboldt, *Gesammelte Schriften* (Anm. 5), Bd. XIV, S. 483-487. Vgl. auch Humboldts Bericht über das Treffen in seinem Brief an Schiller vom 23. Juni 1798.

35 Letzthin gab es zwischen Linguisten eine erhitzte Debatte, ob Humboldt - und falls ja, in welchem Ausmaß - von den Ideologen abhängig war. Aber weder H. Aarsleff (*From Locke to Saussure, Essais on the Study of Language and Intellectual History*, Minneapolis 1968), der diese Abhängigkeit bejaht, noch auch seine deutschen Gegner (H. Gipper, Schwierigkeiten beim Schreiben der Wahrheit in der Geschichte der Sprachwissenschaft. Zum Streit um das Verhältnis von Wilhelm von Humboldt zu Herder, *Logos Semantikos*, Bd. I, *Studia Linguistica in Honorem Eugenio Coseriu*, Hg. J. Trabant, Berlin-New York-Madrid 1981, S. 87-99; W. Österreicher, Wem gehört Wilhelm von Humboldt? Zum Einfluß der französischen Aufklärung auf die Sprachphilosophie der deutschen Romantik, *Logos Semantikos*, Bd. I, S. 117-135) untersuchen Humboldts Beziehung zu den Ideologen außerhalb eines eng definierten linguistischen und epistemologischen Kontexts.

36 Van Duzer, *Contribution of the Ideologues* (Anm. 33), S. 91f.

37 *Le Moniteur*, Sitzung vom 6. November 1793, XVIII, S. 361, zit. in: Van Duzer, *Contribution of the Ideologues* (Anm. 33), S. 93.

38 M. Forsyth, *Reason and Revolution* (Anm. 19), S. 204.

39 Artikel XXI der Verfassung von 1791, von Sieyès formuliert. Vgl. Forsyth, *Reason and Revolution*, ebd., S. 206.

40 Robespierre, *Textes choisis*, Hg. J. Poperen, 3 Bände, Paris 1973, Bd. II, S. 157-158, zit. in: Forsyth, *Reason and Revolution*, ebd., S. 208.

41 Robespierre, *Textes choisis*, Bd. II, ebd., S. 157-158, zit. in: Forsyth, ebd., S. 208.

42 Für eine Darlegung dieser Ziele siehe Van Duzer, *Contribution of the Ideologues* (Anm. 33), S. 101-103.

43 Ebd., S. 99.

44 Das Gesetz vom dritten Brumaire statuiert im Artikel I des für die Normalschulen angenommenen Projekts: "Il sera établi à Paris une Ecole normale où seront appelés de toutes les parties de la République des citoyens déjà instruits dans les sciences utiles, pour apprendre, sous les professeurs les plus habiles dans tous les genres, l'art d'enseigner." (Van Duzer, *Contribution of the Ideologues*, ebd., S. 109) Der Verfasser des Normalschulplans war Lakanal.

45 Wilhelm von Humboldt, *Gesammelte Schriften* (Anm. 5), Bd. XIV, S. 635 (24. September 1798): "Séances des écoles normales recueillies par des sténographes et revues par les professeurs. Première partie. Leçon. T. 1 a. 2, Paris 1798. Die Normal Schulen waren ein schöner, aber ungeheurer Plan, der durch seine Größe selbst sinken mußte."

46 Auf einer Abendgesellschaft im Salon von Madame Helvétius sagte Cabanis zu Humboldt: "Sie werden jetzt die *écoles centrales* nach der Grösse der Städte verschieden einrichten; Lyceen, besonders ein großes in Paris établiren, die eigentliche Universitäten seyn werden; und jedem *jury d'instruction* (dem Modell für Humboldts nachmalige "wissenschaftliche Deputation" in seinen Reformplänen für die Universität Berlin) zur Seite wird ein *Commissaire des gouvernements* seyn. Die Hauptschwierigkeiten, die die Commission findet, sind: 1. die Praetension jedes Deputirten auf Gleichheit aller Départements zu bestehn, und für jedes eine *école centrale* zu verlangen. 2. die republikanische Form der *jury d' instruction*, wo zum Theil ganz unwissende Menschen die Stellen der Schulen besetzen. 3. das Vorurtheil gegen einen *ministre de l'instruction publique*..." (Wilhelm von Humboldt, *Gesammelte Schriften*, ebd., Bd. XIV, S. 536f.).

47 Ebd., Bd. XIV, S. 516.

48 Die Denkschriften, die Humboldt als Sektionschef für den Kultus und öffentlichen Unterricht im preußischen Ministerium des Inneren schrieb, finden sich in Bd. X und XIII der *Gesammelten Schriften*. Die wichtigsten sind auch versammelt in Bd. V der *Werke in fünf Bänden*.

49 Königsberger Schulplan, in: Wilhelm von Humboldt, *Gesammelte Schriften* (Anm. 5), Bd. XIII, S. 260f.

50 Königsberger Schulplan, in: Wilhelm von Humboldt, ebenda. Humboldts Unterscheidung zwischen Primär- und Sekundärerziehung scheint auf die Unterscheidungen gegründet, die das Gesetz vom dritten Brumaire einrichtete, als es die Primärerziehung auf Unterricht in Lesen, Schreiben, Rechnen und Moral beschränkte. Humboldt übernahm von den Ideologen auch die dreiteilige Organisation der Sekundärerziehung, veränderte und vereinfachte ihr Schema jedoch recht erheblich. Während der Plan von Lakanal und Sieyès zwischen drei Fächergruppen unterschied - erstens Zeichnen, Naturgeschichte und Sprache, zweitens Mathematik, Physik und Chemie, drittens Literatur, Geschichte und Regierung -, teilte Humboldt alle Fächer in erstens linguistische, zweitens historische und drittens mathematische Gegenstandsbereiche ein. Vgl. Van Duzer, *Contribution of the Ideologues* (Anm. 33), S. 108 sowie Wilhelm von Humboldt, *Gesammelte Schriften* (Anm. 5), Bd. XIII, S. 262.

51 Wilhelm von Humboldt, *Gesammelte Schriften* (Anm. 5), Bd. XIV, S. 483. Bei Gelegenheit einer seiner Besuche bei Sieyès schreibt Humboldt: "Sieyès sagte, daß große Unglück der Schul - so wie vieler andern Anstalten sey, daß man ihre fondationen aufgehoben habe, wogegen er sich genug, aber vergeblich erklärt hätte." Sieyès in seinen *Observations sommaires sur les biens ecclésiastiques, du 10 août 1789*, Versailles 1789, und in seinem *Projet d'un décret provi-*

soire sur le clergé du 12 février 1790, Paris 1790, hatte argumentiert, daß Kirche und Klerus ihre Besitztümer unter dem Ancien Régime von Rechts wegen nur treuhänderisch innehatten, nämlich mit der Verpflichtung, für Erziehung und Wohlfahrt der Nation zu sorgen, und daß folglich das Kircheneigentum nicht in Privatbesitz überführt, sondern als Schenkung zur Finanzierung öffentlicher Erziehung verwendet werden sollte.

52 Forsyth, *Reason and Revolution* (Anm. 19), S. 204.; Wilhelm von Humboldt, *Gesammelte Schriften* (Anm. 5), Bd. XIII, S. 277 (Litauischer Schulplan).

53 Chénier in seiner Ansprache vor der Nationalversammlung am 6. November 1793 (*Moniteur*, XVIII, S. 351), zitiert bei Van Duzer, *Contribution of the Ideologues* (Anm. 33), S. 94f.

54 Wilhelm von Humboldt, *Gesammelte Schriften* (Anm. 5), Bd. X, S. 206.

55 Die innige Verbindung, die Humboldt zwischen politischer Verfassung und öffentlichem Erziehungssystem sah, sowie seine Definition politischer Tätigkeit als eines Erziehungsprozesses erweisen ihn einmal mehr als engen Verbündeten der französischen Ideologen. Lakanal in seiner Ansprache vor der Nationalversammlung am 24. Oktober 1794 hatte es so formuliert: "L'éducation, en effet, tient si essentiellement aux premières institutions sociales d'un peuple, la constitution doit être tellement faite pour l'éducation et l'éducation pour la constitution, que toutes les deux sont manquées si elles ne sont pas l'ouvrage des mêmes esprits, du même génie; si elles ne sont pas en quelque sorte des parties correlatives d'une seule et même conception." (Van Duzer, *Contribution of the Ideologues* (Anm. 33), S. 96f., zitiert nach *Le Moniteur*, XXII, S. 347.).

56 Der Text wurde erstmals Anfang Mai 1988 auf einer Konferenz der University of California, Santa Barbara, vorgetragen, die dem Thema "Französische Revolution, Literatur und Politik der Goethezeit", galt. (Anmerkung des Übersetzers).

Bettina Rommel

Enseignement national

Austreibung der Rhetorik und Einschreibung des
Nationalstaates 1762-1900 in Frankreich

Die krisenhafte Umwälzung Frankreichs, die nun gerade zweihundertjährige *Grande Révolution*, führte neben der Neuordnung der Zivilgesellschaft zu einem Umbau der Verfassung und Verwaltung, der auch im Ausbildungssektor mit den napoleonischen Reformen in groben Zügen vollendet ist. Selbst deren Revision durch die nachfolgenden Herrscher bis hin zum zweiten *Empereur* änderten daran wenig: Zurückgeschlagen seit Bonapartes Militärputsch von 1799 und der Krönung Napoleons zum Kaiser aller Franzosen ist die Republik. Die Stabilisierung quasi-absolutistischer Strukturen einerseits und auf der anderen Seite die Formierung einer demokratischen Bewegung bestimmen forthin die Dynamik der gesellschaftlichen Prozesse und schaffen unter anderem die Bedingungen für eine *lutte scolaire* im letzten Jahrhundertdrittel, deren Höhepunkt die Auseinandersetzung um die Schulgesetzgebung der Dritten Republik markiert. Erst die gesetzliche Verordnung eines laizistischen und nationalen Bildungswesens beendet die Kämpfe um das Erziehungsmonopol, das der Klerus, vor allem im Primarschulbereich, über die Revolution hinweg für sich beansprucht hatte. Daher ist es nicht verwunderlich, wenn sich manch einer der Schulgeschichtler jener Zeit, wenn er zur Schlachtbeschreibung schreitet, wie ein Erfüllungsgehilfe des unvergessenen Bezwingers der Zivilgesellschaft geriert: "L'instruction publique", so heißt es rückblickend auf das eroberte Monopol, "se préoccupe beaucoup plus de l'intérêt de l'Etat que de l'intérêt de l'individu; elle peut paraître s'inspirer de mobiles philosophiques; pratiquement, son but essentiel est d'adapter les individus á un ordre de choses déterminées".[1]
Die Durchsetzung der staatlichen Verfassung eines *enseignement national* durch die *République des professeurs*[2] ist daher auch ein Beispiel für die Effektivität diskursiver Strategien. Am Anfang aller Schulreform in Frankreich stand der Krieg - ihre ursprüngliche Begründung jedoch liefert die Entstehung der *gouvernementalité*.[3]

I

Beginnen wir mit einem erinnerungswürdigen Datum in der Geschichte der französischen Pädagogik.[4] 1762 beschließt das mächtige *Parlement de Paris* die Ausstoßung der Jesuiten und alsbald häufen sich im ganzen Königreich die Stimmen, die gegen die *Société de Jésu* erbitterte Klagen vorbringen. Diese Kampagne, die mit dem königlichen Edikt von 1764 zur vorläufigen Vertreibung des Ordens führt, der erst in der Restauration wieder zugelassen wird, ist geradezu der Musterfall für die Durchsetzung einer Regierungstechnik, die unter den hochrangigen Beamten des Königs seit dem Tode Louis XIV. 1715 immer mehr Anhänger findet. Im vorliegenden Fall treffen die Vorwürfe der Parlamente eine Kongregation, die die Erziehung der gebildeten Stände mehr oder minder unangefochten mittels der *Ratio studiorum* kontrolliert und damit eine Schlüsselposition im damaligen Ausbildungswesen einnimmt.[5] Dementsprechend setzt die Kritik dort an, wo sich der Einfluß der *Societas Jesu* praktisch manifestiert. Sie betrifft sowohl deren Curriculum, will sagen Stoffe und Methoden des Unterrichts, als auch die für den militanten Orden spezifischen Techniken der Menschenführung - Verhaltensregeln von der alltäglichen Hygiene bis zur Einkleidung und Körperhaltung, strenger genommen Mittel der Dressur wie Belohnung und Strafe - und zielt hiermit allgemein auf ein Instrumentarium sozialer Kontrolle. Insbesonders richtet sich die Aufmerksamkeit der Parlamente auf die Organisation des *Collège* als Disziplinarinstitution. Alle Vorwürfe nämlich gipfeln in dem des Orbilianismus, dem ausgeklügelten Einsatz der Peitsche im Unterricht. Die rituelle Auspeitschung der Schüler durch einen Zuchtmeister - bis zu 300 Schlägen, so ist den empörten Augenzeugenberichten zu entnehmen[6] - ist für sich genommen bereits Anstoß genug, um die Erziehung der Jesuiten ein für allemal zu diskreditieren. Ein von Ignatius de Loyola schon erprobtes Mittel der Selbsterziehung, die Flagellation, ist pädagogisch überholt.

Tatsächlich kündigt sich in den Pamphleten gegen die Erziehung und den Unterricht der Jesuiten bereits die Revision der Strafzeremonielle an, in denen sich eine gewandelte Auffassung vom Strafen niederschlägt, die u.a. zu den Justizreformen des ausgehenden Jahrhunderts führt. Argumentativ stützen sich die Vertreter der ständischen Gerichtshöfe dabei auf das Leitkonzept der Aufklärung: Sie haben, ohne dabei den radikalen Vorstellungen der *philosophes* gänzlich zu folgen, ebenso wie diese eine Vermehrung der politischen Macht der Vernunft im Blick. Die Jesuiten hingegen, so heißt es zum Beispiel im *Compte rendu des institutions des jésuites* von Ripert de Monclar, beherrschen aufgrund ihrer effizienten Machtökonomie eine Unzahl von Personen jeden Alters, jeden Geschlechts und jeden Stands, "(...) dont ils ferment les yeux à la lumière".[7] Hier setzt nun die Begründungsstrategie der königlichen

Beamten an. Diese nutzen dabei, wie es sich für Juristen gehört, alle Mittel der Beweisführung, um die *Compagnie de Jésu* des Komplotts zu bezichtigen. Gegen den Strich lesen sich jedoch die Punkte der Anklage wie das Programm eines neuen *Art de gouverner*, den der Physiokrat Turgot dann zehn Jahre später, freilich vergebens, umzusetzen sucht. Seine Regierungskunst, die sich, mit dem Ziel rationell zu regieren, auf Statistik stützt, bezieht die Bevölkerung als Gegenstand ihres Wissens in ihre Kalkulation mit ein; Turgots Schüler Condorcet, der unter der Revolution die Position der aufklärerischen Vernunft konsequent, aber ebenso wirkungslos wie sein Lehrer, vertritt, tauft das Heilmittel gegen den Machtmißbrauch des *Ancien Régime mathématique sociale*.[8] Das Bild, das die Pamphletisten von 1762 von den Jesuiten entwerfen, die Denunziation des Ordens als einer dunklen Gegenmacht der Rechtsbrecher, Volksverführer, Geschäftemacher und Geheimagenten, all dies hat daher auch einen strategischen Grund. Indem sie geltende Gesetze mißachten oder die Rechtsprechung manipulieren, entziehen sich die Vertreter der *Compagnie* teilweise der Kontrolle der Gerichte, als klug wirtschaftende Gesellschaft behauptet der Orden eine die Steuer provozierende Geldunabhängigkeit.[9] Überdies widerspricht sein religiöser Kosmopolitismus der gallikanischen Ideologie des französischen Klerus. Vor allem aber konkurriert das von ihm praktizierte Bespitzelungssystem, das er gegen die Bevölkerung einsetzt, mit einer staatlichen Regierungseinrichtung, der Polizei.[10] Der Jesuitenorden erscheint daher in den Anklageschriften nicht nur tendenziell als Staat innerhalb des Staates, also Gefährdung der inneren Sicherheit; er erhält die Physiognomie einer den Staat als Ganzes und das heißt auch von außen bedrohenden Macht, eines totalen Staates mit dem Hang zur Weltherrschaft. Genau diese Vorstellung fängt das von den Parlamenten propagierte Verhältnis einer Regierung zu den Regierten spiegelverkehrt ein: Seine Regelung verpflichtet zur Rechtsstaatlichkeit und Rechtssubjektivität und grenzt sich dabei, wie die Kritik an der Disziplinierung zeigt, von einer autoritären Form der Menschenführung und des Regierens ab.

Ganz analog zu diesem Ansatz einer neuen politischen Herrschaftspraxis erweist sich die Kritik am Curriculum der Jesuiten als Bedingung der von den Parlamenten geforderten Bildungsreform. Sie betrifft eine umfassende Revision des zu vermittelnden Wissens und der Kompetenzen, die zur Durchsetzung jener Praxis unabdingbar sind:

Man braucht nur die in den Schriften des *Président Rolland* versammelten Beschwerdeschriften durchzublättern, um den damit verbundenen Wandel der Anforderungsprofile vor Augen zu haben.[11] Dort wird nicht so sehr das in den Klassen der *Collèges* übliche Auswendiglernen oder Hin- und Herübersetzen eines eng begrenzten Repertoires von Stellen lateinischer Klassiker bemängelt; der traditionelle Drill in den *res litterae* erscheint erst angesichts der völligen Vernachlässigung französischer Autoren als obsolet. Mit dieser Kritik tragen die *Conseillers municipaux*, die Rolland zitiert, die hochliterarische *Querelle des anciens et modernes* in den Schulunterricht. Damit nicht genug, wollen sie zusätzlich zwei Fächer neu in den Kanon aufnehmen. Die Schüler sollen, neben einem "Hauch geographischer Kenntnisse", endlich in der Geschichte Frankreichs unterrichtet werden; sämtliche Veranstaltungen hätten zudem in der Muttersprache stattzufinden.[12] An alle diese Forderungen schließt sich der Président Rolland an. Im *Compte rendu relativement au plan d'étude à suivre dans les collèges* von 1770, in den seine administrativen Erfahrungen bei der Reorganisation des renommierten Jesuitenkollegs Louis-le-Grand zu Paris einfließen, fordert er, Geschichte und französische Sprache und Literatur in den Lehrplan aufzunehmen. Sein Abschlußbericht unterstreicht hiermit nur um ein weiteres die Notwendigkeit der Neuordnung, die nach der Jesuitenvertreibung auf allen Ebenen einsetzt. Denn bereits 1763 reagiert man beispielsweise in Toulouse mit der Einrichtung einer *chaire d'histoire*;[13] andernorts wird der Unterricht der *humanités* den Zielvorgaben des *enseignement national* angepaßt.[14] Rolland sieht darüber hinaus eine Umgewichtung des Elementarwissens und, damit verbunden, der Lernfolge vor, die ihn mit den radikalen Projekten der Aufklärungsphilosophen eint. Er beabsichtigt, den Mathematikunterricht sowie die experimentelle Physik aus der *classe de philosophie* auszugliedern. Dies entspricht exakt der Aufwertung der traditionellen Teildisziplinen der Metaphysik durch die *Encyclopédie*; Diderots Plan einer russischen Universität, den er in den 70er Jahren der Zarin Katharina II. unterbreitet, setzt zudem eine analoge Verlagerung voraus. Für Diderot, wie später dann für Condorcet, liefert die Mathematik zusammen mit der Mechanik, der Astronomie, der Physik und Chemie die Elemente einer höheren Bildung, auf die ein Unterricht in den modernen Sprachen seinerseits aufbaut.[15] Und wie in den Projekten, die dann nach 1789 vor der *Assemblée nationale* verlesen werden, wird der Unterricht in den klassischen *humanités* und der Rhetorik als kultureller Mehrwert stigmatisiert: *Belles lettres* sind Diderot zufolge gut, um Poeten und Redner zu bilden, sie eignen sich nicht zu einem "développement général de l'esprit".[16]

Der *homme de lettres*, der in der *Encyclopédie* die "légende dorée de l'artisanat"[17] festhalten ließ, résümiert hier freilich nur einen von langer Hand vorbereiteten Standortwechsel, der im Wandel der Ausbildungsziele faßbar wird. Gleich, ob nun *philosophes* oder Parlamentarier, stoßen sich die Kritiker allesamt an einer spezifischen Verengung, die das vom Humanismus übernommene Curriculum der *Collèges* seit Ausgang des 16. Jahrhunderts durch die Pädagogik der Jesuiten in Frankreich erfuhr. Sie können sich dabei auf einen Streit berufen, in dessen Verlauf eine bislang unbestrittene Voraussetzung des Erziehungskonzepts des Ordens erstmals grundsätzlich in Frage steht: Die Latinität - von den vorbildlichen Autoren über den Kanon historisch-mythologischer Versatzstücke bis zu den rhetorischen Regeln - verliert als Ziel und Zweck jenes Curriculums in der Folge ihre Verbindlichkeit.[18] In der Tat resultiert die ausschließlich rhetorische Orientierung des Unterrichts am *Collège*, den der Abschluß der *classe de rhétorique* krönt,[19] aus einer gegenreformatorischen Umdeutung der Auffassung von der Vorbildfunktion der Antike. Die *Ratio studiorum* von 1603 sanktioniert das Studium der Autoren mit der Bestimmung, diese solle "ad perfectam eloquentiam informare".[20] Die Studienordnung der Jesuiten löst in der Folge die Rhetorik von der Dialektik, begreift sie also wie Erasmus tendenziell nicht mehr als rein formale Disziplin oder techne.[21] Diese Aufwertung entspricht einer klaren Trennung von *lettres* und *arts*, das heißt der Beredsamkeit, Poesie, Geschichte und Grammatik von dem System der Kenntnisse, das auf Regelzusammenhänge zurückgeht, - eine Trennung, die die Aufklärungsphilosophie besiegelt.[22] Was nicht heißt, daß der Unterricht im *Collège* die Beherrschung der rhetorischen Techniken nicht nach allen Regeln rednerischer Ausbildung exerzierte. Auf der untersten Stufe - um nur ein Beispiel zu nennen - folgt er hierbei dem Prinzip der *praelectio*: Der Lehrer liest einen Abschnitt, erklärt und kommentiert Wortwahl, Satzkonstruktion, Prosodie und Metrik der entsprechenden Stelle, welche die Schüler sodann abschreiben, um sie auswendig zu lernen und später gegebenenfalls selber als Versatzstück einer (lateinischen) Rede zu verwenden.[23] Man kann also durchaus der Effektivität der Jesuiten in der Jugendausbildung zugute halten, daß die Kunst der Rede mündlich wie schriftlich im 17. Jahrhundert, dem *Age classique de l'éloquence*,[24] Triumphe feiert.

Umso deutlicher grenzen sich die Reformer des 18. Jahrhunderts von ihrem Einsatz ab. Es wäre eine eigene Untersuchung wert, zu erkunden, inwieweit die Kritik an der Rhetorik die Entkoppelung der *lettres* von den *arts* und die der *littérature* und *histoire* von der präskriptiven *éloquence* befördert oder möglicherweise sogar initiiert. Auf jeden Fall artikuliert sich in der Forderung Geschichte, Geographie zusammen mit einer anwendungsbezogenen Mathematik und den bislang vernachlässigten Naturwissenschaften in den Lehrplan aufzunehmen, die Befürchtung, daß der Traditionalismus als Führungstyp ausgedient habe. Die der Monarchie meist traditionell verbundenen Beamten erkennen die Notwendigkeit, ein Ausbildungswesen durchzusetzen, das sich den rapide verändernden Verhältnissen des *Ancien Régime* gewachsen zeigt und dessen Absolventen die demographische, soziale, wirtschaftliche und technische Entwicklung des ausgehenden 18. Jahrhunderts unter biopolitischer Kontrolle halten. Leute, die *lettres* und Latein im Kopf haben und zusätzlich gewohnt sind, die Dinge aus dem Blickwinkel eines religiösen Symbolismus zu sehen,[25] taugen hingegen nicht für den dringend gebotenen sozialtechnologischen Einsatz.

Nun hat die französische Monarchie auf dieses Problem durchaus frühzeitig reagiert. Bereits während der *Régence* entstehen zahllose *écoles spéciales*, die für die militärisch-technische Ausbildung des ab 1715 zunehmend sozial mobileren Adels gegründet werden. Die Forderung der Parlamente nach einem *enseignement national* zieht hieraus lediglich die Konsequenzen für die Ausbildung des Bürgertums, denn Voraussetzung für den Besuch einer der Spezialschulen war, bis auf wenige Ausnahmen, das Adelsprädikat.[26] Insofern antizipiert sie die Forderungskataloge, die der *Tiers Etat* dann den Generalständen vorlegt: Die aufklärerische Gleichung als Grundregel der *gouverne-*

mentalité - "(...) les lois de l'éducation doivent être relatives au principe de chaque gouvernement" und die Folgerung: "C'est dans le gouvernement républicain que l'on a besoin de toute la puissance de l'éducation"[27] gehen indes erst nach 1789 und auch nur in Ansätzen auf. Die Beschwerden aller Stände greifen auf die Entwürfe zu einem *enseignement national*, dessen Begriff nun Furore macht, offenkundig zurück.[28] So viel stand 1762 fest: Eine künftige Regierungskunst, die unter dem Stichwort *art de gouverner* projektierte Sozialtechnologie, geht vom Erwerb planerischer Kompetenzen aus und setzt ein ihr entsprechendes Wissen als Mittel ein. Kein Wunder also, wenn die Rhetorik ihren Vorrang im Schulunterricht verliert und die neuen Fächer, von der Geschichte bis zur Mathematik, aufgewertet werden: Aus der Beobachtung geschichtlicher Abläufe und ihrer Gesetzmäßigkeiten lassen sich Regeln der Entwicklung ableiten; die detaillierte Kenntnis der historischen und geographischen Gegebenheiten eines Landes, der Sitten und Gebräuche seiner Bewohner und der Besonderheiten seiner politisch-sozialen Einrichtungen liefert das notwendige sozialtechnische know how, das auf die planerischen Vorhaben übertragen und in der Verwaltung eingesetzt werden kann. - Unter den Aufklärern gilt die Regel, daß die methodische Einführung des Rationalitätsprinzips in den Gesellschaftsprozeß die Fortschritte der menschlichen Erkenntnisse befördern soll. Zunächst aber hält sich das Hergebrachte in den Schulplänen. Das *enseignement national* der Parlamentarier findet selbst unter der Revolution nur ansatzweise zu einer praktischen Form; der Fortschrittsgedanke als Parameter einer pädagogischen Programmatik und Schulentwicklungsplanung setzt sich gar ein Jahrhundert später erst durch. Das Jahr 1792 bedeutet einen terminus ad quem für die im Zeitalter der *lumières* gefaßten Pläne: Das Projekt nationaler Erziehung wird vom Licht des Krieges überblendet.

II

Die schulischen Verhältnisse, mit denen die Revolutionäre und Sozialplaner von 1789 konfrontiert werden, scheinen allerdings so chaotisch gewesen zu sein, wie nach den Worten eines seiner Kritiker das gesamte *Ancien Régime*.[29] Die seit der Vertreibung des mächtigsten Erziehungsordens in den 60er Jahren ungelöste Frage, woher und wie ein weltliches Lehrpersonal zu beschaffen sei, stellt sich für das Projekt des *enseignement national* mit allergrößter Dringlichkeit: Bis auf die militärisch-technische Ausbildung war die Erziehung unter der alten Herrschaft gänzlich dem Klerus anvertraut. Die Zivilkonstitution des Klerus von 1790 bietet die Möglichkeit für eine Kompromiß-Lösung: In vielen Fällen sind es einfach laizisierte Priester, die fortan den Unterricht an den nationalen Bildungseinrichtungen bestreiten.[30] Ohnehin erstrecken sich die bildungspolitischen Maßnahmen in der ersten Phase der Revolution eher auf die verwaltungstechnischen Voraussetzungen der Schulreform als auf deren zügige Umsetzung. Die *Constituante* erläßt am 22. Dezember 1789 ein Gesetz zur Schulaufsicht, das die pädagogischen Einrichtungen der jeweiligen departementalen Verwaltung unterstellt. Indes kennt die *Déclaration des droits de l'homme* des selben Jahres noch kein allgemeines Recht auf Ausbildung. Erst der Nationalkonvent proklamiert in der Verfassung von 1793 im berühmten Artikel 22: "L'instruction est le besoin de tous. La société doit favoriser de tout son pouvoir les progrès de la raison publique, et mettre l'instruction à la portée de tous les citoyens."[31] Er beauftragt außerdem ein *Comité d'instruction publique*, einen Planungsstab zur Organisation eines staatlichen Bildungswesens.[32] Wie bei den Vorschlägen, die zwischen 1791 und 1792 noch der Gesetzgebenden Versammlung unterbreitet worden waren, fällt hier allerdings auf, daß keiner der Entwürfe konsequent für ein Ausbildungsmonopol des Staates eintritt: Die Vorlagen von Mirabeau, Talleyrand, Condorcet und Danou bewirken daher auch keinerlei Einigung über Schulpflicht und Schulgeldfreiheit - elementare Voraussetzungen eines *enseignement national*, deren gesetzliche Verankerung der Nationalkonvent erst 1793 beschließt. Jedoch läßt sich die gesetzliche Schulpflicht kaum über den Thermidor hinaus retten.[33] Und schon vor Robespierres Sturz war die Forderung einer öffentlichen Erziehung, wie das von Robespierre imaginierte spartanische Modell, selbst bei überzeugten Jakobinern wie etwa dem Abbé Grégoire auf geradezu pathetischen Widerstand gestoßen.[34]

Überhaupt ist es nicht weit her mit den Verbindlichkeiten in den Jahren der Revolution. Selbst die gesetzgeberische Initiative des Konvents zur Einrichtung eines obligatorischen Primarschulwesens ist zunächst ein politischer Schachzug der Jakobiner, der gegen das Bildungsprivileg der höheren Stände zielt. Er kann denn auch, bei aller Überzeugung von der Notwendigkeit einer staatlich kontrollierten Volkserziehung, nicht verhindern, daß das Nebeneinander öffentlicher, halb-öffentlicher und privater Schulen gerade in diesem Bereich weiterhin existiert. Das Schulcamp, das Robespierre 1794 in der Ebene von Sablon errichten läßt, bezweckt freilich, wie der Name des Kriegsgotts nahelegt, eine Volkserziehung ganz anderer Art: Das Curriculum der *Ecole de Mars* soll aus Sansculotten in aller Eile Soldaten machen. Wieder einmal interveniert das Kriegsgeschehen in die Bildungspolitik.[35] Die Revolutionsarmeen, das von Carnot aufgestellte Massenheer aller Bürger, braucht dringend Techniker, die sofort in der Artillerie, dem Befestigungsbau und zur Herstellung von Zündstoff eingesetzt werden können. Es entbehrt daher nicht der Ironie, daß das Fiasko, mit dem dieses pädagogische Experiment endet, nicht unwesentlich zur Gründung einer Schule beiträgt, welche die Ausbildung einer professionellen Elite ausdrücklich zum Zweck erhebt. Am 30. November 1794 öffnet im *Palais Bourbon* unter dem Namen *Ecole centrale des travaux publics* eine Ingenieursschule, die vorrangig der Ausbildung von Heerestechnikern dient; ihr Leiter ist der ehemalige Direktor der traditionsreichen *Ecole des ponts et chaussées*. Im Gründungsausschuß sitzt, neben Kapazitäten wie Fourcroy, Berthollet, Monge u.a. der *Organisateur de la victoire* - der

Mathematiker und Jakobiner Lazare Carnot, eben jener, der als Mitglied des Wohlfahrtsausschusses die vierzehn Armeen der Republik aufstellen ließ.[36] Mit dieser Einrichtung tradiert die Französische Revolution die bildungspolitischen Leitlinien der alten Monarchie: Die Verstaatlichung eines nationalen Bildungswesens setzt bei der Rekrutierung von professionell ausgebildeten Kräften für den technisch-militärischen Sektor an.[37]

Allerdings hatte das *Ancien Régime* zwischen zwei Arten von Ingenieuren unterschieden.[38] Die einen wurden an der *Ecole de Mézières*, einem militärischen Prestigeinstitut des Adels, die anderen an der *Ecole des ponts et chaussées* ausgebildet. Die Zusammenlegung der beiden *écoles spéciales* in der neuen Gründung unter den strategischen Bedingungen des Volkskrieges erscheint durchaus als Akt nationaler Notwehr. Am 12. September 1793, mitten im Ersten Koalitionskrieg, hatten das *Comité des Travaux Publics* und das *Comité de la Guerre* die Fusion "du corps (...) du génie militaire et des génies des ponts et chaussées (...) sous le nom d'ingénieurs nationaux" beschlossen; am 16. September wurden alle Ausbilder und Schüler der *ponts et chaussées* dem Kriegsminister unterstellt. Diese Maßnahme hatte indes schon den künftigen zivilgesellschaftlichen Einsatz der Ingenieure im Blick:

Pour l'avenir, il serait ridicule et contraire aux principes qu'il existât deux corps de génie ayant cependant pour bases les mêmes connaissances, celles des mathématiques, du dessin, de l'art des constructions, de la coupe de pierre, de la chimie etc.[39]

In den Augen der Gründer verbindet also der praktisch-strategische Einsatz des Wissens die unterschiedlichsten Bereiche seiner späteren Anwendung - eine militante Umdeutung des von ihnen zugrundegelegten aufklärerischen Wissenschaftskonzepts und der damit gegebenen Funktion von Propädeutik. Im *Discours préliminaire*, der theoretischen Programmatik zur *Encyclopédie*, hatte d'Alembert den Wissenstyp definiert, der den Anspruch universeller Wißbarkeit durch Professionalismus und eine spezifische Art der Wissensaneignung aufrechterhielt; dementsprechend gibt sich der *philosophe* als Stratege zu erkennen, der selbstbewußt Wissenschaft mit einer intellektuellen Verfügungsmacht identifiziert.[40] 1795 wird dieses Wissenschaftskonzept in der Schulorganisation selber verbindlich.[41] Die damit verbundene Umbenennung der *Ecole centrale des travaux publics* indiziert daher, was keiner der reformerischen Initiativen bislang gelungen war. Für die Verbindung eines kohärenten Schul- und Wissenschaftskonzepts, die gezielte Rekrutierung eines Schüler- und Lehrpersonals und die Ankoppelung des militärisch-technischen Wissens an einen hegemonialen Praxisbereich steht das in der Kriegsführung wie in der Sozialplanung verwertbare *génie* der *Ecole Polytechnique*.

Nun, es sind generell die kurz vor der Auflösung des Konvents dekretierten republikanischen Bildungseinrichtungen, in denen sich die kulturelle Hegemonie der Aufklärung erstmalig auf breiterer Basis etabliert. Neben den öffentlichen Sammlungen, wie dem *Musée du Louvre*, *Jardin des Plantes*, *Jardin zoologique de Vincennes*, *Musée de l'homme* und anderen,[42] entstehen eine ganze Reihe von Forschungseinrichtungen, die unter direkter staatlicher

Aufsicht geführt werden wie beispielsweise das *Muséum d'histoire naturelle*, ehemals *Jardin du Roi* und nun Promotor der experimentellen Wissenschaften in Frankreich, das *Conservatoire des arts et métiers*, eine Gewerbe- und Handelsfachschule, mehrere *Ecoles de santé*, die, im Unterschied zur alten medizinischen Fakultät, eine klinische Ausbildung für künftige Hygienepolitiker anbieten - darin ebenso innovativ wie der *Cours de langues orientales vivantes*, der an der *Bibliothèque Nationale* eingerichtet wird. Der enge Konnex dieses Vorläufers der *Ecole nationale des langues orientales vivantes* mit dem Kriegs- und Handelsministerium wird von Bonapartes Ägyptenfeldzug an sprichwörtlich sein. Schließlich zog der jüngste Revolutionsgeneral mit einem ganzen Stab von Wissenschaftlern, gleichsam einer lebendigen *Encyclopédie* im Troß, nach Ägypten.[43] Die Ansätze zu einer Institutionalisierung der Wissenschaftskonzeption der Aufklärung und deren Umsetzung in Curricula sowie der Versuch zielgerichteter Verteilung des Wissens durch entsprechend ausgebildete Fachkräfte an den neuen Anstalten bestimmen die Schulpolitik des *Directoire* und noch des Konsulates. Der *Premier Consul* macht sich erst nach den Siegen der *Grande Armée* - dem faktischen Ergebnis seiner Heeresreform - an die Militarisierung des *enseignement national*. Wenn Napoleon 1802 das republikanische Bildungswesen erneut umordnen wird, womit einige der Einrichtungen für immer verschwinden, so setzt er damit ein politisches Signal. Die republikanischen Einrichtungen, vor allem die höheren Schulen und die parauniversitäre *Ecole Politechnique* und *Ecole normale*, befolgen allesamt das pädagogische Credo der *Lumières*, daß man mit dem autoritätskritischen Instrumentarium der *philosophie* - also mit rationaler Analyse, empirischem Beweis, mathematisch-mechanischer Naturerklärung und sensualistischer Erkenntnistheorie - einen vernunftmäßigen Diskurs, nämlich die Grundbedingung der *gouvernementalité* einüben könne.[44] Eben diese Auffassung, die von einer normalisierenden Funktion der Wissenschaften ausgeht, erscheint nicht so sehr dem *Premier Consul* als vielmehr dem Herrscher Napoleon nicht konsensfähig und alsbald suspekt.
"Le but de l'éducation", so hatte es im Programm einer der *écoles centrales* des *Directoire* geheißen, "est de préparer l'homme enfant à devenir l'homme social, et d'établir d'avance, dans l'excercice de ses facultés, une sorte d'harmonie analogue aux institutions sous lesquelles il doit vivre."[45] Nimmt man diese Zielsetzung für das höhere Schulwesen beim Wort, so kann die Verfassung der Gesellschaft, auf die sie vorbereitet, einen Ordnungspolitiker freilich nur alarmieren. Tatsächlich sind die *écoles centrales*, die in der Zeit des Konsulates durchaus prosperieren, Einrichtungen, die, ihrer Organisation und ihrem Programm nach, eher den seit den 70er Jahren entstehenden alternativen Bildungsinstitutionen ähneln, die von jungen Intellektuellen gegründet worden sind, denen die Aufnahme in eine der von der ersten Aufklärergeneration eroberten akademischen Einrichtungen wie die *Académie des sciences* oder *Académie française* selber verwehrt geblieben ist.[46] Die sogenannten Zentralschulen verbinden ein Curriculum, in dem das gesamte

autoritätskritische Instrumentarium der *philosophes* seit Condillac zur Anwendung gelangt, mit einer anti-hierarchischen Auffassung von den sozialen Beziehungen in der Schule, in der Sanktionen wie Gebote dem Prinzip der Vernunftmäßigkeit unterstehen. Im Vergleich mit dem literarischen Studienkanon des alten Collège, seiner klar gegliederten Lernfolge und der dauernden Überwachung der Schüler in den Klassen, muß neben der Vernachlässigung der *res litterae* die den Schülern nun gegebene Möglichkeit freier Kurswahl ebenso irritieren wie die äußerst lockere Organisationsform der Lerngruppe. Latein und Griechisch werden, zusammen mit Zeichnen und Naturgeschichte, nur noch in der untersten der zweijährigen, nach Altersstufen gegliederten Sektionen unterrichtet; die Vierzehn- bis Sechzehnjährigen befassen sich ausschließlich mit Mathematik, Physik und Chemie und die letzten beiden Jahrgänge belegten, je nach Option, *grammaire générale, belles lettres, histoire* oder *législation*, eine Art Staatsbürgerkunde.[47] Wenn daher der Obrigkeits- und Familienhasser Stendhal von den eigenen Erfahrungen mit diesem Schultyp geradezu schwärmt, so kommt darin die Wertschätzung zum Ausdruck, die die Einrichtung - übrigens auch finanziell - vor allem beim aufgeklärten Bürgertum und den Anhängern der Republik fand,[48] ein Grund mehr, weshalb sie als erste der napoleonischen Revision zum Opfer fällt. Eine der vehementesten Klagen, die seit ihrer Gründung immer wieder vorgebracht werden, betrifft denn auch das spezifische Leistungsprofil der *écoles centrales*: "Elles semblaient avoir entrepris de peupler la France d'encyclopédies vivantes."[49] Womit auch gesagt ist, daß sie ein Ausbildungsziel zumindest nicht verfehlen: die Vorbereitung auf die *Ecole Polytechnique*.

Ihre Auflösung 1802 ist dennoch nicht überraschend. Aus Angst vor korporativen Zusammenschlüssen hatte das *Directoire* dem *enseignement national* einen äußerst lockeren gesetzlichen Rahmen verliehen und, offenbar in Erinnerung an die alternative Organisationsform von Bildungseinrichtungen wie revolutionären Clubs, *musées*, "ainsi que des sociétés libres pour concourir au progrès des sciences, des lettres et des arts", gleichzeitig die Existenz eines nicht-staatlichen Schulwesens in der Verfassung garantiert.[50] Exakt dieses Zugeständnis, das die Wiederkunft der Erziehungsorden im Empire vorbereitet, wird nach 1799 als Argument gegen die Organisation der bestehenden Einrichtungen eingesetzt. Die Behauptung des Mitverschwörers vom 18. Brumaire, Lucien Bonaparte, die Bildung sei "(...) à peu près nul en France", gehorcht einer durchsichtigen Strategie. Es geht darum, die Unabhängigkeit des *enseignement national* als dessen spezifische Schwäche zu deklarieren. Wenn Napoleons Bruder außerdem folgert, "l'éducation nationale doit être en harmonie avec toutes les autres institutions",[51] so ist damit zugleich gesagt, daß der mit dem Staatsstreich eingeleitete Umbau der politischen, administrativen und juristischen Ordnung Frankreichs für das Schulwesen die gleichen einschneidenden Folgen haben wird wie für Verfassung und Verwaltung.[52] Das Konsulat hatte selbstgewiß die neue Verfassung mit einer beruhigenden Zusicherung versehen. Diese Proklamation beendet mithin eine Ära französischer Schulpolitik. Dort glaubte man allen Franzosen versichern zu können:

Une Constitution vous est présentée. Elle fait cesser les incertitudes que le Gouvernement provisoire mettait dans les relations extérieurs, dans la situation intérieure et militaire de la République. (...) Les pouvoirs qu'elle institue seront forts et stables, tels qu'ils doivent être pour garantir les droits des citoyens et les intérêts de l'Etat. - Citoyens, la Révolution est fixée aux principes qui l'ont commencée: elle est finie.[53]

III

Unter Napoleon wird das nationale Bildungswesen zu großen Teilen vom neuen Apparat des Staates übernommen. Die Schulgesetze von 1802 schränken bis auf weiteres die Unabhängigkeit der pädagogischen Einrichtungen ein. Die Durchsetzung staatlicher Macht setzt auf verschiedenen Ebenen und mit unterschiedlichen Mitteln an. Zum einen verleiht der *Empereur* den Schulen einen administrativen und organisatorischen Rahmen, in dem die staatliche Hoheit durch ein Überwachungssystem gewährleistet wird, das die Grenzen von Schulaufsicht und Polizei verschwimmen läßt. Primar- und Sekundarschulen werden der "surveillance et inspection des préfets", d.h. mittelbar dem Innenministerium unterstellt.[54] Zusätzlich installiert Napoleon eine staatliche Schulverwaltung, deren Träger, direkt von ihm ernannt, im Unterrichtswesen eine Kontrollfunktion übernehmen: die *Inspecteurs généraux* und die ihnen zugeteilten *Inspecteurs particuliers* überwachen das Lehrpersonal, den Unterricht und die Disziplin in den Schulen.[55] Der Organisator der Reform, Fourcroy, bezeichnet sie darum zu Recht als "(...) oeil ouvert dans les écoles".[56] Der Erste Konsul verfügt neben solch wachsamen Augen noch über eine Reihe von *Conseillers*, die zusammen mit den Inspektoren eine Schlüsselposition innerhalb der staatlichen Anstalten für Erziehung und Unterricht einnehmen.[57] Sie rekrutieren das Lehrpersonal für das höhere Schulwesen und schlagen die Anwärter auf Stellen an den *Lycées* vor. Mit der Gründung der *Université Impériale*, die das Sekundarschulwesen sowie die *Faculté des Sciences* und die *Faculté des Lettres* umfaßt, wird darüber hinaus die Ausbildung eines neuen Berufszweigs, des *professeur* für das höhere Schulwesen, institutionalisiert.[58] Die vordringliche Aufgabe dieser Fakultäten besteht jedoch in der Abnahme von Prüfungen, wobei ein ausgeklügeltes System von Qualifikationsnachweisen den jeweiligen Dienstgrad im hierarchisch gegliederten Lehrkörper vorgibt.[59]

Verwaltungszentralismus, Einbindung staatlicher Kontrollorgane in den Ausbildungsbetrieb und Schaffung professioneller Karrieren für Staatsangestellte sind Elemente, mit denen die napoleonischen Dekrete für die Stabilisierung der Machtverhältnisse in den Erziehungsanstalten sorgen. Die Maßnahmen greifen gezielt vorab im höheren Schulwesen - d.h. bei der Erziehung potentieller Offiziere und des Nachwuchses für den öffentlichen Dienst. Gerade am

Beispiel des *Lycée* läßt sich gut verfolgen, daß Napoleon bei der Etablierung eines staatlichen Schulwesens, wie bei der Verwaltungsreform, zu allererst als Stratege denkt. Die dekretierte Ordnung und deren gesetzliche Erweiterungen bis zur Gründung der sogenannten *Université Impériale* im Jahre 1806 gehorcht der Sicherung der zentralisierenden (und persönlich zentralisierten) Macht: 1802 läßt sich der Erste Konsul auf Lebenszeit in seinem Amt bestätigen, 1804 zum Kaiser krönen. Das hat unmittelbare Folgen für die Legitimationen, die es für den Staat zu beschaffen gilt. Die Parlamentarier und ihre republikanischen Nachfolger hatten für Vernunft optiert und propagierten zu diesem Zweck die Erziehung zur *gouvernementalité* - Voraussetzung für eine politische Regelung der Beziehung von Regierung und Regierten. Napoleons diktatorische Maßnahmen setzen die Stabilisierung dieser Beziehung mit ihrer Entpolitisierung gleich. Das Empire schafft stattdessen wieder quasi-absolutistische Verhältnisse, deren soziale Regel nach Vorschrift des *Code Civil* Gehorchen heißt: In der Familie gilt der Gehorsam dem despotischen *père de famille*, Stellvertreter des Staatschefs im Unterbau aller gesellschaftlichen Beziehungen, ansonsten allen Trägerinstanzen imperialer Macht.[60] Dementsprechend sorgt das *Empire* durch seine repräsentativen Codes wieder für kanonische Verbindlichkeiten und zwar in ausdrücklicher Abkehr von der Instabilität kultureller Zeichen unter der Revolution.[61] Die napoleonische Staatsschule modelliert deshalb die Beziehungen innerhalb der schulischen Hierarchie und in dem nun wieder eingerichteten Klassenverband nach dem Vorbild der Korporalsdisziplin. Gleichzeitig setzt schon der Konsul alles daran, die "abstraction mythifié"[62] des Staates äußerlich sichtbar herzustellen. Nicht zuletzt das *Lycée* sorgt in anschaulicher Weise für die neue soziale Sichtbarkeit des *Empire*. Nach den Dekreten von 1802 tragen Schüler und das gesamte Personal der *Université* künftig Uniform.[63] Die Lehrer zeigen sich im schwarzen Frack, je nach Dienstgrad mit Stickerei oder farbiger Bordüre, die Schüler tragen grüne Jacken und blaue Hosen mit himmelblauer Zier, auf den blankpolierten Jackenknöpfen steht, schön lesbar, der Name der von ihnen besuchten Schulkaserne namens *Lycée*.
Parallel treffen die Verfügungen die Polytechniciens, in deren Köpfen Napoleon, nicht grundlos, Jakobinergeist vermutet.[64] Schon das *Directoire* hatte versucht, diese aufmüpfige Intelligentsia durch Dienstverpflichtung in der Nationalgarde zu bändigen. Jetzt, rechtzeitig zur Krönung, müssen sich alle Polytechniker in der Armee einschreiben. Und um jegliche Fraternisierung mit den immer noch politisierten Volksmassen zu unterbinden, werden die Schüler räumlich und sozial isoliert: Der Umzug der *Ecole Polytechnique* auf die Montagne Saint-Geneviève in die Gebäude des alten *Collège de Navarre*, die Umstellung auf einen Internatsbetrieb und die Wiedereinführung des Schulgelds unterstreichen den Willen des Kaisers, aus Schülern ein diszipliniertes Korps zu machen. Daher überzieht die napoleonische Schulreform das Land mit paramilitärischen Einrichtungen. Einstündiges Exerzieren, Wachablösung in den Pausen skandieren den Tagesablauf in den neuen Schulen so genau

wie der Trommelschlag des Tambour, der Anfang und Ende der Schulstunden anzeigt. Nichts jedoch vergegenwärtigt den Konformitätszwang, dem die Schüler unterliegen, besser als die detaillierten Vorschriften zur Selbstkontrolle und Menschenführung innerhalb des *Lycée*. Jeder Einrichtung wird ein Beichtvater zugestellt; Morgen- und Abendgebet sind genauso verbindlich wie das Verlesen des *Bulletin de la Grande Armée* während des morgendlichen Silentium im Refektorium.[65] Die napoleonischen Sekundarschulen sind Kaserne und Kloster in einem: Die Schüler bilden 25köpfige Kompagnien, die auf das Kommando eines Sergeanten und die Befehle von vier Korporälen aus ihren Reihen hören. An der Spitze aller steht ein Sergeant-Major, eine Funktion, die dem Schulprimus zufällt. Ähnlich wie in der *Légion d'honneur* sorgen solche Grade, mit der die besonders leistungsstarken Schüler ausgezeichnet werden, für die mentale Umstellung der republikanischen Meritokratie auf Fügsamkeit, gepaart mit militärischem *corps d'esprit*. Die Kehrseite der Festigung autoritärer Gruppenbindung, das System der Disziplinarstrafen, zeigt den Symbolwert jener Auszeichnungen, die einzelne Schüler zu exponierten Zeichenträgern macht. Die schlimmste Form der Bestrafung ist nicht Prügel sondern der Entzug der Uniform.[66]

Mit der Wiedereinführung ständischer Hierarchien, kanonischer Regeln und eines uniformen Code wird Trägern und Absolventen der *Université* die homogene Erscheinung eines Korps verliehen. Es sollen eben alle Franzosen dem Anschein erliegen: Was ihnen so imponierend mit Gepränge und in dekorativer Uniform entgegentritt, ist identisch mit der Nation.[67] Die Zeichensprache des *Empire* gilt jedoch nur in einem kleinen Sektor. Napoleon verbindet die Vereinheitlichung des *enseignement national* mit strikter Selektion. Und hier vertraut er einem altbewährten Instrument. 1794 hatten die Kandidaten der *Ecole Polytechnique* neben Kenntnissen in Arithmetik und Geometrie zur Aufnahme ebenfalls Vaterlandsliebe und Tyrannenhaß unter Beweis zu stellen. Auch in der napoleonischen Ära eröffnet die mathematische Qualifikation allein nicht den Zutritt zum "Parnasse du triangle et de l'hypothénuse".[68] Die Bewerber haben eine für künftige Ingenieure befremdliche Anforderung zu erfüllen: Alle müssen mit einer *version latine* belegen, daß sie einen lateinischen Prosatext übersetzen und seine grammatikalischen Strukturen analysieren können.[69] Analog avanciert der Lateinunterricht zu einer Kerndisziplin im *Lycée*. Das Curriculum sieht eine *section latine* vor, die parallel zur mathematischen *section scientifique* zum Abschluß führt. Ihre Krönung ist ein *Cours de belles lettres latines et françaises*.[70] Die Begründung Fontanes', Napoleons *Grand-Maître*, der als Mitglied der Lateinkommission für das Programm des Lateinunterrichts verantwortlich zeichnet, spricht für sich:

Les principes des belles lettres ne sont pas sujets aux mêmes révolutions que ceux des sciences: ils sont puisés dans l'imitation d'un modèle qui ne change point (...). L'enseignement de ces arts, dont l'essence est invariable, a donc pu, dès long temps être soumis à des règles certaines, tandis que les sciences, au contraire, sont forcées d'abandonner tous les jours leurs anciens systèmes (...).[71]

Die Qualität von Literatur beruht demzufolge darin, einen von vornherein festgelegten Kanon von Verwendungsmöglichkeiten mitzuliefern, kurzum, das Befolgen von Regeln zu trainieren. Auch die zeitgenössischen Handbücher zum Rhetorikunterricht - meist Wiederauflagen wie die Neueditition von Rollins *Traité des études* (^{1}1726) im Jahre 1808 - üben wieder die Beherrschung der elocutio.[72] Fontanes, übrigens mit dem literarischen Widersacher des *Empire* Chateaubriand im Bunde, antizipiert die Wende zur Restauration im Bildungswesen, mit der sich ein literarischer Diskurs an den *Lycées* und den Fakultäten durchsetzen wird.[73] Vor allem Cousin inkarniert die *Université* bis über die Jahrhundertmitte hinaus als mondäne und oratorische Institution. Der Effekt des Trainings ist klar: Er bringt einen Führungstyp hervor, der eloquent Wissen verwaltet - nicht aber Wissen dynamisiert.

Bis 1815 bleibt das Gleichgewicht von literarischer und naturwissenschaftlich-mathematischer Ausbildung zwar erhalten, doch führen die monopolisierenden Maßnahmen des Staates insbesonders im Bereich der Mathematik tendenziell zur Entprofessionalisierung der Führungsmacht, an die Napoleon die Entwicklung der *sciences* delegiert. Bei aller Förderung besteht deren Interesse in militärisch-technischer Verwendbarkeit. Exakt diese Orientierung, die letztlich den latent utilitaristischen Wissenschaftsbegriff der Aufklärung tradiert, verhindert die Entwicklung eigenständiger Methodologien.[74] Die Schulmathematik entlehnt ihre konzeptuelle Basis weiterhin der Philosophie. Wie schon der Name der Abgangsklasse der *section scientifique* anzeigt, ist *mathématique transcendante* eben keine "reine" Mathematik. Ebensowenig kommt es in Frankreich bis in die zweite Jahrhunderthälfte hinein zur Ausbildung jener "méta-méta-littérature", wie Genette die schulmeisterliche Rede über die Art und Weise, wie Schüler und Studenten über Literatur zu reden und zu schreiben haben, nennt.[75] Ein historisch-kritischer Diskurs über Literatur wird erst im Zusammenhang mit den Schulreformen der 80er Jahre und nach heftigen Debatten um den Stellenwert der klassischen *humanités* im staatlichen Schulwesen verbindlich.[76]

Es sind daher vorab die Rahmenbedingungen, mit denen die napoleonischen Einrichtungen Kritik auf sich ziehen. Im Zusammenhang der Industrialisierung Frankreichs, d.h. verstärkt in der zweiten Jahrhunderthälfte unter den Bedingungen der Wirtschaftskriegsführung zwischen den europäischen Nationalstaaten, wird die Monopolisierung von Wissenschaft und Technik durch den Staat immer stärker als Defizit erkannt, ihre Aufhebung zum nationalen Anliegen erklärt. Die Forderung, das höhere Schulwesen zu professionalisieren und gleichzeitig ein *enseignement national* einzurichten, das die Primarschulen umfaßt sowie die völlig vernachlässigte Mädchenerziehung, gibt die Leitlinien der bildungspolitischen Initiativen bis hin zu den republikanischen Gesetzen in den 80er Jahren vor. Gleichzeitig formiert sich unter der Parole "Freiheit des Unterrichts" eine starke Fraktion traditionalistischer Kritiker des Staatsmonopols, die dieses wieder dem Klerus überantworten wollen. Interessanterweise schlägt sich eine Leitfigur der Republik, Taine, dessen polemische Schriften die ideologische Erosion des Zweiten *Empire* durch szientistische Aufklärung seiner autoritären Strukturen betrieben, in dem Maße auf die Seite der Gegner eines *enseignement national*, wie die institutionellen Folgen der republikanischen Reformen sichtbar werden. Während sich Taine in jungen Jahren für die Philosophie der von Napoleon verdrängten *Idéologues* einsetzt, macht er im Rückblick auf die *Origines de la France contemporaine* nun umgekehrt den sogenannten Jakobinergeist für die napoleonische Disziplinarinstitution verantwortlich.[77] Tatsächlich ist, sowenig wie dieser offenbar sehr hartnäckige Geist, die Idee einer "éducation par l'état" aus den Köpfen von Taines Zeitgenossen zu bringen. Für die Verschulung der Gesellschaft bringt das Geschichtswerk der Republik zu guter Letzt selber das Indiz. Die schulgeschichtliche Darstellung der *Origines* endet mit dem Ausblick auf eine Schüler-Romantrilogie.[78]

Ein naheliegender und dem brillanten Essayisten ganz und gar angemessener Schluß. Denn schließlich bringt das *enseignement national* eine eigene literarische Mythologie hervor. Der individuelle Lebensentwurf, so heißt die Botschaft bei Vallès, macht die Absolventen einer staatlichen Disziplinierungsmaschine immer schon zu Abweichlern; im Refraktär gegen die geistige Uniformierung steckt latent ein *Insurgé*.[79] Die literarische Märtyrologie des *Fin de Siècle* vollzieht hieran eine entscheidende Korrektur: die Absolventen des republikanischen *enseignement national* sind Opfer normalisierender Praktiken, vorab des aufgeklärten Szientismus, der das Reformwerk der Dritten Republik diktiert. Schülern und Studenten fehlt der verbindliche Kanon, das *règlement*; sie erscheinen deshalb als *Déracinés*.[80] Das Vorbild all dieser Schülerkarrieren, Stendhals Held Julien Sorel, konnte im Unterschied zu seinen Leidensgenossen zu Anfang des Jahrhunderts noch vom Curriculum der Risiken und Gefahren träumen - dem heimlichen Lernziel aller kaiserlichen Erlässe zur Schaffung einer Schülerarmee. Der gescheiterte Traum von *Rot und Schwarz* zeigt mit prognostischer Schärfe ein heroisches Verfehlen von *gouvernementalité*.[81] Dies macht die Spanne zum Jahrhundertende aus: Die Generation von 1830 schwärmte mit romantischer Passion von den *belliqueux lycées*.[82] Die Vertreter demokratischer Schuleinrichtungen wollen stattdessen das *enseignement national* humanisieren. Sie verwerfen darum eine *Education homicide*.[83]

Anmerkungen

1 So J. Lecatonnoux in seinem Vorwort zu: Buisson, F. u.a., *La lutte scolaire en France au XIXème siècle*, Paris (Alcan) 1912, S. V.

2 Thibaudet, A., *La République des Professeurs*, Paris 1927.

3 Foucault, M., La gouvernementalité, in: *Actes*, été 1986, S. 6-15; definitorisch S. 14; erläuternd dazu Neumann, N., Der Diskurs der Regierung. Michel Foucaults Begriff der "gouvernementalité", in: *kultuRRevolution* 17/18, Mai 1988, S. 64-70.

4 Compayré, G., *Histoire critique des doctrines de l'éducation en France depuis le seizième siècle*, 2 Bde., Paris 1879 (Reproduktion 1970), Bd. 2, S. 237. Zur Bedeutung des Jesuitenverbots im Zusammenhang der daraus erwachsenden Rekrutierungsprobleme und der bildungsreformerischen Ansätze jüngst auch Julia, D., Staat, Gesellschaft und Reform der Lehrpläne im 18. Jahrhundert, in: Gumbrecht, H.U. / Reichardt, R. / Schleich, T. (Hgg.), *Sozialgeschichte der Aufklärung in Frankreich*, München 1981, S. 117-160.

5 Die Jesuiten konnten sich in Frankreich gegen den Widerstand der Parlamente und der Erzbischöfe erstmals 1562 niederlassen; mit Henri IV. beginnt ihre, in der Bildungsgeschichte Frankreichs beispiellose, Karriere. Hierüber mehr bei Compayré (Anm. 4), Bd. 1, S. 165 ff. - Einschlägig ebenso Snyders, G., *La pédagogie en France aux XVIIe et XVIIIe siècles*, Paris (PUF) 1965, der die "proportions écrasantes" der Compagnie unter Louis XIV. festhält (S. 31); zur *Ratio studiorum*, der "charte officielle" des Ordens seit 1711 vgl. S. 33.

6 Zeugnisse bei Compayré (Anm. 4), Bd. 2, S. 245.

7 Ripert de Monclar, *Compte rendu des institutions des jésuites*, 1762, Bd. 1, S. 89.

8 Zu diesem Vorhaben vgl. Vf., Condorcet, in: *Metzler Philosophen Lexikon*, Stuttgart 1988, S. 167-170; für den Zusammenhang von Wissen und Sozialtechnologie Baxmann, D., Art social bei Condorcet, in: Pfeiffer, H. / Jauß, H.R. / Gaillard, F. (Hgg.), *Art social und art industriel*, München 1987, S. 107-128.

9 Hierzu aufschlußreich Venard, M., Y-a-t-il une stratégie scolaire des jésuites en France au XVIème siècle?, in: *Actes du colloque organisé par l'Institut de recherche régionale en sciences sociales humaines et économiques de l'Université de Nancy II*, Nancy 1974, S. 67-85. Selbst in der ersten Niederlassungsphase 1572-1594 läßt sich der Orden nicht primär von gegenreformatorischen Zielen als vielmehr von ökonomischen Erwägungen leiten. Stiftungen bspw. werden nicht in Form von (unsicheren) Renten, sondern nur als Grundbesitz akzeptiert, eine Niederlassung wird von der Bereitschaft der jeweiligen Stadt abhängig gemacht, für die schulische Infrastruktur (Wohn- und Schulgebäude, Bibliothek, Kirche) zu sorgen. Vgl. im Überblick auch Chartier, R. / Compère, M.M. / Julia, D., *L'éducation en France du XVIe au XVIIIe siècle*, Paris (Sedes) 1976, bes. S. 151-162.

10 Die Personenlisten, die der Orden führte, bei Compayré (Anm. 4), Bd. 2, S. 244.

11 Im *Recueil de plusieurs ouvrages du Président Rolland*, Paris 1783. Das Werk wurde auf Veranlassung der Verwaltung des Collège Louis-le-Grand gedruckt.

12 Rolland (Anm. 11), S. 717. In polemischer Absicht ebenso R.L. Caradeuc de la Chalotais' *Essai d'éducation nationale, ou plan d'étude pour la jeunesse* von 1763, in dem ein Unterricht in der Muttersprache gefordert wird. Der *Essai* entwickelt darüberhinaus Ansätze zum Begriff der Nationalliteratur. Zu den Literaturkonzeptionen in den Institutionen der Spätaufklärung vgl. Lüsebrink, H.J., Cours de littérature und éducation nationale, in: Cerquiglini, B. / Gumbrecht, H.U. (Hgg.), *Der Diskurs der Literatur- und Sprachhistorie*, Frankfurt 1983, S. 111-130, der Material ab den 80er Jahren berücksichtigt. Eine eingehende Untersuchung der früheren Reformpläne steht noch aus.

13 Zur Neudefinition der Geschichte vgl. Rolland (Anm. 11), S. 121, wo deren Ausgliederung als separate Unterrichtsdisziplin eingehend begründet wird.

14 Compayré (Anm. 4), Bd. 2, S. 265, führt u.a. den Leiter des Collège von Langres an: "L'enseignement au collège de Langres forme un cours d'histoire ancienne et moderne, et de littérature française et latine. Dans toutes les classes on fait analyser les historiens, soit latins, soit français, qu'on explique et dont on rend compte dans les trois dernières classes, spécialement consacrées à la littérature. Pour faire place à ces travaux aussi intéressants qu'instructifs, on a entièrement supprimé le vers latin et on a diminué le nombre des thèmes."

15 Compayré (Anm. 4), Bd. 2, S. 210 f.

16 Ebd., S. 213.

17 So Barthes über die Encyclopédie, zit. nach Starobinski, J., Remarques sur l'*Encyclopédie*, in: *Revue de Métaphysique et de Morale* 75, 1970, S. 290.

18 Fumaroli, M., *L'Age de l'Eloquence*, Genève (Droz) 1980, S. 3f.

19 Exemplarisch Meunier, R.A., Cahiers de rhétorique et de philosophie du collège des Jésuites, puis collège de Sainte-Marthe, à Poitiers au milieu du XVIIIe siècle, in: *Histoire de l'enseignement de 1610 à nos jours. Actes du 95e congrès national des sociétés savantes*, Reim 1974, S. 123-138. sowie Vf., Classe du rhétorique, in: *Historisches Wörterbuch der Rhetorik*, Jens, W. / Ueding, G. (Hgg.), Tübingen 1980ff.

20 Einschlägig Codina-Mir, G., *Aux sources de la pédagogie des Jésuites, le Modus parisiensis*, Rom (Institutum Historicum SJ) 1968, S. 73-150.

21 Chartier u.a. (Anm. 9), S. 154f.

22 Steinwachs, B., Epistemologie und Kunsthistorie. Zum Verhältnis von art et sciences im aufklärerischen und positivistischen Enzyklopädismus, in: Cerquiglini, B. / Gumbrecht, H.U. (Anm. 12), S. 73-110.

23 Snyders (Anm. 5), S. 60.

24 In Abwandlung von Fumaroli (Anm. 18).

25 So Durkheim über das "milieu irréel, idéal", das die Pädagogik der Jesuiten schaffe. In: Durkheim, E., *L'Evolution pédagogique en France*, 2 Bde. Paris (PUF) 1938, Bd. 2, S. 97.

26 Zu den Anfängen der *Ecole des ponts et chaussées* (1715), *Ecole d'artillerie* (1720), *Ecole de génie militaire* (1748) und *Ecole des mines* (1783) vgl. Taton, R., *Enseignement et diffusion des sciences en France au XVIIIe siècle*, Paris (Hermann) 1964.

27 Montesquieu, Ch.L. de Secondat de, *De l'esprit des lois*, Paris 1748, Livre IV,5 und V,1; cit. ed. Goldschmidt, Bd. 1, Paris 1979, S. 160 und 167.

28 Vgl. Liard, L., *L'enseignement supérieure en France*, 2 Bde., Paris (A. Colin) 1888, Bd. 1, S. 106-115.

29 So Condorcet nach seiner sozialwissenschaftlichen Wende.

30 Godechot, J., *Les Institutions de la France sous la Révolution et l'Empire*, Paris (PUF) 1951, S. 463.

31 Constitution du 24 juin 1793, Art. 22, in: *Les Constitutions de la France depuis 1789*, prés. par. J. Godechot, Paris 1970, S. 82.

32 Godechot (Anm. 30), S. 385f.

33 1795 wird die Schulpflicht wieder aufgehoben. Vgl. ebd.

34 Zu dieser Debatte anläßlich des Versuchs Robespierres, den *Plan d'éducation national* Lepeletiers durchzusetzen vgl. die ausführliche Darstellung bei Compayré (Anm. 4), Bd. 2, S. 338-349.

35 Die Kriegserklärung an Habsburg/Österreich hatte bspw. 1792 verhindert, daß Condorcets Plan zu einem nationalen Bildungswesen diskutiert wurde.

36 Bedauerlicherweise erwähnt Shinn in seiner sonst sehr instruktiven Darstellung diesen Zusammenhang nicht, vgl. Shinn, T., *L'Ecole Polytechnique, Savoir scientifique et pouvoir social*, Paris (Presses de la FNSP) 1980. Liard vergleicht die Gründung der EP daher mit der "organisation d'une armée". In: Liard, L. (Anm. 28), S. 262.

37 So François Furet in seinem Vorwort zu Shinn, T. (Anm. 36), S. 5.

38 Liard, L. (Anm. 28), S. 260.

39 Ebd., S. 261.

40 Dazu von Vf., d'Alembert, in: *Metzler Philosophen Lexikon*, Stuttgart 1988, S. 14-18.

41 Vgl. Liard (Anm. 28), S. 267.

42 Näheres hierüber bei Godechot (Anm. 30), S. 390f.

43 Hussein, M., Der Adler und die Sphinx, Bonaparte in Ägypten, in: *Unesco Kurier* 6, 1989, S. 22-27. Ich danke Irmela Neu-Altenheimer, Deutsche UNESCO Kommission, für den Artikel.

44 Vgl. den *Rapport sur l'organisation des écoles spéciales* von P.C.F. Danou, dessen Verbesserungsvorschläge die paradigmatische Rolle des aufklärerischen Wissenschaftskonzepts betonen: die letzten beiden Jahrgänge befassen sich u.a. mit "théorie de la pensée" und "méthode des sciences" sowie den "principes de grammaire générale", also Sprachphilosophie. In: Liard (Anm. 28), S. 419-451, hier S. 424.

45 Bei Aulard, A., *Napoléon I et le monopole universitaire. Origines et fonctionnement de l'Université Impériale*, Paris (A. Colin) 1911, S. 19.

46 Hierzu Lüsebrink (Anm. 12), S. 114; ferner allg. Darnton, R., *The Literary Underground of the Old Regime*, Harvard University Press 1982.

47 Vgl. Aulard (Anm. 45), S. 19; aufschlußreich Danous Begründung für eine stärkere Berücksichtigung der Oratorik im Curriculum: schließlich könne man aus den "éloquents et républicaines idiomes, chers à la liberté autant qu'aux lettres (...) puiser (...) les sentiments du patriotisme les plus généraux." Vgl. Liard (Anm. 28), S. 424.

48 Das Lehrpersonal ist den hochrangigen *fonctionnaires* in der Departementalverwaltung gleichgestellt. Zur guten finanziellen Ausstattung der Schulen vgl. Aulard (Anm. 45), S. 21.

49 So Roederer vor dem *corps législatif*, ebd., S. 31.

50 Art. 299 der Verfassung von 1795, in: *Les Constitutions* (Anm. 31), S. 133.

51 Godechot (Anm. 30), S. 636.

52 Wobei die strukturverändernden Maßnahmen nicht in der Verfassung festgelegt werden, sondern mit den nachfolgenden Gesetzen zur Departementalverwaltung, zu den Amtsbefugnissen und der Macht der Präfekten, zur Gerichtsbarkeit, der Rekrutierung des Staats- und Verwaltungsdienstes sowie der Finanzverwaltung greifen werden: laut Godechot, Kommentar zu *Les Constitutions* (Anm. 31), S. 148.

53 Ebd., S. 162.

54 Aulard (Anm. 45), S. 73.

55 Dazu Godechot, *Les institutions* (Anm. 31), S. 639.

56 Zit. bei Aulard (Anm. 45), S. 81.

57 Zur Rolle Cuviers in Rekrutierungsdiensten (1800-1815) vgl. die Untersuchung Légée, G., Cuvier et la réorganisation de l'enseignement sous le Consulat et l'Empire, in: *Histoire de l'enseignement* (Anm. 19), S. 197-214; Cuvier, Stipendiat des Karolinums in Stuttgart, wird von Napoleon ab 1800 zur Neuordnung des höheren Schulwesens in Südfrankreich (Bordeaux - Marseille) beauftragt; seine im Vergleich mit der deutschen Einrichtung gewonnenen Kriterien lassen sich nicht durchsetzen. Insofern hat seine Beobachtung zur mangelnden Professionalisierung - "(...) en France (...) les connaissances universelles ne se puisent guère que dans la pratique" prognostischen Wert. (zit. Légée, S. 199)

58 Ben-David, J., *Centers of learning*, New York 1977.

59 Vgl. die Tabelle bei Aulard (Anm. 45), S. 173.

60 Zur Familialisierungsstrategie des *Code Civil* vgl. Godechot (Anm. 30), S. 594f.

61 Was nicht hindert, daß die napoleonische Zeichensprache ihrerseits eine Entwertung von Symbolsystemen impliziert: vgl. dazu Giedeon, S., *Die Herrschaft der Mechanisierung*, Frankfurt 1987, S. 366ff.

62 Foucault, M. (Anm. 3), S. 15.

63 Aulard (Anm. 45), S. 86.

64 Hierzu einschlägig Shinn (Anm. 36), S. 24ff.

65 Vgl. auch das Zeugnis Alfred de Vignys, *Servitude et grandeur militaires,* Paris 1965, S. 14: "Nos maîtres ressemblait à des capitaines instructeurs (...) nos examens à des revues."

66 Diese Bestrafung wird 1806 eingeführt. Vgl. Godechot (Anm. 30), S. 642.

67 Die Absolventen des *Lycée* sind "élèves nationaux", so Napoleon bei Aulard (Anm. 45), S. 88. Entsprechend auch das Rundschreiben des *Conseiller d'Etat* Roederer: "L'instruction publique peut et doit être une machine très puissante dans notre système politique. C'est par elle que le législateur pourra faire renaître un esprit national (...). Le département de l'instruction publique est une direction d'esprits par l'esprit." Zit. bei Godechot (Anm. 30), S. 636.

68 Rattier, P.E., *Paris n'existe pas*, Paris 1857, S. 19.

69 Shinn (Anm. 36), S. 27 und Liard (Anm. 28), S. 61, der den reglementierenden Charakter dieser Anforderung - "contre-coup" - hervorhebt.

70 Vgl. Godechot (Anm. 30), S. 642. Trotz der Verachtung, die der *Empereur* für *belles lettres* bekundet (vgl. hierzu Liard (Anm. 28), S. 102), legt dieser Kurs die institutionelle und ideologische Grundlage für die Durchsetzung eines an den Parametern des *Age classique* ausgerichteten Begriffs von Nationalliteratur. Dessen Kanon bei Aulard (Anm. 45), S. 101.

71 Aulard, ebd., S. 99f.

72 Der Zusammenhang dieser literarischen Schulrhetorik mit der Rolle der *éloquence* im romantischen Literaturkonzept wäre eine eigene Untersuchung wert: Der "Bruch" zwischen *art d'écrire* und *littérature* setzt, parallel zur Problematisierung der Rhetorik, vehement im letzten Jahrhundertdrittel ein.

73 Hierzu Genette, G., Rhétorique et enseignement, in: *Figure II*, Paris 1969, S. 23-42.

74 Schubring, G., Bedingungen der Professionalisierung von Wissenschaft. Eine vergleichende Übersicht zu Frankreich und Preußen, in: *Lendemains* 19, 1980, S. 125-135, hier S. 129; aus wissenschaftssoziologischer Sicht zu den involutiven Rahmenbedingungen der Wissenschaften in Frankreich seit Napoleon ebenso Hültenschmidt, E., Tendenzen und Entwicklungen der Sprachwissenschaft um 1800. Ein Vergleich zwischen Frankreich und Preußen, in: Cerquiglini, B. / Gumbrecht, H.(. (Anm. 12), S. 135-166.

75 Genette (Anm. 73), S. 30.

76 Einschlägig Compagnon, A., *La Troisième République des Lettres*, Paris (Seuil) 1983.

77 Taine, H., *Les Origines de la France Contemporaine*, 18 Bde., Paris 1875ff.; 3ème Partie: Le Régime moderne, Bd. 3, S. 353ff.

78 Ebd., S. 370.

79 Diese Entwicklung insinuiert die Betitelung der Trilogie. Vgl. Jules Vallès: *L'Enfant, Le Bachelier, L'Insurgé*, Paris 1879-1882.

80 Vgl. Barrès, M., *Les Déracinés*, Paris 1897; *Le Disciple* von Paul Bourget liefert 1889 das psychologische Modell der Szientismus-Kritik.

81 Stendhal, *Le Rouge et le Noir*, Chronique du XIXème siècle, erscheint 1830, kurz vor der Juli-Revolution.

82 So der Sohn eines napoleonischen Generals, Victor(!) Hugo, *Les Chants du Crépuscule*, Paris 1835; ähnlich auch Alfred de Musset in *La Confession d'un Enfant du Siècle*, Paris 1836, Kap. 2; Musset trägt zur Kreation des Napoleon-Mythos ebenso bei wie Vigny (s. Anm. 65).

83 So der Titel eines schulkritischen Werks von Victor de Laprade, Paris 1868.

Martin Stingelin

Die Seele als Funktion des Körpers

Zur Seelenpolitik der Leipziger Universitätspsychiatrie
unter Paul Emil Flechsig

> Für Hubert Thüring
>
> Am Samstag war Flechsig wieder hier. (...) Er äußerte hier auch, er habe bis jetzt vergebens nach der wahren Psychiatrie geforscht, worauf ihm Gudden den Rat gab, er möge sie entdecken.
>
> Melchior Josef Bandorf, Assistenzarzt von Bernhard von Gudden, Kreisirrenanstalt München, an August Forel, München, 2. Juni 1879
> (Forel 1968, S. 151).

Ein Blick in Jean-Martin Charcots Auditorium dokumentiert die Gleichzeitigkeit des Ungleichzeitigen. "Der Saal, in welchem er seine Vorlesungen hielt, war mit einem Bilde geschmückt, welches den 'Bürger' *Pinel* darstellt, wie er den armen Irrsinnigen der Salpêtrière die Fesseln abnehmen läßt"; die Szene "dieser humansten aller Umwälzungen" (Freud 1893, S. 28-29) soll in der französischen Abteilung der Künste Hunderte von Besuchern der Pariser Weltausstellung von 1878 gefesselt haben:

Der geschichtliche Moment, der darin seine Darstellung fand, drängte gleichsam unbewusst seine Bedeutung der staunenden Menge auf. (...) An diesem Tage begann die Morgensonne einer bessern Zeit über Irre und Irrenwesen aufzugehen. Mit den Fesseln wurden der Aberglauben und die Barbarei, die mittelalterlichen Vorurtheile gesprengt. Der Irre wurde wieder ein Kranker und als solcher ein Gegenstand naturwissenschaftlicher Beobachtung, Untersuchung und Behandlung. (Wille, L., 1880, S. 19)

Der Leipziger Hirnphysiologe und Psychiater Paul Emil Flechsig, der im selben Jahr das Auditorium des Neurologen in der Salpêtrière besuchte, fand "daselbst zu meiner Überraschung eine mehr als 2 m hohe Kopie einer Figur aus meinem Werk von 1876 mit der weithin sichtbaren Bezeichnung: Coup de Flechsig" (Flechsig 1927, S. 18),[1] jenem Horizontalschnitt durch Gehirn und Schädel, der Flechsig am 5. Mai 1872 erlaubte, bei "einem 5 Wochen alten Knaben, der den nicht gewöhnlichen Namen Martin Luther trug, und der durch die überraschenden Bilder, welche sein Gehirn mir darbot, auch eine Art Reformator werden sollte" (Flechsig 1927, S. 8), erste Hinweise auf das myelogenetische Grundgesetz seiner Hirnlehre zu entdecken: In zeitlich streng geordneter Reihenfolge bilden die Fasern der peripheren Nerven wie der nervösen Zentralorgane röhrenförmige Markscheiden aus Fettkörnchenzellen. Erst im Alter von sechs Jahren sind alle leitenden Verbindungen gereift. Diese entwicklungsgeschichtliche Gesetzmäßigkeit bot Gewähr, durch Färbung "den Verlauf einer Nervenfaser in dem unendlichen Gewirr der Milliarden von Fasern und Fäserchen, welche die weisse Substanz der Grosshirnlappen zusammensetzen, vom Anfang bis zum Ende verfolgen zu können" (Flechsig 1897, S. 50-51), in der Hoffnung, im "Maschinenwesen (...) des menschlichen Gehirns" (Flechsig 1896b, S. 14) auf die materiellen Träger der Geisteskrankheiten zu stoßen.

Zwischen diesem *"Ansatz zur Berechnung der menschlichen Seele"* (Flechsig 1896b, S. 18) und Pinels, Tukes, Wagnitz' und Reils Reform der Psychiatrie liegt ein Ereignis im genealogischen Wortsinn[2]: die medizinische Rationalisierung ihrer technisch-administrativen Macht.

Es gibt kein transhistorisches Substrat der Seele; sie ist so historisch wie die Praktiken der Seelsorge zu ihrem Heil. Die Geschichte dieser Praktiken ist die Geschichte verschiedener Objektivierungen der Seele. Ihre Form ist flüssig, um mit Nietzsche zu reden, ihr "Sinn" ist es aber noch mehr: Man bemächtigt sich ihrer, indem man sie interpretiert und zurechtmacht. Psychiatriegeschichte erweist sich als Schlachtfeld verschiedener "Seelenpolitiken",[3] Psychiatriehistorie schreibt ihre Genealogie.[4]

Der ätiologische Mythos vom Ursprung der modernen Psychiatrie in der humanen Reformbewegung als Morgenröte und Anbruch eines goldenen Zeitalters des Irrenwesens bannt die Schatten ihrer Herkunft: Als verfeinerte Strategie der sozialen Kontrolle spiegelt sich im Mikrokosmos der Anstalt das Spiel der (Außen-)Welt, die sich in der Ausgrenzung von abweichendem Verhalten ihrer Kompetenz, ihres gesunden Menschenverstandes und ihrer Normalität versichert[5]: Die sogenannten "tea-parties" in William Tukes York Retreat machen deutlich, daß "in der Benutzung ihres gegenseitigen Einflusses einer der stärksten psychiatrischen Hebel einer Anstalt" gegen die Unvernunft ihrer Insassen besteht (Zeller 1845, S. 142):

Alle die erscheinen, legen ihre besten Kleider an, und wetteifern miteinander in Höflichkeit und Schicklichkeit des Betragens. Alles beste wird angeschafft, und die Gäste werden mit aller Aufmerksamkeit bedient, als ob es Fremde wären. Der Abend wird gewöhnlich in der größten Eintracht und Fröhlichkeit zugebracht. Selten daß sich ein unangenehmer Vorfall ereignet; die Kranken beherrschen in einem bewunderungswürdigen Grade ihre verschiedenen Neigungen, und dieses Schauspiel ist eben so merkwürdig als rührend und erfreuend. (Tuke 1813, 1822, S. 234-235)

Der Unvernunft ist geboten, an sich zu halten: "durch eine hinlängliche Erregung des Affectes der Furcht" wird der Wahnsinn in die Schranken der 'heilsamen Gewalt' gewiesen, die die Kranken "über ihre verkehrten Neigungen ausüben" (Tuke 1813, 1822, S. 189)[6]: Nur "die Begierde sich von andern geachtet zu sehen" (Tuke 1813, 1822, S. 204), frei von jeder Dissimulation, die sich kein Schuldbewußtsein für fehlende "Selbst"beherrschung einreden läßt, wird belohnt für die Bereitwilligkeit, auf eine innere Stimme[7] als Anleitung zur Selbstbestimmung zu hören und eine berechenbare Psychologie als Grundlage ihrer Identität anzunehmen; wer diese Psychologie verwirft, wird genötigt, seinen Mangel an Vernunft (im Grunde: Mangel an Beseeltheit) als Selbstverfehlung zu gestehen. Der Kranke ist geheilt, "wenn er anerkennt, daß er sich getäuscht hat" (Castel 1987, S. 172), sich die Weigerung gegen eine psychologische Objektivierung seiner Krankheit als Täuschung vormachen läßt. Darin besteht im Grunde die von den väterlichen Anstaltsleitern in ihren Schriften oft genug zitierte List.[8] Der Kranke wird in jedem Wortsinn vorgeführt. Als "Schauspiel" für die Außenwelt probt er in den tea-parties der York Retreat, ohne daß er es wissen dürfte, das Schauspiel der Außenwelt; ein Test, mit dem man ihm eine psychologische Seele macht. (Freud wird leichtes Spiel haben, in dieser Einrichtung den Mechanismus des Unbewußten zu entdecken.[9])

Mit der bürokratischen Durchsetzung der Reformpsychiatrie[10] wird der Irre in dieser Resozialisierungsmaschine zusehends verwaltungstechnisches Stückgut. Medizinische Rationalisierungen verdecken dabei die technisch-administrative Macht der Psychiatrie (vgl. Castel 1973, 1976, S. 149): Die soziale Stigmatisierung der Irren wird überführt in einen theoretischen Code zur symptomatologischen Klassifikation jener Abweichungen von der herrschenden sozialen Ordnung, die die Behandlung wiederherzustellen bemüht ist (vgl. Castel 1976, 1983, S. 160 und 133). Aus dieser restringierten Funktion der Psychiatrie erklärt sich auch der jeweilige Rückstand auf die Medizin ihrer Zeit.[11] Doch diese medizinischen Rationalisierungen entwickeln eine Eigendynamik, die im letzten Viertel des 19. Jahrhunderts in eine "Medizinische Psychologie" mündet.

Der Titel von Gottfried Benns psychiatriehistorischem Beitrag zur Geschichte der medizinischen Seelenlehre, geschrieben für das 25. Heft der *Grenzboten. Zeitschrift für Politik, Literatur und Kunst* vom 18. Juni 1911, ist ein Zitat aus Paul Flechsigs Rede *Gehirn und Seele*;[12] gehalten am 31. Oktober 1894 in der Universitätskirche zu Leipzig beim Amtsantritt als Rektor der Universität, machte sie Flechsig zum berühmten Mann.[13] Ohne den Namen ihres Autors zu nennen, faßt Benn kritisch die darin entwickelte hirnphysiologische Lokalisationstheorie auf einer Seite zusammen.[14] Ein geduldiges Studium des Gehirns sollte sie erhärten. August Forel, der sich drei Jahre später als Gegenkandidat zu Flechsig um die Stelle als Direktor der geplanten (und von ihm mitzugestaltenden) Leipziger "Psychiatrischen und Nerven-Klinik" bewirbt (vgl. Sänger 1963, S. 70), will 1874 in Bernhard von Guddens hirnanatomischem Laboratorium in München die erste feine mikroskopische Schnittserie durch das ganze menschliche Gehirn angefertigt haben (vgl. Forel 1935, S. 73-74). Chromgehärtet, carmin-, hämatoxylin- und goldchloridgefärbt: In Tausenden von Hirnpräparaten suchte Flechsig anschaulich zu machen, was faradische Reizungen, galvanische Ströme auf die lebende Hirnrinde, die systematisch variierte Abtragung einzelner Windungen und die Exstirpation ganzer Hirnteile von Tieren erweisen sollten: daß die Seele "eine *Funktion* des Körpers" sei (Flechsig 1896a, S. 10).

Die eigentümliche Zähigkeit des Irrenwesens zu begreifen heißt auch die eisige Poesie seiner Laboratorien-Friedhöfe zu verspüren, wo im Schatten hoher Mauern ein geduldiges Experimentieren am Menschen statthat. Heißt auch zu zeigen, daß es eine Symbolik des Ausschlusses gibt, eine negative Markierung, eine Stigmatisierung, die auf ihre Art ebensoviel eingebracht haben wie die positiven Resozialisierungs- und Heilprogramme, in deren Mantel sie gegangen sind. (Castel 1976, 1983, S. 246)

Paul Emil Flechsigs Modell von Gehirn und Seele ist nicht weniger von dieser Ambiguität, von dieser Gleichzeitigkeit des Ungleichzeitigen geprägt als die irrenärztliche Praxis, die sich daraus ableitet. Eine empirisch exakte physikalisch-chemisch-anatomische Hirnlehre soll auf dem Weg der biologisch-pathologischen (nicht psychologischen) Forschung eine 'physiologische Sittlichkeitslehre' (Flechsig 1896b, S. 5) begründen. Sie erweist sich als aristokratische Moralphysiologie des Gehirnadels, der sich der ständischen Organisation dieses Organs versichert,[15] was ihr nichts von der strategischen Geschmeidigkeit im Dispositiv der Kontroll- und Normalisierungspraktiken nimmt, im Gegenteil. Wer nicht Sorge trägt zur Hygiene seines Gehirnlebens und (die) blinde(n) Triebe sein durch Alkohol oder die ererbte Konstitution geschwächtes Großhirn überwältigen läßt (moral insanity, Degeneration), die "moralisch und intellectuell Minderwerthigen", wird "der tieferen Einsicht und dem besseren Wollen einer geistig-sittlichen Aristokratie" unterworfen (Flechsig 1896a, S. 35).

Eine Aufgabe, für die Flechsig in den Augen vieler Kollegen vor seiner Berufung denkbar wenig Voraussetzungen auszeichnen. Als der erst 30jährige Flechsig - der als habilitierter Physiologe und Hirnanatom "niemals an einer psychiatrischen Anstalt Dienste geleistet" hatte (Flechsig 1927, S. 22) - am 1. April 1878 als Professor extraordinarius der Psychiatrie vom Ministerium des Kultus und des öffentlichen Unterrichts mit der Aufgabe betraut wurde, den Neubau einer "Psychiatrischen und Nerven-Klinik" vorzubereiten, "rief diese Maßnahme in psychiatrischen Kreisen unliebsames Aufsehen hervor" (Flechsig 1927, S. 22). Kein Nekrolog versäumt einen Hinweis auf die Umstände, wie der 'nationalliberale Professor Flechsig' (Schreber 1903, 1985, S. 81)[16] berufen wurde.[17] Der einflußreiche Physiologe Carl Ludwig, der diese Berufung durchgesetzt hatte, begrüßte Flechsig als Direktor der "Psychiatrischen und Nerven-Klinik": "von der Psyche wissen die Psychiater nichts, *Flechsig* weiß wenigstens etwas vom Gehirn" (zit. n. Henneberg 1929, S. 1490).

Die Not finanzieller Beschränkung wendete Flechsig zur wissenschaftshistorischen Tugend: Nach dem Vorbild von Griesingers Universitätspsychiatrie richtete er "die berühmteste psychiatrische Klinik der Welt" ein (Pierret, zit. n. Flechsig 1927, S. 19), zusammen mit Heidelberg das erste rein klinische Stadtasyl in Deutschland, das "ein möglichst tief eindringendes klinisches Studium der Geisteskrankheiten und das Auffinden geeigneter ärztlicher Behand-

lungsmethoden" ermöglichen sollte, "wozu die Aufnahme möglichst vieler 'frischer' Fälle unentbehrlich ist" (Flechsig 1927, S. 24)[18].
Die "Beschaffung des Materials für den psychiatrischen Unterricht" (Flechsig 1888, S. III) war eine Frage der Zweckmäßigkeit. Die Verwaltungs-Grundsätze räumten dem Direktor ein, das Aufnahmeverfahren für Kranke von besonderem klinischen Interesse abzukürzen und sie ohne ärztliches Zeugnis, "eventuell lediglich auf Grund einer persönlichen Exploration" aufzunehmen. Ein Modus ohne Zeitverlust, der "thatsächlich der häufigste geworden" ist (Flechsig 1888, S. 23). 15 Freistellen, die ausschließlich der Direktor verlieh, erlaubten ihm, sich dieser Kranken noch dann zu versichern, wenn ihre Verpflegung finanziell nicht gesichert war. Anzeige bei der Staatsanwaltschaft oder Oberbehörde erfolgte nicht. Mit einem Sophisma, das, wie man sieht, Psychiatriegeschichte gemacht hat, begründete Flechsig, widerrechtlichen Freiheitsberaubungen sei dadurch genügend vorgebeugt, "dass der Director der Klinik *durchaus selbstständig* die für die Nothwendigkeit der Internirung geltend gemachten Gründe prüft". Flechsig gesteht zwar, kein Irrenarzt sei unfehlbar; doch wo die Strategie eines Dispositivs seinen Irrtum nicht vorsieht, kann sich der Direktor nicht irren: "Bisher ist ein solcher Fall in der Klinik indess nicht vorgekommen." (Flechsig 1888, S. 23-24)[19] Seine Prüfung selbst kann Grund genug sein für eine Internierung. Zumal der Inhalt der Psychiatrie noch zu wenig gesichtet, ihre gesicherten Lehrsätze noch zu spärlich und ihre Forschungs- und Untersuchungsmethoden noch zu unentwickelt sind, der Dozent "vor Allem seine Disciplin *lehrbar* zu machen hat" (Flechsig 1888, S. 58). Der gelernte Hirnanatom Flechsig versichert in seiner Antrittsvorlesung vom 4. März 1882, eine der vornehmsten Aufgaben der Psycho-Pathologie sei die Forschung nach den körperlichen Grundlagen der Seelenstörungen. Dem Laboratorium seiner Klinik stehen fast alle wichtigeren Apparate zur Verfügung, "welche zur Untersuchung der Vorgänge am Lebenden, wie die des durch die Sectionen gelieferten Materials erforderlich sind" (Flechsig 1888, S. 61);[20] denn seine geschützte Lage bringt es mit sich, daß Flechsig chemische und physikalische Veränderungen des Gehirns "*am Lebenden* meist nur auf dem Wege mehr oder weniger zusammengesetzter Schlüsse nachweisen" kann (Flechsig 1882, S. 9): "so bietet überhaupt die Erhebung des Leichenbefundes den directesten Weg, um zur Erkenntniss gesetzmässiger Abhängigkeitsverhältnisse zwischen Geistesstörungen und Hirnanomalien vorzudringen" (Flechsig 1882, S. 11). Waren auf Verlangen des Direktors Geisteskranke, die ihr durch die Staatsverwaltung zugeführt worden waren, der Klinik spätestens nach 14 Tagen wieder abzunehmen;[21] konnte Flechsig heilbare Kranke ohne vorherige Anmeldung der Königlichen Heilanstalt Sonnenstein zuführen lassen, um möglichst rasch Platz für Neuaufnahmen zu schaffen,[22] so befolgte er den Grundsatz, gerade solche Kranke nicht zu entlassen, "deren Ableben in absehbarer Zeit zu erwarten ist (um ein möglichst grosses autopsisches Material zu erlangen)" (Flechsig 1888, S. 35; vgl. a. S. 26). Auf diesem Weg entdeckt Flechsig zwei Hauptabschnitte des Gehirns: die niede-

ren Hirnteile erzeugen "jederzeit ein erschöpfendes statisch-mechanisches Bild" der Gesamtzustände des Körpers (Flechsig 1896a, S. 19) und bieten erste Angriffspunkte für die Triebe; diese "wesentlichste Grundlage des *Selbstbewusstseins*" (S. 21) setzt sich im "Mechanismus des eigentlichen *Grosshirns*" (S. 19), maßgebend für die Gestaltung der geistigen Vorgänge, fort in der "Körperfühlsphäre", die ergänzt wird durch die "Associations- oder Coagitations-Centren". "Die Erkrankung der Associations-Centren ist es vornehmlich, was geisteskrank macht; sie sind das eigentliche Object der Psychiatrie." (S. 24)

Doch: Selbst wenn tatsächlich "die Anwendung von Zwangsmitteln irgend welcher Art (auch kalter Douchen) untersagt" war (Flechsig 1888, S. 45), das sogenannte "Güntz'sche Gurtbett"[23] nur in Notfällen zur Anwendung kam: Prolongierte laue Bäder, Bettbehandlung, der ausgedehnte Gebrauch von Narkotika (wie in der kurz als "Flechsig-Kur" bezeichneten Opium-Brom-Behandlung der Epilepsie[24]) und operative Eingriffe wie im Fall der Hysterie, für deren Behandlung Flechsig die Kastration empfahl,[25] waren wohl nicht frei von moralischen Implikationen. Mit Kampher, Chloralhydrat, Opium und Morphium wurde Daniel Paul Schreber, der über Nacht in einer Schlafzelle für Tobsüchtige gehalten werden mußte, beigebracht, daß diese Welt nicht von der Vergänglichkeit flüchtig hingemachter Männer ist, bevor er in der Heil- und Pflegeanstalt Sonnenstein/Pirna von Direktor Guido Weber zur Familientafel gebeten wurde, an der sich das Ritual der "tea-parties" wiederholte. Bis auf den Fall Schreber, dessen Krankenblätter Franz Baumeyer nach dem Zweiten Weltkrieg in der Landesanstalt Arnsdorf bei Dresden fand, wird man die Strategien und Mechanismen dieser Heil- und Resozialisierungsprogramme nicht mehr studieren können. Bomben brachten das Vergessen: Bei einem Angriff auf Leipzig verbrannten am 4. Dezember 1943 um 3.45 Uhr alle in einem besonderen Raum der Klinik aufbewahrten Krankengeschichten der letzten 50 Jahre (vgl. Sänger 1963, S. 22-23).[26]

Doch über die Effektivität der negativen Markierung, der Stigmatisierung und der Symbolik des Ausschlusses gibt eine Stimme Auskunft, an deren Treue nicht zu zweifeln ist. Noch Jahre nach seinem Tod war die "Psychiatrische und Nerven-Klinik" unter dem Namen ihres ersten Direktors im Leipziger Volksmund: "bei Flechsig". Richard Arwed Pfeifer, von Flechsig 1910 als Seminar-Oberlehrer dazu angehalten, Medizin zu studieren, Hirnforscher zu werden und sich über Myelogenese zu habilitieren (vgl. Busch 1965, S. 158),[27] berichtet, daß sich um die von Flechsig bis 1920 geleitete Irrenanstalt "eine geheimnisvolle Sphäre spann, die allein daraus verständlich ist, dass so mancher vorher angesehene Bürger darin verschwand und nie wieder zum Vorschein kam": "die Tatsache 'bei *Flechsig*' gewesen zu sein, konnte jahrelang Zweifel an der geistigen Zurechnungsfähigkeit eines Menschen im Volke unterhalten" (Pfeifer 1930, S. 258).

Die strategische Geschmeidigkeit der Psychiatrie (auch in Form der organizistischen Neuro-Psychiatrie) besteht, wie gesagt, paradoxerweise darin, ihre nur zum Teil diskursive technisch-administrative Macht durch einen medizinischen Diskurs im Namen des Fortschritts zu verhüllen. Als psychiatrische Praxis konnte Flechsigs Seelenpolitik nicht gegen die Funktion der Psychiatrie im Dispositiv der Kontroll- und Normalisierungspraktiken darauf angelegt sein, diese Ambiguität zu überwinden. Eine reine Gehirn-Psychiatrie setzte sich nicht durch, wenn Flechsig auch alle wissenschaftpolitischen Register zog.

In der Autographensammlung des Medizinhistorischen Instituts der Universität Zürich findet sich ein Brief Flechsigs an August Forel vom 31. Oktober 1893, der diese Politik dokumentiert. Nach Kjollbergs Tod bemüht sich der schwedische Hirnforscher Salomon Eberhard Henschen als Dozent für innere Klinik vergeblich um die Professur der Psychiatrie und die Direktion der Irrenanstalt in Uppsala, weil die "Verwaltungsbehörde, welche die Vorschläge betreffs der Besetzung des Direktor=Postens zu machen hat", der Ansicht ist, daß

1) ein Professor der Psychiatrie nicht zum Direktor einer Irrenanstalt sich eigne und
2) daß Henschen nicht die nöthige Vorbildung besitze, um eine Irrenanstalt zu leiten.

Flechsig schreibt in dieser Angelegenheit, "welche (...) für die Weiter=Entwicklung der Psychiatrie nicht ohne Bedeutung sein dürfte", an den Zürcher Kollegen August Forel, Direktor der Irrenanstalt Burghölzli:

> Professor Henschen hat demgegenüber durch Vermittlung meines Collegen Carl Ludwig (des Physiologen) an mich das Ersuchen gerichtet, ich möge doch diejenigen deutschen Psychiater bzw. Hirnforscher, welche am kompetentesten seien zur Beurtheilung seiner Werke, bitten ihm beizustehen durch eine Erklärung, daß er wohl geeignet erscheine die Professur der Psychiatrie zu übernehmen und eine Irrenanstalt zu leiten.

Trotz dieser gemeinsamen Erklärung ("Die unterzeichneten Professoren der Psychiatrie erklären hiermit, daß ..."), der Flechsig Forel bittet, sich anzuschließen, erhält Henschen das Amt nicht. In seiner Autobiographie fehlt jeder Hinweis, daß er sich überhaupt dafür beworben hat.[28]

Henschen wurde später Mitglied der von Flechsig und Wilhelm His angeregten "Brain-Commission", die am 16. April 1901 von der internationalen Assoziation der Akademien eingesetzt wurde mit dem Auftrag,

> *eine nach einheitlichen Grundsätzen erfolgende Durchforschung, Sammlung und allgemeine Nutzbarmachung des auf Gehirnanatomie bezüglichen Materials zu beraten, und dabei ausdrücklich die Schaffung besonderer Zentralinstitute in Erwägung zu ziehen, in denen die Methoden der Forschung entwickelt, das vorhandene Beobachtungsmaterial aufgespeichert und der allgemeinen Benutzung der dabei interessierten Gelehrten zugänglich gemacht werden soll.*
> (Flechsig und His 1903, S. 1).

Sie "verlief im Sande" (Henschen 1925, S. 103; vgl. Flechsig 1927, S. 49).
Bis auf die *Denkwürdigkeiten eines Nervenkranken*, in die ihn Daniel Paul Schreber "besonders tief (...) hinein vermerkt" hat (Pelman 1903, S. 657), verschwindet Flechsigs Name[29] mit seinem Modell von Gehirn und Seele. In Nekrologen scheint es sich dabei schon 1929 "mehr um eine zeitgebundene

weltanschauliche Stellungnahme, als um naturwissenschaftliche Forschungsergebnisse" zu handeln (Henneberg 1929, S. 1491),[30] die von Hitzig, v. Monakow, Munk, Nissl, Sachs, Siemerling, Vogt und Wernicke angegriffen worden waren. Er markiert eine historische Konstellation im Dispositiv der Kontroll- und Normalisierungspraktiken. Der Psychiatrie werden sich Psychoanalyse und Psychotherapie anschließen. Teilt man die strategische Konzeption von Macht, daß ihr Durchsetzungserfolg dem Vermögen entspricht, ihre Mechanismen zu verbergen, kann man diese Entfaltung nicht mit einer geschichtsphilosophischen Kategorie als Fortschritt beschreiben. Man müßte ihre Genealogie als Verfeinerung nachzeichnen. Eine Aufgabe, die der Pariser Soziologe Robert Castel im Anschluß an Michel Foucault und Pierre Bourdieu seit Beginn der 70er Jahre in Angriff genommen hat.

Anmerkungen

1 Rezensionen von Flechsigs Rückblick auf Leben und Werk, *Meine myelogenetische Hirnlehre*, finden sich (in chronologisch geordneter Reihenfolge) von: Goldstein 1927, Henneberg 1928, Bing 1928, Anonym 1928 und Danisch 1928. Das Buch liegt den meisten Nekrologen zugrunde; vgl.: Pfeifer 1929, Henneberg 1929, Quensel 1929, Marie 1929, Anonym 1930, Schröder 1930, Pfeifer 1930 und Pfeifer 1932.

2 "Mit Ereignis ist nicht eine Entscheidung, ein Vertrag, eine Regierungszeit oder eine Schlacht gemeint, sondern die Umkehrung eines Kräfteverhältnisses, der Sturz einer Macht, die Umfunktionierung einer Sprache und ihre Verwendung gegen die bisherigen Sprecher, die Schwächung, die Vergiftung einer Herrschaft durch sich selbst, das maskierte Auftreten einer anderen Herrschaft." (Foucault 1971, 1987, S. 80).

3 Mit dem (historischen) Scharfsinn des Paranoikers hat Daniel Paul Schreber diese Wendung geprägt, der vom 8. Dezember 1884 bis zum 1. Juni 1885 und vom 21. November 1893 bis zum 14. Juni 1894 Insasse von Flechsigs Leipziger "Psychiatrischen und Nerven-Klinik" war. Vgl. Schreber 1903, 1985, S. 93 und 127.

4 Zu diesem Abschnitt vgl. Nietzsches Streitschrift *Zur Genealogie der Moral*, Zweite Abhandlung, § 12 (Nietzsche 1887, 1980, Bd. 5, S. 313-316), den 4. Abschnitt von Foucaults Aufsatz "Nietzsche, die Genealogie, die Historie" (Foucault 1971, 1987, S. 75-78), das erste Kapitel von *Überwachen und Strafen* (Foucault 1975, 1977, S. 9-43; zur Seele insbesondere S. 28-43) und Paul Veynes *Der Eisberg der Geschichte. Foucault revolutioniert die Historie* (1979, 1981).

5 "Durch diese dreifache Macht wird der Wahnsinn als möglicher Gegenstand für eine medizinische Wissenschaft (erst) begründet, welche den Wahnsinn in dem Augenblick als eine Krankheit hinstellt, wo das von dieser Krankheit befallene 'Subjekt' als Irrer disqualifiziert wird - das heißt er sieht sich jeder Macht und jeden Wissens über seine Krankheit beraubt" (Foucault, Semester 1973-1974; zit. n. Kremer-Marietti 1974, 1976, S. 231-232).

6 "Ueberredung und freundliche Behandlung" bewegen einen etwa 36jährigen Mann "von beinahe herkulischer Größe und Gestalt", der vor seinem Eintritt in die Retreat wegen Anfällen in Ketten gehalten wurde, zu versprechen, "sich Gewalt anthun zu wollen" (Tuke 1813, 1822, S. 194-195). Wer die Selbstbeherrschung verliert, wird isoliert. Zur "moralischen Behandlung" in der Pariser Bicêtre vgl. Pinel 1801, 1801, S. 96-100 und 108-111).

7 Sie ist in der "Säkularisation" der modernen Psychiatrie immer weniger die Stimme des Herrn, mag auch die Gottesfurcht noch immer sowohl Tukes "moral treatment" (vgl. etwa Tuke

1813, 1822, S. 197) wie Pinels "traitement moral" prägen. Wir schlagen in dieser Exposition den kurzen Weg einer prospektiven Lektüre der Philanthropie ein.

8 Vgl. etwa Pinel 1801, 1801, S. 101-103.
Die Anstalt zwingt ihren Zögling durch ein infantilisierendes Erziehungssystem von Belohnung ("Ueberredung und freundliche Behandlung") und Bestrafung (Isolierung) in ein Abhängigkeitsverhältnis zum Arzt, das dieser als zum Guten des Patienten gewendet ausgibt, wofür er "durch eine beinahe kindliche Anhänglichkeit belohnt" wird (Tuke 1813, 1822, S. 234). Auf diese Weise produziert die Anstaltspsychiatrie jene "Psychologie" des Wahnsinns, von der sie spricht. "Wundern wir uns also nicht, wenn die ganze Psychopathologie - die mit Esquirol beginnende wie heute die unsere - von drei Themen beherrscht wird, in denen ihre Problematik definiert ist: das Verhältnis zwischen Freiheit und Zwang; die Regressionsphänomene und die Struktur des kindlichen Verhaltens; Aggression und Schuldgefühl." (Foucault 1954, 1968, S. 112)

9 Vgl. Foucault 1961, 1973, S. 512.

10 Blasius 1982, 1986 untersucht Siegburg als frühes Beispiel.

11 Ein Umstand, der noch in Flechsigs Rückweisung des Vorwurfs Ausdruck findet, die medizinische Disziplin der Psychiatrie nehme nicht entsprechenden Anteil am Fortschritt der wissenschaftlichen Heilkunde (vgl. Flechsig 1896b, S. 7-9).

12 "Wenn Baron *Holbach* im '*System der Natur*' weitschauenden Blickes der Überzeugung Ausdruck giebt, dass es gelingen müsse, die Sittenlehre physiologisch zu begründen (...), um womöglich die Gesetzgebung hierauf basiren zu können - so ist die heutige medicinische Psychologie wohl zweifellos auf dem Weg nach diesem Ziele." (Flechsig 1896a, S. 34)
Die Frage "Gehirn und Seele" beherrscht um die Jahrhundertwende einen Teil der (populär)wissenschaftlichen Diskussion. Theodor Ziehen hält 1902 "den zahlreichen Vorträgen grosser Aerzte und Naturforscher, 'über Gehirn und Seele' und wie sie sonst heissen mögen" entgegen, daß "der historische und der erkenntnisstheoretische Standpunkt durchweg zu sehr in den Hintergrund getreten ist" (Ziehen 1902, S. 3). Gottfried Benn, der vom 1. Oktober 1910 bis zum 1. Oktober 1911 in der von Ziehen geleiteten psychiatrischen Abteilung der Berliner Universitätsklinik Charité hospitiert (vgl. Rübe 1965, S. 93), unterstreicht: "Die Medizin von heute bekennt sich unumwunden zu dem Standpunkt 'bedingungsloser Ablehnung', ihrerseits psychologische Folgerungen aus anatomischen und pathologischen Befunden zu ziehen. Sie hat alle Hände voll mit anderen Dingen zu tun; sie überläßt die Regelung dieser Fragen der Erkenntnistheorie und der kritischen Psychologie." (Benn 1911b, S. 583; 1911b, 1987, S. 22)

13 "So wertvoll die Habilitationsschrift über 'Die Leitungsbahnen im Gehirn und Rückenmark auf Grund entwicklungsgeschichtlicher Untersuchungen' für die damalige Zeit auch gewesen sein mag, epochemachend war einzig und allein diese Rektoratsrede. Durch sie wurde *Flechsig* zum berühmten Mann." (Pfeifer 1929, S. 1601)

14 "Den letzten Vorstoß in dieser Richtung (die Seele zu lokalisieren und eine Psychologie auf der Grundlage der Hirnanatomie zu begründen, M.St.) machte vor etwa einem Jahrzehnt ein bekannter Psychiater." (Benn 1911b, S. 581; 1911b, 1987, S. 18) Gerhard Schuster vermutet im Kommentar zur Stuttgarter Benn-Ausgabe: "*wohl der Wiener Ordinarius Theodor Meynert (1833-1892) mit seinen Forschungen über die anatomischen und physiologischen Verhältnisse im Gehirn. Schon 1869 erschien seine Schrift 'Anatomie der Hirnrinde als Träger des Vorstellungslebens und ihrer Verbindungsbahnen mit den empfindenden Oberflächen und den bewegenden Massen'*" (Kommentar zu Benn 1911b, 1987, S. 427). Der (un)bekannte Psychiater aber ist ohne Zweifel Flechsig, den Schuster im Kommentar zu Benn 1911a, 1987, S. 427 als "*Paul Ernst Flechsig (1847-?)*" ausweist. Der Stuttgarter Ausgabe sei mit dem Beleg aus der Rede *Gehirn und Seele* auch der Name ihres Verfassers und sein Todesdatum nachgetragen: Paul Emil Theodor Flechsig (geb. Zwickau i. Sa. 29.6.1847, gest. Leipzig 22.7.1929).
Ich beschränke mich darauf, als Beleg den Schluß von Benns Zusammenfassung anzuführen: "Diese medizinische Psychologie gab zu, daß sie eine moderne Phrenologie sei, aber es sei nur ein neuer Glorienschein, den man damit um Friedrich Galls Stirn lege, während andere Richtungen der heutigen Psychologie ihn den unkritischsten aller Nichtphilosophen und den lächerlichen Typus eines überwundenen wissenschaftlichen Denkens nennen." (Benn 1911b, S. 582; 1911b, 1987, S. 19) Vgl. dazu Flechsig 1896a, S. 12: "In dieser 'Localisationstheorie' erblickt man hauptsächlich von nicht-medicinischer Seite eine Rückkehr zu der im Anfang dieses Jahrhunderts vielgerühmten und vielgeschmähten Lehre, mit welcher der Name *Franz Jo-*

sef Gall's untrennbar verbunden ist, zur *Phrenologie.* Aber man irrt, wenn man die neuere Hirnphysiologie durch die Bezeichnung als 'moderne' Phrenologie dem Fluch der Lächerlichkeit preiszugeben meint; man erniedrigt sie hierdurch nicht, sondern man umkleidet nur den Namen *Gall's* mit einem neuen Glorienschein."
Benn 1930, 1987, S. 265: "Es war das Zeitalter einer konstruktiven mathematischen Seelenlehre, es war klinisch das Zeitalter Flechsigs und Wernickes, es reicht bis in unsere Tage, in gewissen Psychologien und Erkenntnistheorien ist es noch heute lebendig", wird von Schuster nicht kommentiert.
Bleibt der Hinweis, um welches der "angesehensten naturwissenschaftlichen Journale(n)" (Benn 1916, 1987, S. 69) es sich möglicherweise handelt, in dem Rönne in Benns Novelle "Die Insel" eine Rezension von Semi Meyers *Probleme der Entwicklung des Geistes* (Leipzig 1913) liest: "Rönne bebte. Er sah nochmals auf das Journal, das die Besprechung gebracht hatte, auf den Namen des Referenten, der die Kritik gezeichnet hatte: er war sein Lehrer gewesen." (Benn 1916, 1987, S. 70) Geht man, für einmal, davon aus, daß Rönne hier für Benn einsteht, handelt es sich wohl um die Rezension von dessen Lehrer Ziehen (vgl. Anm. 12) für das *Neurologische Centralblatt* (Ziehen 1914).

15 Als Hauptträger des Selbstbewußtseins fällt der Körperfühl- unter den Sinnessphären "von Anfang an die Führung zu": "Hiernach herrscht von vornherein nicht Ebenbürtigkeit unter den Sinnessphären, sondern ein Subordinationsverhältniss. Nicht die Republik, sondern die Monarchie ist in der Organisation des Seelenorgans verwirklicht." (Flechsig 1896c, S. 68)
Allerdings zeichnet sich zur gleichen Zeit der politische Umbruch auch in der Hirnlehre ab: Seh-, Hör-, Riech- (und Schmeck-), Tast- und Körperfühlsphäre einerseits, Koagitations- und Assoziationszentren andrerseits teilen sich in niedere und höhere Hirnteile. "Das Organ des Geistes zeigt deutlich eine collegialische Verfassung; und in zwei Senate ordnen sich seine Räthe" (Flechsig 1896a, S. 25).

16 Ein zunehmend konservativ-reaktionäres Klima versperrte in der militarisierten Gesellschaft des jungen deutschen Kaiserreichs "jedem nicht konservativen Referendar den Zugang zur Verwaltung" (Kehr 1965, S. 56).
Flechsig trat im Juni 1870 nach bestandener Staatsprüfung zur Erlangung des medizinischen Doktorgrades als einjährig-freiwilliger Arzt beim 107. Infanterie-Regiment ein, mit dem er vor St. Privat, Verdun und Nouart lag. Als Unterarzt beim Infanterie-Regiment Nr. 102 nahm er an der Belagerung von Paris teil und wurde dann zur Okkupationsarmee versetzt, bevor er am 1. Januar 1872 eine Assistentenstelle bei Ernst Wagner am pathologischen Institut der Universität und an der medizinischen Poliklinik Leipzig erhielt. Vgl. Flechsig 1927, S. 7-8.

17 "Indes hat es nicht an Aeußerungen aus Fachkreisen gefehlt, die es beanstandeten, daß *Flechsig* nicht aus dem Kreise der Psychiater hervorgegangen sei. Sein Stand wäre deshalb wohl dauernd schwer geblieben, hätte nicht seine Rektoratsrede im Jahre 1894 über 'Gehirn und Seele' in der Gelehrtenwelt einen tiefen Eindruck gemacht." (Pfeifer 1929, S. 1601) "Diese Berufung erregte begreiflicherweise unliebsames Aufsehen, denn *Flechsig* hatte sich bis dahin überhaupt noch nicht mit der Psychiatrie befaßt." (Henneberg 1929, S.1490) "(...) und jahrzehntelang erlaubten sich selbst Assistenten grosser Kliniken schnoddrige Bemerkungen über den Wirrwarr, den *Flechsig* angeblich in der Wissenschaft gestiftet haben sollte" (Pfeifer 1930, S. 260).

18 Vier Jahre bevor die nach Griesingers Vorbild eingerichtete Irrenheil- und -pflegeanstalt Friedmatt als psychiatrische Universitätsklinik eröffnet werden konnte, schienen dem Basler Psychiater Ludwig Wille 1882 "pro anno wenigstens 150 Aufnahmen" als "klinisches Material" erforderlich (Wille, L., 1882, S. 20); "in Uebereinstimmung mit Wille" (Fürstner 1884, S. 8) bezeichnete der Heidelberger Psychiater Karl Fürstner die Zahl von 160 Neuaufnahmen als vollkommen genügend zur Erfüllung des wichtigsten Postulats "für einen erspriesslichen psychiatrischen Unterricht": "ein genügender Zufluss *frisch* Erkrankter, ob heilbar oder unheilbar" (Fürstner 1884, S. 4). Bei einer Maximal-Belegzahl von 126 Kranken wurden in Flechsigs Leipziger "Psychiatrischen und Nerven-Klinik" in den ersten fünf Jahren zwischen 231 und 466 Geisteskranke jährlich aufgenommen (vgl. Flechsig 1888, S. 21 und 29).

19 Noch 1896 versichert Flechsig: "es ist in Wirklichkeit in Deutschland bisher *auch nicht ein Fall* nachgewiesen, wo ein wirklich Geistesgesunder unter nichtigen Vorwänden für geisteskrank erklärt worden wäre" (Flechsig 1896b, S. 8). In Basel bemüht sich der Orchesterdiener Zacharias Nigg um den Nachweis des Gegenteils (vgl. Anm. 24).

20 "Der Königlichen Staatsregierung hierfür den ehrerbietigsten Dank auszusprechen", hält sich Flechsig "für besonders verpflichtet" (Flechsig 1888, S. 61). Die Gehirnsammlung befand sich in der ersten Etage des Hauptverwaltungsgebäudes neben dem Bureau des Direktors, in welchem gleichzeitig die wissenschaftlichen Apparate, Instrumente und Modelle aufbewahrt wurden.

21 Heilbare oder Aufgeregte wurden in die Landesanstalten, Unheilbare und Ungefährliche in das städtische Irrensiechenhaus überführt (vgl. Lehmann 1910, S. 464/468).

22 Eine Vergünstigung, von der 1888 noch nicht Gebrauch gemacht worden sein soll; wenigstens nicht bis spätestens den 14. Juni 1894, als Senatspräsident a.D. Dr. Daniel Paul Schreber von der "Psychiatrischen und Nerven-Klinik" Leipzig nach einem vierzehntägigen Aufenthalt in Dr. Piersons Heilanstalt für Gemüts- und Nervenkranke beiderlei Geschlechts Lindenhof in Coswig bei Dresden in die Heil- und Pflegeanstalt Sonnenstein bei Pirna überführt wurde.

23 Es ersetzt eine Polsterzelle. Flechsig "würde dieses Möbel, welches eine recht untergeordnete Rolle bei der Krankenbehandlung gespielt hat (es war meist auf dem Speicher)", in seinem Bericht "nicht erwähnen, wenn der Anblick desselben nicht einen reisenden Irrenarzt zu der Mittheilung veranlasst hätte, dass der Zwang bei der Behandlung in der Klinik eine beträchtliche Rolle spielt" (Flechsig 1888, S. 45). Dabei handelt es sich nicht um Josef Krayatschs naheliegenden *Reise-Bericht über den Besuch einiger deutscher Irrenanstalten* (Wien 1888). Als Anstaltsleiter der zu errichtenden niederösterreichischen Irrenanstalts-Filiale Kierling-Gugging konzentriert sich Krayatsch darin auf Anstalten, "denen ein landwirthschaftlicher Betrieb zur Verfügung steht" (Krayatsch 1888, S. 5). Die von Flechsig zitierte "Mittheilung" konnte ich bisher nicht nachweisen.

24 Diese von Flechsig 1893 empfohlene Behandlung der Epilepsie mit hohen Opium- und Bromdosen wurde längere Zeit hindurch in verschiedenen Irrenanstalten angewandt. 1895 schon legte der Basler Assistenzarzt Hermann Wille, Sohn des Anstaltsleiters Ludwig, Zeugnis ab von der "Opium-Brom-Behandlung (Flechsig) der Epilepsie" (Wille, H., 1895). Henneberg resümiert 1929: "Dauernde Erfolge waren selten, die Kranken - ich habe die Kur in der Charité eine Zeitlang angewandt - kamen oft in lebensgefährdender Weise herunter, wie man dies bei der jetzt üblichen Luminalbehandlung niemals sieht." (Henneberg 1929, S. 1491)
Hermann Willes Aufsatz ist nicht die einzige Spur der Rezeption von Flechsig in Basel. Im Fall des Orchesterdieners Zacharias Nigg, der 1893 drei Wochen in der Basler Irrenheil- und -pflegeanstalt Friedmatt festgehalten wurde und seit dieser Zeit in vielen Broschüren und gerichtlichen Vorstößen für eine Psychiatriereform kämpfte, wurde in einem Zeitungsartikel von 1898 der Maßstab von Flechsigs Rede *Die Grenzen geistiger Gesundheit und Krankheit* an Ludwig Wille gelegt. Dabei erweist sich, daß Wille in seinem Gutachten über Nigg als Querulanten "gerade so beweist und urteilt, wie es Prof. Flechsig nicht haben will (...), welcher sagt, daß diese Methode häufig von unerfahrenen Aerzten angewendet werde" (Anonym 1898, S. 1).

25 Den Nachweis, wie begründet Daniel Paul Schrebers von Freud oedipal gedeutete Kastrationsangst war, führt Calasso 1974, 1980, S. 38-43. Friedrich A. Kittler (1984) macht in Schrebers autoanatomischen *Denkwürdigkeiten* bis hin zur Angst vor der Sektion seiner Leiche, der sein Text zuvorkommen will, Flechsigs hirnphysiologischen Diskurs als Quelle von Freuds psychoanalytischer Deutung hörbar. Manfred Geier fixiert diese Intertextualität zu ungenau (vgl. Geier 1985, S. 42-46). Vor allem im ersten Abschnitt des 1. Kapitels von Daniel Paul Schrebers *Denkwürdigkeiten eines Nervenkranken* finden sich viele deutliche Anklänge an Flechsigs Rektoratsrede *Gehirn und Seele*, von der die Konzeption von Schrebers Wahnsystem abhängig ist. Diesen Nachweis führt eine Konkordanz in Stingelin 1989a. Zur Produktion von Paranoia um die Jahrhundertwende allgemein vgl. Stingelin 1989b.

26 Sänger gibt keine spezifische Auskunft darüber, ob Flechsigs Personalakte, die nicht mehr auffindbar ist, ebenfalls diesen Bomben zum Opfer gefallen oder auf eine andere Weise verschwunden ist (vgl. Sänger 1963, S. 17).

27 Pfeifer wird 1927 zum 80. Geburtstag von Flechsig unter Paul Schröder, der seit 1925 die Neurologisch-Psychiatrische Klinik leitete, zum ersten planmäßigen außerordentlichen Professor für Hirnforschung in Deutschland ernannt. Mit dem "Leipziger Hirnforschungsinstitut", dessen Leitung Pfeifer damit übernimmt, beginnt sich die Hirnforschung von der Bindung an die Psychiatrie und Neurologie zu lösen.

28 Henschens Gehirnarbeiten werden von Flechsig wiederholt zum Nobelpreis vorgeschlagen (vgl. Henschen 1925, S. 56).

29 Bis hin zum Possessivpronomen *Meine myelogenetische Hirnlehre* knüpft sich an diesen Eigennamen eine ganze imperialistische Politik des Hirnkolonialismus. 1927 finden sich im Gehirn etwa: "ein konjugiertes Strangpaar FLECHSIG", die "primäre Sehstrahlung FLECHSIG", "die *Hörstrahlung* FLECHSIG" (Flechsig 1927, S. 20), die "'temporale Großhirnrinden-Brückenbahn' FLECHSIG" (S. 21), "die Olivenzwischenschicht FLECHSIG" (S. 21-22), "der Hauptkern FLECHSIG" (S. 30), der "*spinale* Brückenschenkel FLECHSIG", die "'Äquatorialzone' des Kleinhirns, FLECHSIG" (S. 34) und die "FLECHSIGschen Projektionszentren" (S. 41).

30 Ähnlich Quensel 1929, S. 164 und Schröder 1930, S. 5.

Ich danke Esther Baur, Friedrich A. Kittler, Roman Kurzmeyer, Martin Schaffner, Bernhard Siegert und Hubert Thüring für ihre unentbehrliche Hilfe.

Literatur

Anonym, 1898, Zacharias Nigg, Prof. Wille und Appellationsgericht, in: *Basler Vorwärts* 2. Jg., Nr. 10 (13.1.1898), S. 1.

Anonym, 1928, 'Meine myelogenetische Hirnlehre mit biographischer Einleitung'. Von Paul Flechsig, in: *Wiener Klinische Wochenschrift* 41. Jg., S. 896.

Anonym, 1930, Paul Flechsig, M.D., in: *The Journal of Nervous and Mental Disease* Vol. 71, S. 246.

Benn, Gottfried, 1911a, Zur Geschichte der Naturwissenschaften, in: *Die Grenzboten. Zeitschrift für Politik, Literatur und Kunst* 70. Jg., Heft 17, S. 181-182; wiederabgedruckt in Benn 1987, S. 14-17.

- 1911b, Medizinische Psychologie, in: *Die Grenzboten. Zeitschrift für Politik, Literatur und Kunst* 70. Jg., Heft 25, S. 580-583; wiederabgedruckt in: Benn 1987, S. 18-22.

- 1916, Die Insel, in: Benn 1987, S. 62-71.

- 1930, Der Aufbau der Persönlichkeit, in: Benn 1987, S. 263-277.

- 1987, *Sämtliche Werke*. Band III: Prosa 1 (1910-1932). Stuttgarter Ausgabe in Verbindung mit Ilse Benn herausgegeben v. Gerhard Schuster, Stuttgart.

Bing, Robert, 1928, 'Meine myelogenetische Hirnlehre, mit biographischer Einleitung'. Von Paul Flechsig, in: *Schweizerische Medizinische Wochenschrift* 9. Jg., S. 280.

Blasius, Dirk, 1982, Reformpsychiatrie im frühen 19. Jahrhundert. Die 'schöne' Irrenanstalt Siegburg, in: Blasius, Dirk, 1986, *Umgang mit Unheilbarem. Studien zur Sozialgeschichte der Psychiatrie*, Bonn, S. 39-56.

Busch, Karl-Theodor, 1965, Hirnforschungsinstitut, in: *550 Jahre Medizinische Fakultät. Wissenschaftliche Zeitschrift der Karl-Marx-Universität Leipzig, mathematisch-naturwissenschaftliche Reihe*, 14. Jg., Heft 1, S. 157-160.

Calasso, Roberto, 1974, 1980, *Die geheime Geschichte des Senatspräsidenten Dr. Daniel Paul Schreber*, Frankfurt/Main.

Castel, Robert, 1973, 1976, *Psychoanalyse und gesellschaftliche Macht*, Kronberg.
- 1976, 1983, *Die psychiatrische Ordnung. Das goldene Zeitalter des Irrenwesens*, Frankfurt/Main.
- 1987, Die Institutionalisierung des Uneingestehbaren und die Aufwertung des Intimen, in: Hahn, Alois und Kapp, Volker, Hgg., 1987, *Selbstthematisierung und Selbstzeugnis: Bekenntnis und Geständnis*, Frankfurt/Main, S. 170-180.

Danisch, 1928, Paul Flechsig, 'Meine myelogenetische Hirnlehre. Mit biographischer Einleitung', in: *Centralblatt für Allgemeine Pathologie und Pathologische Anatomie* 41. Bd., S. 507-508.

Flechsig, Paul, 1876: *Die Leitungsbahnen im Gehirn und Rückenmark des Menschen auf Grund entwicklungsgeschichtlicher Untersuchungen dargestellt*, Leipzig.
- 1882, *Die körperlichen Grundlagen der Geistesstörungen*. Vortrag gehalten beim Antritt des Lehramtes an der Universität Leipzig am 4. März 1882, Leipzig.
- 1888, *Die Irrenklinik der Universität Leipzig und ihre Wirksamkeit in den Jahren 1882-1886*, Leipzig.

Flechsig, Paul an Forel, August 1893-94, *Aerzte-Briefwechsel*. Autographensammlung des Medizinhistorischen Instituts der Universität Zürich.
- 1896a, *Gehirn und Seele*. Rede, gehalten am 31. October 1894 in der Universitätskirche zu Leipzig. Zweite, verbesserte, mit Anmerkungen und fünf Tafeln versehene Ausgabe, Leipzig.
- 1896b, *Die Grenzen geistiger Gesundheit und Krankheit*. Rede, gehalten zur Feier des Geburtstages Sr. Majestät des Königs Albert von Sachsen am 23. April 1896, Leipzig.
- 1896c, *Die Localisation der geistigen Vorgänge insbesondere der Sinnesempfindungen des Menschen*. Vortrag, gehalten auf der 68. Versammlung deutscher Naturforscher und Ärzte zu Frankfurt a. M, Leipzig.
- 1897, Ueber die Associationscentren des menschlichen Gehirns. Mit anatomischen Demonstrationen, in: *Dritter Internationaler Congress für Psychologie in München vom 4. bis 7. August 1896*, München, S. 49-73.
- 1927, *Meine myelogenetische Hirnlehre. Mit biographischer Einleitung*, Berlin.

Flechsig, Paul und His, Wilhelm, 1903, Bericht an die K.S. Gesellschaft der Wissenschaften über die am 5. Juni 1903 in London abgehaltene Sitzung der von der internationalen Association der Akademien niedergesetzten Kommission zur Gehirnforschung. Sonderdruck aus: *Berichte der mathematisch-physischen Klasse der Königl. Sächs. Gesellschaft der Wissenschaften zu Leipzig*. Sitzung vom 8. Juni 1903.

Forel, August, 1935, *Rückblick auf mein Leben*, Zürich.
- 1968, *Briefe/Correspondance 1864-1927*, Hg. Hans H. Walser, Bern/Stuttgart.

Foucault, Michel, 1954, 1968, *Psychologie und Geisteskrankheit*, Frankfurt/Main.
- 1961, 1973, *Wahnsinn und Gesellschaft. Eine Geschichte des Wahns im Zeitalter der Vernunft*, Frankfurt/Main.
- 1971, Nietzsche, die Genealogie, die Historie, in: Foucault, Michel, 1987, *Von der Subversion des Wissens*, Frankfurt a.M., S. 69-90.
- Semester 1973-1974, Abriß der am Collège de France unter dem Titel 'Historie der Denksysteme' abgehaltenen Lehrveranstaltungen, in: Kremer-Marietti, Angèle, 1974, 1976, *Michel Foucault - Der Archäologe des Wissens. Mit Texten von Michel Foucault*. Frankfurt/Main/Berlin/Wien, S. 219-233.
- 1975, 1977, *Überwachen und Strafen. Die Geburt des Gefängnisses*, Frankfurt/Main.

Freud, Sigmund, 1893, Charcot, in: Freud, Sigmund, 1952, *Werke aus den Jahren 1892-1899*. Hgg. A. Freud, E. Bibring, W. Hoffer, E. Kris und O. Isakower, Frankfurt/Main, G.W. 1, S. 19-35.

Fürstner, Karl, 1884, *Ueber Irrenkliniken an der Hand eines Berichtes über den Betrieb der Universitäts-Irrenklinik zu Heidelberg während der Jahre 1878-1883*, Heidelberg.

Geier, Manfred, 1985, 'Es wundert mich an'. Schrebers Denkwürdigkeiten: Ein paranoider Intertext, in: Geier, Manfred, 1985, *Die Schrift und die Tradition. Studien zur Intertextualität*, München, S. 34-55.

Goldstein, 1927, Flechsig (Leipzig), 'Meine myelogenetische Hirnlehre. Mit biographischer Einleitung', in: *Deutsche Medizinische Wochenschrift* 53. Jg., S. 2046.

Henneberg, 1928, Flechsig, 'Meine myelogenetische Hirnlehre', in: *Medizinische Klinik* 24. Jg., S. 76.

- 1929, Paul Flechsig gestorben, in: *Medizinische Klinik* 25. Jg., S. 1490-1492.

Henschen, Salomon Eberhard, 1925, Salomon Eberhard Henschen, in: Grote, L.R., Hg., 1925, *Die Medizin der Gegenwart in Selbstdarstellungen*, Leipzig, S. 34-110.

Kehr, Eckard, 1965, Zur Genesis des Preußischen Reserve-Offiziers, in: Kehr, Eckard, 1965, *Der Primat der Innenpolitik. Gesammelte Aufsätze zur preußisch-deutschen Sozialgeschichte im 19. und 20. Jahrhundert* herausgegeben v. H.U. Wehler. Berlin, S. 53-63.

Kittler, Friedrich A., 1984, Flechsig/Schreber/Freud. Ein Nachrichtennetzwerk der Jahrhundertwende, in: *Der Wunderblock. Zeitschrift für Psychoanalyse* 11/12, S. 56-68.

Krayatsch, Josef, 1888, *Reise-Bericht über den Besuch einiger deutscher Irrenanstalten*, Wien.

Lehmann, Kgl. Obermedizinalrat Direktor Dr., 1910, Dösen, in: Bresler, Johannes, Hg., 1910, *Deutsche Heil- und Nervenanstalten für Psychischkranke in Wort und Bild*, Halle a.S., S. 458-475.

Marie, P.-L., 1929, P. Flechsig (1847-1929), in: *La Presse Médicale* 37e année, S. 1584.

Nietzsche, Friedrich, 1887, Zur Genealogie der Moral. Eine Streitschrift, in: Nietzsche, Friedrich, 1980, *Kritische Studienausgabe in 15 Bänden*. Hgg. Giorgio Colli und Mazzino Montinari, München, Bd. 5, S. 245-412.

Pelman, 1903, Dr. jur. Daniel Paul Streber (sic), Senatspräsident beim Königlichen Oberlandesgericht Dresden a.D., Denkwürdigkeiten eines Nervenkranken, in: *Allgemeine Zeitschrift für Psychiatrie und psychisch-gerichtliche Medizin* 60. Bd., S. 657-659.

Pfeifer, Richard Arwed, 1929, Paul Flechsig gestorben, in: *Deutsche Medizinische Wochenschrift* 55. Jg., S. 1601-1602.

- 1930, Paul Flechsig gestorben. Sein Leben und sein Wirken, in: *Schweizer Archiv für Neurologie und Psychiatrie* Bd. 26, S. 258-264.

- 1932, Flechsig, Paul, in: *Deutsches Biographisches Jahrbuch* Bd. 11 (Das Jahr 1929), S. 103-106.

Pinel, Philippe, 1801, 1801, *Philosophisch-medicinische Abhandlung über Geistesverirrungen oder Manie*. Wien.

Quensel, F., 1929, Paul Flechsig gestorben, in: *Deutsche Zeitschrift für Nervenheilkunde* 110. Bd., S. 161-165.

Rübe, Werner, 1965, Nachwort, in: Benn, Gottfried, 1965, *Medizinische Schriften*. Hrsg. u. m. e. Nachw. v. Werner Rübe. Wiesbaden, S. 87-102.

Sänger, Konrad, 1963, *Zur Geschichte der Psychiatrie und Neurologie an der Leipziger Universität*. Maschinenschriftliche Dissertation. Leipzig.

Schreber, Daniel Paul, 1903, 1985, *Denkwürdigkeiten eines Nervenkranken*. Frankfurt/M.

Schröder, P., 1930, Paul Flechsig, in: *Archiv für Psychiatrie und Nervenkrankheiten* 91. Bd., S. 1-8.

Stingelin, Martin, 1989a, Die Berechnung der menschlichen Seele. Paul Emil Flechsig, in: *Wunderblock. Eine Geschichte der modernen Seele*. Ausstellungskatalog. Wien 1989.

- 1989b, Gehirnstelegraphie. Die Rede der Paranoia von der Macht der Medien 1900. Falldarstellungen, in: Kittler, Friedrich A. und Tholen, Georg Christoph, Hgg., 1989, *Arsenale der Seele*. München.

Tuke, Samuel, 1813, Beschreibung der Irrenanstalt für Quäker bei York, Zweiter, Dritter und Vierter Abschnitt, in: Jacobi, Maximilian, Hg., 1822, *Sammlungen für die Heilkunde der Gemüthskrankheiten*. Elberfeld. Bd. I, S. 187-241.

Veyne, Paul, 1979, 1981, *Der Eisberg der Geschichte. Foucault revolutioniert die Historie*. Berlin.

Wille, Hermann, 1895, Zur Opium-Brom-Behandlung (Flechsig) der Epilepsie, in: *Bericht über die Irrenanstalt Basel 1895*. Basel, S. 39-55.

Wille, Ludwig, 1880, Zum No-restraint, in: *Aerztlicher Bericht über die Irrenabtheilung des Bürgerspitals in Basel vom Jahre 1879*. Basel, S. 16-36.

- 1882, Ueber psychiatrische Klinik, in: *Aerztlicher Bericht über die Irrenabtheilung des Bürgerspitals in Basel vom Jahre 1881*. Basel, S. 14-22.

Zeller, Ernst Albert, 1845, Irrenanstalten, Irrenhäuser, in: *Allgemeine Encyklopädie der Wissenschaften und Künste*. Leipzig. 2. Sect., 24. Theil, S. 137-150.

Ziehen, Theodor, 1902, *Über die allgemeinen Beziehungen zwischen Gehirn und Seelenleben*. Zweite Auflage, Leipzig.

- 1914, 'Probleme der Entwicklung des Geistes. Die Geistesformen', von Semi Meyer, in: *Neurologisches Centralblatt* 33. Jg., S. 67-68.

Rose-Maria Gropp

Freud und Leid von Frauen

> Don't know much about history,
> don't know much about biology...
> what a wonderful world this could be.
> *Sam Cooke*

Konversations-Lexika beschreiben, wie die Reden sich wenden im Umgang und Verkehr. 1865 nennt die *Realencyklopädie für gebildete Stände* die Pluralität "Frauen, worunter der edlere Sprachgebrauch das ganze weibliche Geschlecht befaßt", und weiß deren unwiderlegliches Verdienst, daß nämlich "viele der größten und tüchtigsten Männer ... das beste ihres geistigen Theils, die moralische Grundlage ihres Daseins, den Einflüssen ihrer Mütter (verdanken)".[1] Die folgende Auflage 1877 kennt schon das Hieb- und Stichwort *"Frauenfrage"*, unter dem sie die schöne Etymologie *Weib < = Webende* abdankt vor dem Hintergrund des wachsenden "Maschinenwesens", hellsichtig neuerdings entstandene Perspektiven wie "Stenographie", "Telegraphie", "Eisenbahnbureaudienst" und das "Postfach" vorschlagend: So gestaltete sich in Deutschland an begriffsnormierender Position die Auffassung von "Frauenerwerbsfrage wesentlich als Frauenbildungsfrage", während die schweizerischen Universitäten bereits dem Weibe ihre Pforten geöffnet hatten. Noch ist sich das *Conversations-Lexikon* hinsichtlich des Frauenstudiums aber nicht sicher, ob über die Gynäkologie hinaus "es an sich wünschenswerth ist, daß Mädchen den ärztlichen Beruf ergreifen".[2] 1884 dann handelt es sich für den *Brockhaus* gar - neben dem obligaten höheren Lehrfach - "in erster Linie" um die Medizin. Allein, ein anderes Problem ist jetzt am Horizont; denn nicht durchwegs sind die mit dem Frauenstudium gemachten Erfahrungen "ermutigend, da sie zeigen, wie leicht die jungen Mädchen auf nihilistische und andere Abwege zu verlocken sind".[3]
Als "Geschwistergehirn" in die gefährliche Nähe eines halbblinden Philosophen oder in die ebenso suspekte Gesellschaft eines außerordentlichen Professors, beispielsweise.[4] Ins Außerhalb der Institution, auch das.

"Meine Damen und Herren!" So beginnt ein außerordentlicher Professor (fast) jede seiner *Vorlesungen*, die er in einem Hörsaal der Wiener psychiatrischen Klinik während der Wintersemester 1915/16 und 1916/17 "einem aus Hörern aller Fakultäten gemischten Auditorium" vorträgt.[5] Er erteilt seine Lektionen "einer aus Ärzten und Laien und" - auch das ist ihm wichtig, im Vorwort zur Veröffentlichung zu erwähnen - "aus beiden Geschlechtern gemischten Zuhörerschaft".⁶ Als er dann in der 10. Vorlesung über "Die Symbolik im Traum" handelt, wird ihm diese Gewöhnung doch für ein einziges Mal unheimlich:

> Da es das erste Mal ist, daß in dieser Vorlesung von Inhalten des Sexuallebens gesprochen wird, bin ich Ihnen Rechenschaft über die Art schuldig, wie ich dieses Thema zu behandeln gedenke. Die Psychoanalyse findet keinen Anlaß zu Verhüllungen und Andeutungen, hält es nicht für nötig, sich der Beschäftigung mit diesem wichtigen Stoff zu schämen, meint, es sei korrekt und anständig, alles bei seinem richtigen Namen zu nennen, und hofft, auf solche Weise störende Nebengedanken am ehesten fernezuhalten. Daran kann der Unterschied, daß man vor einem aus beiden Geschlechtern gemischten Zuhörerkreis spricht, nichts ändern. So wie es keine Wissenschaft *in usum delphini* gibt, so auch keine für Backfischchen, und die Damen unter Ihnen haben durch ihr Erscheinen in diesem Hörsaal zu verstehen gegeben, daß sie den Männern gleichgestellt werden wollen.⁷

Besagter Professor hat mit seiner einleitenden Formulierung tatsächlich mehrere Voraussetzungen dieser wundersamen weiblichen Bereitschaft erfaßt. Eine erste grundlegende heißt Universitätsreform, und die hatte der akademischen Welt gerade eine bis heute nicht verkraftete Segnung beschert, die Etablierung von

Frauenstudium

"Aber der schrecklichste der Schrecken ist die Wissenschaftlichkeit der Weiber", kommentiert in historischer Stunde einer von 122 Männern der Wissenschaft die *Befähigung der Frau zum wissenschaftlichen Studium und Berufe*.⁸ Vermutlich befürchtete er wie an anderer Stelle einer seiner ärztlichen Kollegen, daß die Durchführung der Emanzipationsgelüste der Frauen dem "Interesse der Gesammt-Kultur des Menschengeschlechtes" zuwiderlaufe, dem "noch sehr wenig beachtete(n) Satz, dass die Zweigeschlechtlichkeit des Menschenstammes an sich eines der grössten, wielleicht (sic!) das bedeutendste der kulturfördernden Elemente ist".⁹ Dieser Professor Wilhelm von Waldeyer steht (für sich) an der Schwelle zur Erkenntnis, daß hinter der Vielzahl wissensdurstiger Frauen die Eine verschwindet - samt dem Geschlechterunterschied: Soll doch gerade die "Bisexualität" als ein Gesetz fast, dessen Übertretung das "Princip der Arbeitstheilung" als jenen "grosse(n) Vortheil, welchen die Existenz und die Verschiedenheit der Geschlechter gewährt", verletzt, noch einmal sicherstellen, "dass sich alle diese hohen Güter unseres Kulturlebens um so besser erhalten, um so reicher gestaltet werden, je vollkommener die Männer in ihrer, die Frauen in ihrer Eigenart körperlich und geistig sich ausbilden".¹⁰ So schön - unfreiwillig gewiß - decouvrierend äußert sich 1888 der berühmte Anatom, dem da "Doppelgeschlechtlichkeit" schlicht "Differencierung der Geschlechter" ist, gleichsam schon an die Adresse des außerordentlichen Wiener Professors vor seinem gemischten Publikum. Aber für alle der Einen entspringende und zu ihr zurückkehrende Kunst ist es sowieso schon zu spät, wenn Gynäkologen nun an ihre Stelle die körpertechnische Trias von *Physiologie, Pathologie und Psychologie* treten lassen, auf deren Basis allein "das Weib objektiv zu beurtheilen" sei.[11] Dahingehend, daß es nicht an die Universitäten gehöre, versteht sich.

Selbst das allerdings hilft nicht mehr, wenn es "das Weib" eben nicht mehr gibt, sondern statt seiner (ver)wissenschaftlich(t)e Weiber, deren "heissestes Streben"[12] männliches Wünschen aus dem Blick verloren hat. Der *heroische Typus*, die "Kämpferin, die sich hier und dort als Einzelne und aus eigener Kraft Zutritt zu den Hörsälen erzwungen hatte", mußte schließlich im Namen ihrer Berufung zur objektiven Geistesarbeit "in ihrem Weibtum die größte Hemmung für ihr Streben erkennen".[13] Vor so viel strebendem Bemühen versagen endlich auch ästhetisch-ethische Erwägungen der Art, daß "die gemeinsame Teilnahme beider Geschlechter an Vorlesungen über sexuelle Themata geradezu eine schamlose Preisgebung des weiblichen Zartgefühls" sei, "die letztlich eine vernichtende Wirkung auf die Sittlichkeit in der menschlichen Gesellschaft ausüben würde".[14] Während für den Vater der Psychoanalyse solche Anstößigkeiten nur noch unter die Rubrik fernzuhaltender Nebengedanken fallen (ob auf männlicher und/oder weiblicher Seite, muß offenbleiben), widerlegt im Jahr, als er doziert, die politikwissenschaftliche Dissertation einer jungen Frau kühl auch die gerade erhobene "warnende Stimme, den für die deutsche Kultur typischen, männlichen Rigorismus nicht dem unter dem Mantel des Utilitarismus sich einschleichenden, alle Kraft verzehrenden Feminismus preiszugeben".[15] Frl. Dr. Herrmann kennt den Grund dafür, warum dieses Argument fehlgehen muß; es kann nur gelten für "die 'überfüllten Damenkollegs', die von Erfolg haschenden 'Predigern persönlicher Ansichten' gelesen werden", an denen aber die ernstzunehmenden, die "rite immatrikulierten Frauen" selbstverständlich nicht teilnehmen[16]: Wo sich der Geschlechterdifferenz die universitäre Hintertür nur einen Spalt breit öffnet, greift rigide der Willen zur völligen Gleichstellung. An der Universität gehört wirklich Desexualisierung zum informell-einvernehmlichen Curriculum.

Entsprechend werden Dissidentinnen in Sachen geschlechtlicher Gleichschaltung von ihresgleichen beargwöhnt: "Ich glaube, daß die meisten Studentinnen heiraten würden, wenn sich die Gelegenheit böte", unkt eine neunzehnjährige Mathematik- und Physikstudentin mit dem Berufsziel Studienrätin auf dem Fragebogen, den ihr eine promovierende Kommilitonin zur "Psychologie der studierenden Frau" vorgelegt hat:

Abgesehen von den immer zahlreicher werdenden 'kleinen Mädchen' auf der Uni, die wie neulich mir ein kleiner Student - 1. Sem. - sagte, dort solch 'widerliche Zärtlichkeitsatmosphäre' schaffen. Wer hilft in der Mensa Essen austeilen? Schäkernde Mädel, die gern recht viele Jünglinge kennenlernen möchten. Daß das *Studentinnen* sind, wurmt einen.[17]

Jetzt verteidigen ihre vielen Töchter die Alma Mater, nachdem der so lange gehaltene Festungsgürtel der "alte(n) Zwingburg des Männerstaates"[18] gesprengt ist - seit 1867 in der Schweiz, seit 1897 in Österreich, seit 1900 in Baden und seit 1908 in Preußen; und diese stillt längst nicht mehr nur den Wissensdurst des einen *Rätsels Weib*, sondern den der vielen - weil koeduzierten: rätsellosen - kameradschaftlichen Frauen des *klassischen Typus*.[19]

Während die Frauen auf dem Vormarsch in die Institution sind, ist derjenige, der so freimütig die Damen unter den Damen und Herren anspricht, keineswegs dort fest etabliert; er gilt in akademischen Kreisen vielmehr eher als ein solcher

Prediger persönlicher Ansichten,

die, so konstatiert er 1914 selbst, zwar "im Mittelpunkte der wissenschaftlichen Diskussion" stehen, aber "bei Ärzten wie bei Laien Äußerungen entschiedenster Ablehnung hervor(rufen), welche ... bisher kein Ende gefunden haben, sondern sich immer wieder von neuem erheben und zeitweise verstärken".[20] Kein Wunder, ist er doch zudem höchst befaßt mit den 'sexuellen Themata', eine Involvierung, die wesentlich mitschuldig ist daran, daß er fünf Jahre auf seine Ernennung zum wenigstens außerordentlichen Professor hatte warten müssen; 1902 konnte er dann an seinen Freund Wilhelm Fließ schreiben:

Es regnet ... Glückwünsche und Blumenspenden, als sei die Rolle der Sexualität plötzlich von Sr. Majestät amtlich anerkannt, die Bedeutung des Traumes vom Ministerrat bestätigt und die Notwendigkeit einer psychoanalytischen Therapie der Hysterie mit 2/3 Majorität im Parlament durchgedrungen.[21]

Reguläres Mitglied der Wiener medizinischen Fakultät ist er damit gleichwohl nicht, erhält da auch keinen Sitz knapp zwanzig Jahre später, als man nicht mehr umhin kann, ihn zum ordentlichen Professor zu machen.[22]
Die Damen also, die durch ihr Erscheinen bei seinen Vorlesungen zu verstehen geben, daß sie den Männern gleichgestellt werden wollen - zumindest die unter ihnen, die sich für seine verpönte Wissenschaft engagieren (werden) -, nehmen es in Kauf, sich - nachdem sie gerade die inauguralen universitären Riten passieren durften - ganz anderen Initiationen zu stellen; solchen, die unter den Vorzeichen von Sexualität, Unbewußtem und Hysterie passieren, Nachtseiten des gerade eingeübten Selbstbewußtseins gleichsam.

Sehr verschiedene (Lebens-)Geschichten bündeln sich da und haben (aktuell oder prinzipiell) unter das gemischte Publikum in Freuds Hörsaal geführt, wo die endgültige Austreibung der störenden Nebengedanken aus den Gehirnen von Ex-Backfischen sich vollziehen sollte. Waren doch auch die virtuellen Psychoanalytikerinnen, die auf den Bänken hätten sitzen können oder tatsächlich saßen, einmal Mädchen und junge Frauen, wie sie im Lexikon stehen: Zum Beispiel Lou Andreas-Salomé, die als 'junge Russin' (die sie nicht war!) 1880 aus St. Petersburg zum Studium nach Zürich gekommen war, Auftakt für ihre erstaunlichen Karrieren. Oder die lebenskluge Prinzessin Marie Bonaparte, die couragiert später Freuds unschätzbare Briefe an Wilhelm Fließ an sich brachte und nicht aus den Händen gab; sie war es auch, der Freud die Gretchenfrage seines Lebens - *Was will das Weib?* - anvertraute.[23] Es gab die Damen aus dem Lehrfach: Hermine Hug-Hellmuth, schon 1912 Mitglied der "Wiener Psychoanalytischen Vereinigung", über welche Unglückliche man wenig weiß, - aber doch, daß sie von ihrem Neffen und Adoptivsohn ermordet wurde, der sich als Versuchskaninchen ihres psychologischen Wissensdrangs mißbraucht fühlte.[24] Und natürlich Anna Freud. Im Hörsaal anwesend war die junge Ärztin Helene Deutsch, die ihre hohe Position ausgerechnet in Wagner-Jaureggs Psychiatrischer Klinik für die Möglichkeit einer Lehranalyse bei Sigmund Freud opferte.[25] Eine andere Ärztin, Sabina Spielrein, war schon 1911 bei den berühmten Mittwoch-Abenden Teilnehmerin, nachdem C.G. Jung jahrelang ihre "psychotische Hysterie" therapiert hatte.[26] Es gibt gar den Frauenbildungsweg von den lexikalisch empfohlenen Stenographie-Kenntnissen zur Laienanalytikerin: Die ehemalige Sekretärin Beata Rank, erste Frau des langjährigen Freud-Intimus Otto Rank, machte diese Karriere.[27]

Zweifelsfrei hat die Psychoanalyse Frauen zu Opfern gemacht. Die Formen des Wissens und seiner Derivate, wie es Freud installiert hat, basieren auf ganz realen Machtstrategien, die ihrerseits an den Körpern selbst ansetzen, - jenes "zarte aber feste Band" eben, über das die Psychoanalyse "mit der Psychologie und allen Prüfungs-, Gutachter-, Untersuchungs- und Buchhaltungstechniken zur Erfassung menschlichen Materials zusammenhängt."[28] Aber die Frauen gerade haben dort auch als *Täter* von allem Anbeginn her ihren Ort. Freud räumt ihnen in bis dato von den Institutionen nicht gekanntem Ausmaß den Status gleichgestellter wissenschaftlicher Mitarbeiter ein. Sie praktizieren früh selbständig die neue Technik, publizieren selbständig psychoanalytische Arbeiten, und Freud beruft sich immer wieder auf ihre Erkenntnisse.
Es gilt, Ermöglichungsbedingungen dieser 'Täterschaft' auf die Spur zu kommen, sie zu bestimmen im Sinne des Phänomens der "Fugenverschiebung", wie es Foucault beschrieben hat.[29] Denn gerade der psychoanalytische Diskurs erweist sich als Wirkungsgefüge, das eine Gleichzeitigkeit divergenter Elemente und ihrer Verflechtungen in sich birgt, die erst sein Geschichtlich-Gewordensein offenzulegen ermöglicht. Es muß mithin zunächst um einen solcherart induzierten "Bruch" nicht als "großes allgemeines Abweichen", sondern als "durch eine gewisse Zahl abgegrenzter Transformationen spezifizierte Diskontinuität zwischen abgegrenzten Positivitäten" gehen.[30] An dieser Stelle tritt die nahezu von vornherein gegebene weibliche Präsenz innerhalb der Psychoanalyse und jene Transformation, als die sich seit Ende des 19. Jahrhunderts die universitäre Reform Frauenstudium erweist, in ein Verhältnis, dem seinerseits wiederum, so läßt sich vermuten, das Aufkommen einer spezifischen Art weiblicher Literaturproduktion an die Seite zu stellen ist.

Dieser "Bruch" als, so Foucault, "den Transformationen gegebener Name, die sich auf das allgemeine System einer oder mehrerer diskursiver Formationen ausüben",[31] schlägt sich fast wie es im Buche steht nieder in einem Text, der

schöner nicht als genau zur Wende des Jahrhunderts - von einer Frau geschrieben, die studiert hat, Schriftstellerin ist und Psychoanalytikerin sein wird - hätte erscheinen können in einer Zeitschrift, die *Die Zukunft* heißt.
Seine Verfasserin, Lou Andreas-Salomé, kam 1880, 19jährig, aus Rußland an die Zürcher Universität, studierte dort Theologie und Kunstgeschichte. Sie gerät dann, wenn nicht auf die nihilistischen, so doch auf die anderen Abwege, von denen der *Brockhaus* schon 1884 weiß, - und wird "gefeierte Schriftstellerin". Als diese geht sie 1911/12 in die "Schule bei Freud" - und wird Psychoanalytikerin. Andreas-Salomés Name steht für die Nahtstelle, die diskursive Bruchstelle, an der Kameradschaft und Gleichgestelltsein im Hörsaal - die Universitätsreform, welche Zulassung des Frauenstudiums heißt, Schriftstellerin-Sein und Psychoanalyse - zum Schulterschluß gegen (männliche) Dichtung und Männerbegehren (auf dem männliches Zweifeln an weiblicher Geistestauglichkeit ja so unkaschiert aufruht) kommen:

"Die Frau" vs. Psychoanalyse

In Andreas-Salomés Zeitschriftenartikel geht es um die geständnistrunkenen Texte der Schriftstellerinnen-Generation, die im 19. Jahrhundert herangewachsen ist. Gegen diese äußert die Schriftstellerin Andreas-Salomé 1899 - in unzweideutigem Verdacht auf ein neues Geschlechtsverständnis (oder eben keines mehr) - *Ketzereien gegen die moderne Frau*. Mit ihnen enttarnt sie die Vorstellung von "Frauendichtung" kurzerhand als "Verwechslung zwischen den Begriffen von Kunst und Berichterstattung":

Denn alle "Dokumente", die sie jetzt über sich selbst vom Stapel lassen und die mit einigermaßen unkluger Plauderhaftigkeit recht interessante Berichte über das Weib erstatten, sind schon diesen innersten Motiven nach unkünstlerisch. ... Auch die Männer unter sich ließen es sich nicht im Traum einfallen, gelungene Dokumente ihrer "Männlichkeit" mit Kunstwerken zusammenzuwerfen; aber freilich würden sie auch nicht das selbe Bedürfniß wie die Frauen von heute fühlen, so beflissen ihre eigenen Reporter zu spielen.[32]

Das sind klare Worte. "Der große, wahre Künstler", so heißt es überdies weiter, "setzt mit seinem Namen unter sein Werk im Grunde nur eine Chiffre: sein Werk ist nicht er noch einmal, nicht seine Wiederholung, *es hat nur ihn benutzt*, um ein Ding ganz für sich zu werden". "Frauenwerke" dagegen sind "viel direkter und indiskreter, sie wirken als Frauen-Wiederholungen; und dadurch, daß eine Wiederholung vollkommen gelungen ist, wird der Werth ihres Originals gar nicht erhöht, - im Gegentheil: es wird fast überflüssig"[33]: Literaturfähig gewordene Weiblichkeit - ist keine mehr; Dichtung nämlich sowieso nicht, Weiblichkeit schon gar nicht.
Das "Original" ist in zweifacher Hinsicht verraten: das der Einen Matrix Frau allemal und das des In-dividuums zudem, als welches sich noch eine Frau unter vielen behaupten könnte. Es handelt sich bestenfalls um interessante Fallgeschichten, plauderhaft zu Papier gebrachtes Innenleben: Schlüsselromane. Als solche aber waren kaum vier Jahre vor Lou Andreas-Salomés Veto Frau-

en-Entäußerungen nur schwer mit höchster Diskretion zu schützen, die überhaupt nicht das Original "überflüssig" gemacht hätten, sondern viel eher interessant waren für den Zugriff ganz anderer "Reporter", als die Frauen selbst es für ihre Psyche hätten sein können. "Ich weiß", schreibt der, der 1895 die Geschichten seiner Hysterikerinnen zu einer Novellen-Sammlung gemacht hat, anläßlich der Veröffentlichung des *Bruchstücks einer Hysterie-Analyse*, "daß es - in dieser Stadt wenigstens - viele Ärzte gibt, die - ekelhaft genug - eine solche Krankengeschichte nicht als einen Beitrag zur Psychopathologie der Neurose, sondern als einen zu ihrer Belustigung bestimmten Schlüsselroman lesen wollen."[34] Gegen anderweitige "unbefugte Leser" sollte außerdem die Publikation des Fall-Bruchstücks mit dem Pseudonym "Dora" in einem "streng wissenschaftlichen Fachjournal" ein Schutz sein.[35]
Sigmund Freuds Sorge um die Enthüllung von "Doras" Identität ist berechtigt; denn: "Die Psychoanalyse ist nicht übersetzende Universalisierung, die aus Reden vieler Frauen die Ursprache der Einen macht."[36] Der nämlich als einem Idealbild des Geschlechts Dichtung entspränge, für deren copyright der Dichtername nur "Chiffre" ist, und zu der sie zurückzukehren hätte. Professor von Waldeyer wähnte also ganz richtig großen Schaden für die Gesamtkultur und Kunst angesichts des Verschwindens von universalisierbarer, binärer Geschlechtszuweisung als Ergebnis normierter *Bi*sexualität und im gleichen Zuge als Norm produktivmachender *Hetero*sexualität; wo dieser Dualismus zudem konstitutioneller Bisexualität in einem Maße das Feld räumen muß, wie es gerade die 10. Vorlesung predigt, in der Freud dem gemischten Publikum die Idee der Wissenschaft *in usum delphini*, die die Dinge nicht beim Namen nennen dürfte, ausredet,[37] hat das klassische Geschlechterverhältnis ausgespielt.[38] - Sondern Psychoanalyse ist "Rückkopplung von Daten, die jeweils einen Einzelfall einkreisen".[39] Und darin ist sie - mit Ausnahme des Punktes der zu wahrenden Diskretion (Andreas-Salomé rät den Frauen übrigens tatsächlich anonymisches Publizieren an[40]) - solidarisch mit jenen bekenntniswütigen Frauen-"Dokumenten", gegen die die Schreiberin der *Ketzereien* ins Feld zieht.
Während also im Zuge weiblicher "Emanzipationsgelüste" die Frauen zum Schreiben kommen in Leidensgeschichten, die sich wie hysterische Anamnesen lesen[41] oder als autosuggestive Simulationen einer talking cure[42], macht umgekehrt der Vater der Psychoanalyse aus der in hohem Grade verläßlichen Niederschrift[43] stattgehabter talking cures - Literatur. Nur folgerichtig erhält Freud, auch in seiner Eigenschaft als "großer Schriftsteller", 1930 den Goethe-Preis.[44]

Daß es bei solcherart diskursiven Vernetzungen nicht um willkürliche Analogisierungen geht, denen nur eine singuläre papierene Überschneidung als Beleg dienen könnte, beweist der "Fall" Hermine Hug-Hellmuth. Will man Lou Andreas-Salomé als die Ausnahme kategorisieren, die sich keinem universitären Abschluß unterzog und zu keiner Zeit der "Bewegung" wirklich eingliederen-

te, so begegnet einem in Hug-Hellmuth der Vollzug der Regel am Körper, dessen Betroffensein Andreas-Salomé mit ihrer Rede über das Verhältnis zwischen "Original" und "Wiederholung" jedenfalls mutmaßte.
Hermine Hug von Hugenstein besuchte eine höhere Mädchenschule in Wien, dann eine Lehrerinnenbildungsanstalt. Sie legt anschließend privat die Gymnasialmatura ab, immatrikuliert sich an der Philosophischen Fakultät der Wiener Universität.[45] Seit 1897 - zum erstmöglichen Termin in Österreich - studiert sie dort, damit zuzurechnen jenem *heroischen Typus* bei der Eroberung der Institution Universität, dessen Genese aus ihrer Sicht sie später mit psychoanalytischen Kategorien, wie sie ihrem Denkhorizont zur Verfügung standen, bitter konterkarieren wird:

Sieht die Mutter leicht in der erwachsenen Tochter eine gefährliche Konkurrentin, so ist es doch häufig der Vater, der jede Heiratsmöglichkeit der Tochter durchkreuzt; häufig macht er aus ihr durch einseitige Geistesbildung die "selbständige" Frau, die nicht auf den Mann angewiesen ist, d.h. er hält sie aus unbewußten libidinösen Strebungen von der Ehe ab.[46]

Sie promoviert 1908 mit einer physikalischen *Untersuchung über die radioaktiven Niederschläge an der Kathode und Anode*, wird - lexikalisch empfohlener

Frauenberuf vs. Psychoanalyse

- Lehrerin. 1912 schon ist sie Mitglied der "Wiener Psychoanalytischen Vereinigung" und gibt dafür ihren Beruf auf. Sie publiziert fortan - zunächst unter dem geschlechtsneutralen Pseudonym "H. Hellmuth", später als "Hermine (von) Hug-Hellmuth" - psychoanalytische Texte.
In ihrer ersten größeren Arbeit *Über Farbenhören. Ein Versuch, das Phänomen auf Grund der psycho-analytischen Methode zu erklären* (1912)[47] betreibt Hug-Hellmuth eine fast beispiellose Selbst-Auskultation im Wortsinne. Im Anschluß an das Referat bisheriger physiologischer Forschungen, mit denen sie einen wirren Beleg ihrer wissenschaftlichen Qualifikation zu leisten sucht, stehen ihre eigenen Photismen im Mittelpunkt, die sie aus ihrer Kindheit ans Licht zerrt und schonungslos decouvrierend mit frühen sexuellen Regungen am eigenen Körper verbindet. Was so in *Über Farbenhören* zur schieren Auto-Biographik gerinnt, ist in *Aus dem Seelenleben des Kindes. Eine psychoanalytische Studie* ein Jahr später wahrhaftig gnadenlose Verwertung der Beobachtungen, die sie an ihrem Neffen vollstreckt hatte und aufgrund derer sie seine kindliche Biographie völlig ungeschützt zu monomanischer Sexualfixierung hin skandalisiert.[48] Der so Inkriminierte wird tatsächlich an ihr kriminell werden: In der Nacht zum 8. September 1924 dringt er in die Wohnung seiner Tante in der Wiener Lustkandlgasse 10 ein und tötet sie im Affekt.[49]
1919 hatte Hug-Hellmuth unter anonymer Herausgeberschaft das *Tagebuch eines halbwüchsigen Mädchens* veröffentlicht, angeblich aus der Feder einer

11-14½Jährigen, welche ihrerseits wiederum ein Pseudonym schütze. Das Geleitwort legitimiert die Veröffentlichung, indem es sich auf Passagen aus einem Brief Freuds stützt: "Das Tagebuch ist ein kleines Juwel", hatte er kommentiert; "Ich meine, Sie sind verpflichtet, das Tagebuch der Öffentlichkeit zu übergeben. Meine Leser werden Ihnen dafür dankbar sein ...", endet die Zitation aus Freuds Schreiben.[50] Der pubertäre Geständnistext, dessen kaschierter Herausgeberinnen- und Verfasserinnen-Identität Freuds Äußerungen soviel Deckung wie Autorität verleihen sollen, erregt Aufsehen. Detektivische Fahndungsmethoden kommen von Außerhalb des Einzugsbereichs der Psychoanalyse und aus den eigenen Reihen zum Einsatz, um die Spur des Originals zu verorten bzw. die Fälschung zu entlarven.[51] Zur dritten Auflage des Bestsellers 1922 gibt sich unter dem zunehmenden Druck die bisher anonyme Herausgeberin als die damals bekannte Kinderanalytikerin Dr. Hermine Hug-Hellmuth zu erkennen, der nurmehr zuzugestehen bleibt:

> Man hat auch wiederholt bedauert, daß ich unbeschadet des Versprechens an das Mädchen, das Original des Tagebuchs zu vernichten, nicht doch aus jedem Jahre einige Blätter aufbewahrte, um aus der Entwicklung der Schrift die Echtheit des Dokuments erweisen zu können. Nun, ich meine, der richtige unverbesserliche Zweifler würde sich auch durch ein solches Faksimile nicht beruhigen lassen. Ihm ist der Zweifel Bedürfnis und darum läßt er sich auch nicht durch "Beweise" überzeugen.[52]

Das Faksimile kann nicht mehr für das Original einstehen - und dieses nicht mehr für sich selbst: Die Verfasserin des *Tagebuchs*, die angeblich ihre "Aufzeichnungen zu freier Verwendung im Dienste der Wissenschaft" überlassen hatte unter der Bedingung von "Unkenntlichmachung der Personen durch die Wahl anderer Orts-, Familien- und Vornamen" und der "Verwischung all dessen, was Eingeweihte auf die Spur der Schreiberin führen könnte", ist seit Jahren - so die Herausgeberin - tot.[53]

Es kann mittlerweile als gesichert gelten, daß Hug-Hellmuth dieses Tagebuch selbst verfaßt hat. Ihre zuletzt gedoppelte Diskretion im Dienste der Wissenschaft hat mithin nicht mehr getragen, hat sich nachgerade wie eine Zweifach-Negation selbst aufgehoben. Wo Literatur und Psychoanalyse, wo Schlüsselroman und Wissenschaft in eins fallen, bleibt nur noch eine weitere Liquidierung: Das Buch, das sie im ersten Geleitwort mit tragischer Berechtigung selbst als ein "Kulturdenkmal unserer Zeit" bezeichnet hatte,[54] wird 1927, drei Jahre nach Hug-Hellmuths gewaltsamem Tod, vom Internationalen Psychoanalytischen Verlag aus dem Handel gezogen aufgrund der - böser Zynismus - "Zweifel an der Echtheit", an der "Authentizität des Tagebuchs"; wobei festzuhalten blieb, daß die wie auch immer "für die Öffentlichkeit anonym gebliebene Schreiberin" sich jedenfalls als "eine bedeutende Dichterin erwiesen" habe.[55]

Bei dem "Fall" Hermine Hug-Hellmuths haben die beiden Komponenten des Konflikts, der um 1900 zwischen Schreiben und Diskretionsregeln virulent wird[56] - und den Andreas-Salomé für Literarizität so hellsichtig durchschaut wie ihn Freud für die Wissenschaft artikuliert -, eine fatale Amalgamierung erfahren: Sie hat nicht getrennt zwischen -literarischer- Selbstentblößung und -

wissenschaftlicher- (Selbst-)Analyse und ist am Schnittpunkt von Literatur und Psychoanalyse zu Tode gekommen im Teufelskreis von schlecht geschützter Anonymität und nicht eingehaltener Diskretionsregel: dies im übertragenen Sinne, weil ihre Arbeiten totgeschwiegen werden, zugleich aber viel handgreiflicher und fürchterlich real.

Es waren hier vorerst nur Fakten zu konstatieren, Bruchstücke am Beginn einer zu leistenden Analyse.[57] Sie bezeugen doch eines: Institution Universität und Einrichtung von Schreiben haben auf seiten von Frauen Perspektiven eröffnet, die die Grenzen zwischen Täter- und Opferschaft fließend werden lassen, wie auch die zwischen den Geschlechtern errichteten. Psychoanalyse, in ihrem Willen zum Wissen gespeist aus Frauenreden, ratifiziert diese Transformation.

1926 versammelt der Mediziner und Psychologe Hans Prinzhorn noch einmal *den Arzt, den Dichter* und *die Frau* zu einem *Gespräch über Psychoanalyse*, nicht ohne klarzustellen, daß er damit "Sinnbilder" dreier "Lebenshaltungen"[58] zum Tribunal macht. In ihm exponiert sich "Die Frau" mit ihrem Plädoyer wider "dieses methodische Seelenbohren"[59]:

Ich will nur von der Frau sprechen: was bleibt übrig von einer Frau, die ihr Eigenstes, ihre intimsten Erlebnisse, Wünsche und Vorstellungen preisgibt, ja sogar solche Regungen in sich zu entdecken gezwungen wird, von denen sie nichts wußte und ahnte, die ihr Schrecken vor dem Medusenblick des unverhüllten Lebens und vor sich selbst einflößen - was bleibt übrig? Ich kann nur drei Möglichkeiten sehen: ein dämonisches gelähmtes Wesen, das vor diesem Medusenblick zusammenbricht wie der Jüngling von Sais - ein schamloses Intellektualferkel, das den ohne Einsatz der Person gefahrlos erworbenen Abklatsch des wirklich abgründigen Daseins schmatzend zerredet - oder aber (und das ist das Schlimmste) ein gedemütigtes Weib, das nur durch Liebe und Liebesopfer sein höheres Selbst aus solcher Schmach neu aufbauen könnte.[60]

Die Stichworte fallen: Intellektualität, unverhülltes Gestehen und Preisgabe von Intimität machen die Negativbilanz auf.

Es bleibt gleichwohl jener Weg in den Hörsaal des außerordentlichen Professors in Wien, der als erster mit Emanzipation Ernst machte.

Anmerkungen

1 *Allgemeine deutsche Real-Encyklopädie für gebildete Stände. Conversations-Lexikon.* 11., umgearb., verb. u. vermehrte Aufl., Bd. 6, Leipzig (Brockhaus) 1865, S. 554 (sv. "Frauen").

2 *Conversations-Lexikon. Allgemeine deutsche Real-Encyklopädie.* 12., umgearb., verb. u. vermehrte Aufl., Bd. 6, Leipzig (Brockhaus) 1877, S. 830ff (sv. "Frauenfrage").

3 *Brockhaus' Conversations-Lexikon.* 13., vollst. umgearb. Aufl., Bd. 7, Leipzig 1884, S. 245ff (sv. "Frauenfrage", mit Verw. von "Frauenstudium").

4 Friedrich Nietzsche hat in seinem Brief vom 16. September 1882 an Lou von Salomé diese

als "Geschwistergehirn" bezeichnet.

5 Sigmund Freud, Neue Folge der Vorlesungen zur Einführung in die Psychoanalyse (1933 [1932]). - In: Sigmund Freud, *Studienausgabe (StA)*, Bd. 1, Hgg. A. Mitscherlich u.a., Frankfurt/M. 1975, S. 449.

6 Sigmund Freud, Vorlesungen zur Einführung in die Psychoanalyse, StA 1, S. 37.

7 Ebd., S. 163.

8 So der Hegel-Editor Georg Lasson in: *Die Akademische Frau. Gutachten hervorragender Universitätsprofessoren, Frauenlehrer und Schriftsteller über die Befähigung der Frau zum wissenschaftlichen Studium und Berufe*. Hg. Arthur Kirchhoff, Berlin 1897, S. 167.

9 Wilhelm von Waldeyer, Das Studium der Medicin und die Frauen, in: *Tageblatt der 61. Versammlung der Naturforscher und Ärzte in Köln 1888*, Köln 1889, S. 42. - Von der "Durchführung der Emanzipationsgelüste" spricht Hildegard Ries, *Geschichte des Gedankens der Frauenhochschulbildung in Deutschland*. Phil.Diss. Münster 1927, S. 114f.

10 Wilhelm von Waldeyer (Anm. 9), S. 43. - Das Thema der Bisexualität - als anatomischer Gegebenheit zunächst - ist kurrent seit dem ausgehenden 19. Jahrhundert in der philosophischen und psychiatrischen Literatur. Vgl. dazu auch Sigmund Freud, Drei Abhandlungen zur Sexualtheorie, StA 5, S. 52ff ("Heranziehung der Bisexualität"), bes. dort Anm. 2, S. 54f. Waldeyer versucht also zum einen, das Problem in einer binären Geschlechterrollen-Normierung zu bannen - und befindet sich damit auf dem Stand der *Realencyklopädie für gebildete Stände* von 1865, zumal wenn er mit der Männerachtung vor der häuslichen Frau "in allen gebildeten Gesellschaftskreisen" argumentiert (Wilhelm von Waldeyer (Anm. 9), S. 42). Und es ist ihm zum anderen ein terminologischer Mißgriff unterlaufen...

11 Max Runge, *Das Weib in seiner geschlechtlichen Eigenart*, Berlin [4]1900, S. 2.

12 Auguste Fickert, Der Stand der Frauenbildung in Österreich, in: *Handbuch der Frauenbewegung*, Hg. Helene Lange u. Gertrud Bäumer, Teil III, Berlin 1902, S. 184.

13 Hildegard Ries (Anm. 9), S. 129, Anm. 1. - Ries referiert hier Marianne Webers Aufsatz "Vom Typenwandel der studierenden Frau", der 1916/17, als Freud seine Vorlesungen hielt, erstmals erschien in: *Die Frau* 24, 1916/17, S. 514-530. - Von Marianne Weber stammt die Einteilung in die Aufeinanderfolge von "heroischem", "klassischem" und "romantischem Typus" der Studentinnen.

14 Theodor von Bischoff, *Das Studium und die Ausübung der Medizin durch Frauen*, München 1872, S. 35. - Dazu Hildegard Ries (Anm. 9), S. 114.

15 Judith Herrmann, *Die deutsche Frau in akademischen Berufen*. Phil.Diss. Breslau 1915, S. 69f.

16 Ebd., S. 70.

17 Anonyma, zit. bei Elisabeth Knoblauch, Zur Psychologie der studierenden Frau. Eine Untersuchung über die Einstellung zum Studium und zur späteren Berufstätigkeit bei Studentinnen (Phil.Diss. Hamburg), in: *Zeitschrift für angewandte Psychologie* 36/1930, S. 438-523, S. 515.

18 Vgl. Käthe Schirmacher, *Das Rätsel Weib*, Weimar 1911, S. 62.

19 Der *klassische Typus* bei Marianne Weber (Anm. 13) zeichnet sich durch ungezwungene Kameradschaft mit den männlichen Kommilitonen aus, vor allem aber durch den Glauben, "berufen zu sein, durch Wesen und Leistung die Vorstellung dessen, was Frauen sein können und sollen, zu erweitern, einen neuen höheren Typus von Weiblichkeit zum Durchbruch zu bringen". - Vgl. zur "Koedukation" auch Freud noch 1910: "Mit der Koedukation habe man in Amerika nach dem Urteil Halls schlechte Erfahrungen gemacht, da die den Knaben in der Entwicklung voraneilenden Mädchen sich in allem überlegen fühlen und den Respekt vor dem männlichen Geschlecht verlieren. Dazu kommt noch, daß in Amerika das Vaterideal herabgedrückt erscheint, so daß das amerikanische Mädchen es zu der für die Heirat notwendigen Illusion nicht bringt." - In: *Protokolle der Wiener Psychoanalytischen Vereinigung*. Hgg. Ernst Federn u. Hermann Nunberg, 4 Bde., Frankfurt/M. 1976-81, Bd. 3, S. 22.

20 Sigmund Freud, Zur Geschichte der psychoanalytischen Bewegung, in: GW X, S. 74.

21 Sigmund Freud, *Briefe an Wilhelm Fließ 1887-1904*, ungekürzte Ausg., Hg. J.M. Masson, Frankfurt/M. 1986, S. 503.

22 Vgl. Ronald W. Clark, *Freud. The Man and the Cause*, London 1980, S. 209 u. 424.

23 Vgl. Ernest Jones, *Das Leben und Werk von Sigmund Freud*, Bd. II, Bern 1962, S. 493.

24 Vgl. Helene Deutsch, *Selbstkonfrontation*, München 1975, S. 121ff.

25 Vgl. ebd., bes. das Kapitel "Freud".

26 Vgl. *Tagebuch einer heimlichen Symmetrie. Sabina Spielrein zwischen Jung und Freud*, Hg. A. Carotenuto, Freiburg 1986 (Sabina Spielrein I).

27 Vgl. Helene Deutsch (Anm. 24), S. 130.

28 Robert Castel, *Psychoanalyse und gesellschaftliche Macht*, Kronberg 1976, S. 120. (Dank an Martin Stingelin, Basel!).

29 Michel Foucault, *Archäologie des Wissens*, Frankfurt/M. 1981, S. 249ff.

30 Ebd., S. 249.

31 Ebd., S. 252.

32 Lou Andreas-Salomé, Ketzereien gegen die moderne Frau, in: *Die Zukunft* 26/1899, S. 237f.

33 Ebd., S. 239 (Hervorh. RG).

34 Sigmund Freud, Bruchstück einer Hysterie-Analyse, StA 6, S. 88.

35 Ebd., S. 88.

36 Friedrich A. Kittler, *Aufschreibesysteme 1800/1900*, München 1985, S. 291.

37 Vgl. Oben S. 117.

38 Vgl. die "Dora"-Analyse, passim u. etwa Hysterische Phantasien und ihre Beziehung zur Bisexualität, StA 6, S. 194f.

39 Friedrich A. Kittler (Anm. 36), S. 291.

40 Lou Andreas-Salomé (Anm. 32), S. 239: "Wenn die Verleger es erlaubten, sollten sie am Liebsten (sic!) noch anonym ihrem Herzen Luft machen."

41 Etwa Helene Böhlaus *Halbtier* (1899); als "Klassiker" dieses Genres: Gabriele Reuter, *Aus guter Familie. Leidensgeschichte eines Mädchens*, Berlin ¹1895 (!). - Die Multiplikatorenfunktion solcher Texte kann kaum überschätzt werden. Reuters Roman hat allein bis 1903 zwölf Auflagen erreicht.

42 Ein Paradebeispiel dafür, das eigentlich nur noch als schon ironische Kontrafaktur zu den *Studien über Hysterie* lesbar ist, hat Andreas-Salomé selbst 1898 mit ihrer Erzählung *Eine Ausschweifung* geliefert.

43 Sigmund Freud, Bruchstück einer Hysterie-Analyse (Anm. 34), S. 90.

44 Vgl. Willi Emrich, *Die Träger des Goethepreises der Stadt Frankfurt am Main von 1927-1961*, Frankfurt/M. 1963, S. 72.

45 Vgl. neuerdings Angela Graf-Nold, *Der Fall Hermine Hug-Hellmuth. Eine Geschichte der frühen Kinder-Psychoanalyse*, München 1988, S. 22ff. - Ferner zu Hug-Hellmuth Wolfgang Huber, Die erste Kinderanalytikerin, in: *Psychoanalyse als Herausforderung. Festschrift Caruso*. Hgg. Heimo Gastager u.a., Wien 1980, S. 125ff.

46 Hermine Hug-Hellmuth, Die libidinöse Struktur des Familienlebens, in: *Zeitschrift für Sexualwissenschaft* 11/1924, S. 177. Vgl. dazu Freuds Äußerung zum Thema "Koedukation" und deren Folgen (Anm. 19).

47 *Imago* 1/1912, S. 228ff.

48 *Schriften zur angewandten Seelenkunde*. Heft 25, Wien 1913.

49 Die biographischen Hintergründe zu diesem aufsehenerregenden Mordfall, der sich aufs engste mit der Debatte um die Psychoanalyse verband, ausführlich dokumentiert bei Graf-Nold (Anm. 45).

50 Vgl. das Geleitwort von Hug-Hellmuth zur ersten Auflage des *Tagebuch eines halbwüchsigen Mädchens*, abgedr. in: *Tagebuch eines halbwüchsigen Mädchens*. Mit einem Vorw. v. Alice Miller neu hrsg v. Hanne Kulessa, Frankfurt/M. 1987, S. 15.

51 Vgl. zuerst Helene Deutsch (Anm. 24), S. 122ff.

52 Geleitwort zur dritten Auflage 1922 (Anm. 50), S. 21.

53 Ebd., S. 18f.

54 Ebd., S. 15.

55 Ebd., S. 240f.

56 Vgl. Friedrich A. Kittler (Anm. 36), S. 293.

57 Der vorliegende Text beruht auf grundsätzlichen Überlegungen zu einem Forschungsprojekt über die angesprochenen Zusammenhänge.

58 Hans Prinzhorn, *Gespräch über Psychoanalyse zwischen Frau, Dichter und Arzt*. Mit einem Nachw. hrsg. v. Bernd Urban, Frankfurt/M. 1981, S. 8.

59 Ebd., S. 11. (Das "methodische Seelenbohren" bemängelt "Der Dichter".)

60 Ebd., S. 20f.

Manfred Schneider / Friedrich A. Kittler

Das Beste, was du wissen kannst

I Freuds Professorenträume

1. An einem entscheidenden Punkt der Darlegungen im *Bruchstück einer Hysterie-Analyse* faßt Freud seine psychoanalytische Sprechregel in ein kryptisches Boileau-Zitat: "J'appelle un chat un chat".[1] Die französische Version läßt bereits erkennen, daß die Regel nicht so tautologisch ist, wie sie von sich selbst behauptet. Die kurz zuvor mitgeteilte deutsche Variante der Regel bestätigt diese Vermutung. Sie lautet: "Ich gebe Organen wie Vorgängen ihre technischen Namen".[2] Die Namengebung folgt also unter einem Vorbehalt der tautologischen Regel: "Organe wie Vorgänge" sollen in der Psychoanalyse auf ihre *lateinischen* (i.e. technischen) Bezeichungen hören. Mithin läßt das Boileau-Zitat in seiner (fremd-)sprachlichen Gestalt durchblicken, daß die tautologische Regel eine *Übersetzung* vorschreibt. Und in dieser Übersetzung überdauert ein Indiz jener Scham, deren Grenze gerade in diesem Benennungsakt überschritten wird. Die Zumutung an die Scham durch die Konfrontation mit ihren technischen Namen entspricht, wie Freud an der gleichen Stelle der Hysterie-Analyse betont, der *Entblößung*, die eine gynäkologische Untersuchung erforderlich macht.
Die psychoanalytische Entblößung/Benennung erfolgt noch in einem anderen Sinne als Übersetzung durch den Analytiker: "Man übersetzt ihnen bloß ins Bewußte, was sie im Unbewußten schon wissen" (GW V, 209).[3] Im Zuge dieser doppelten Übersetzung werden Traumzeichen oder hysterische Symptome ihrer metaphorischen und metonymischen Verkleidung entblößt und in jenen technischen Code übertragen, dessen tautologische Regel sich selbst im Zeichen der Scham so diskret widerspricht: "J'appelle un chat un chat". Immer noch im gleichen Kontext der Hysterie-Analyse lautet dann die Übersetzung von Doras nervösem Husten in die Sprache der Scham und der Technik: eine imaginäre "sexuelle Befriedigung *per os*". (GW V, 207). So sagt das Lateinische, daß Dora es französisch machen wollte. Der Effekt: Indem Freud Doras Bewußtem die Übersetzung ihres unbewußten Wissens vorträgt, indem er ihr im Code der technischen Namen mitteilt, sie sei eine "Lutscherin" (GW V, 211), löst (analysiert) er eines der *Rätsel* ihrer Hysterie.
Das Stichwort *Rätsel*, worin Freud das Übersetzungproblem der hysterischen Neurose Doras ausspricht, bildet zugleich das schillernde Emblem der Neurose des Psychoanalytikers selbst. *Rätsel* lautet das keineswegs technische Schlüsselwort im Kontext der ödipalen Begehrungen Freuds: Der mythologische Name des Ödipus übersetzt ins Unbewußte, was im Klartext von Freuds

Wünschen den Ehrgeiz bezeichnet, ein berühmter Professor zu werden. Freuds nachweisliche Identifizierung mit dem Helden Ödipus fesselt ihn also keineswegs ausschließlich an inzestuöse Begierden und Rivalitäten; vielmehr verfügt der *Rätsellöser* Ödipus über jenes Renommee, das ihm im Imaginären Freuds eine so wichtige Rolle zu spielen erlaubt und ihn später als Namengeber für eine wissenschaftliche Rätsellösung empfiehlt. "In den Jugendjahren wurde das Bedürfnis, etwas von den Rätseln dieser Welt zu verstehen und vielleicht selbst etwas zu ihrer Lösung beizutragen, übermächtig", erklärt Freud in seiner *Selbstdarstellung* (GW XIV, 291). Freilich übermächtigen nicht Bedürfnisse, sondern Wünsche das Subjekt. Und tatsächlich durchzieht dieser Wunsch in der immergleichen obsessiven Formel Freuds schriftliche Zeugnisse - von den frühen Briefen bis zu den späten Abhandlungen. Gelöst werden sollten das Rätsel der Hysterie, des Traumes, der Verdrängung, des Weibes, des weiblichen Genitals, des Lebens, des Todes, in einem Wort: das Rätsel der Sexualität.[4] Freuds frühe Lösung für das Rätsel der *Verdrängung*[5] wiederholt nun aber nicht nur in ihrem Titel den Namen dessen, der das Rätsel der Sphinx löste; vielmehr zitiert seine Formel beinahe wörtlich den Text der berühmten Frage: Was ist der Übergang von der vierbeinigen Gangart zur zweibeinigen und dreibeinigen?, wollte die Sphinx wissen. Und auf die selbstgestellte Rätselfrage "Was ist der Kern der Verdrängung?", antwortet Freud: Die Verdrängung ist der Übergang von der vierbeinigen zur zweibeinigen Gangart. So heißt es in einer Fußnote zu *Das Unbehagen in der Kultur*:

Das Zurücktreten der Geruchsreize scheint aber selbst Folge der Abwendung des Menschen von der Erde, des Entschlusses zum aufrechten Gang, der nun die bisher gedeckten Genitalien sichtbar und schutzbedürftig macht und so das Schämen hervorruft. Am Beginne des verhängnisvollen Kulturprozesses stünde also die Aufrichtung des Menschen. (GW XIV, 459).

Gegenüber Fließ aber hatte Freud schon viel früher die Rätsellösung mitgeteilt, daß die "Auflassung" alter Sexualzonen durch die Aufrichtung erzwungen werde:

Die Zonen nun, welche beim normalen und reifen Menschen sexuelle Entbindung nicht mehr produzieren, müssen Afterregion und Mund-Rachengegend sein. Das ist zweifach gemeint, erstens, daß ihr Anblick und ihre Vorstellung nicht mehr erregend wirkt, zweitens, daß die von ihnen ausgehenden Binnensensationen keinen Beitrag zur Libido liefern wie die von den eigentlichen Sexualorganen (Fließ 302).

Indem die Ontogenese der zweibeinigen Gangart als Doppel der phylogenetischen Aufrichtung analysiert und darin der Ursprung der Verdrängung erkannt wird, sind die beiden Elemente des Mythos zusammengeführt, die den Namen des Ödipus an die psychoanalytischen Theorien herantragen: als Bezeichnung für das universelle Gesetz des Menschseins, unter dem sich das Unbewußte strukturiert; und für den hiermit verbundenen dynamischen Prozeß, worin die Abkehr von den olfaktorischen und oralen Erregungen, die Auflassung dieser Zonen, der Bewegung entspricht, die Ödipus als Lösung des Sphinx-Rätsels findet. Doras Phantasma des "sexuellen Verkehrs *per os*" macht die durch die Aufrichtung eingeführte Abkopplung von Oralität und

Genitalität rückgängig. Indem sie diese Schranke überschreitet, die Grenze der Verdrängung und der Scham, macht sie es französisch.

2. Ernest Jones berichtet von der denkwürdigen Szene, die Freud zum Geständnis seiner jugendlichen Ödipus-Identifizierung veranlaßte.[6] Zu seinem fünfzigsten Geburtstag hatten ihm Freunde und Schüler eine Plakette überreicht. Auf der Vorderseite war Freuds Profil im Basrelief zu sehen, auf der Rückseite die Nachbildung einer griechischen Zeichnung des Ödipus vor der Sphinx. Darüber stand in griechischen Schriftzeichen das Zitat aus dem sophokleischen *König Ödipus*: "Dies ist der Mann, der so tiefe Rätsel erforschte und so mächtig war" (Jones II, 27 f.). Beim Anblick der Medaille zeigte sich Freud offensichtlich erregt, er wurde blaß, als sei ihm ein Geist erschienen. Schließlich erklärte er den Umstehenden, warum ihn die Worte so tief berührten: Sie bildeten den Text seines juvenilen Ehrgeizes.

Als junger Student sei er einmal um die großen Arkaden der Wiener Universität herumgegangen und habe die Büsten früherer berühmter Professoren betrachtet. Damals habe er sich in der Phantasie ausgemalt, daß dort seine künftige Büste stände (...), aber auch daß darunter gerade diese Worte graviert seien, die er nun auf der Medaille vor sich sehe (Jones II, 27f.).

Noch Jahre später weigerte sich Freud, auf die Bitte Jones hin den griechischen Vers zu *übersetzen*. Größenwünsche von solcher Übermacht finden nicht so leicht ihre "technischen Namen". Diese Hemmmung, den griechischen Text seiner grandiosen Träume ins Deutsche zu übersetzen, verweist ganz offenbar auf eine andere Macht der Verdrängung als jene populäre ödipale, der Freud selbst den technischen Namen gab: ihm sei als Zwei- bis Zweieinhalbjährigem die "Libido gegen matrem" erwacht, als er sie einmal "nudam" gesehen habe (Fließ 288). Das gelöste Rätsel der Verdrängung erinnert nicht nur an die infantilen Begehrungen, an die analen, olfaktorischen, genitalen und oralen Gelüste, wie sie zur vierbeinigen Gangart gehören; diese lassen sich leicht übersetzen. Viel schwerer überträgt sich jenes andere Begehren, der Größenwunsch. Sein ödipaler Doppelname heißt im Falle Freuds *Professor*. Die Matrix dieses Wunsches bildet die infantile Aspiration auf die zweibeinige Gangart. Sie ist die erste Form der Größe. Auf diese Weise bleibt der ödipale/professorale Größenwunsch gebunden an das Rätsel, dessen Lösung sich die Psychoanalyse verschrieben hat: an das Rätsel des Lebens und das Rätsel des Todes: Das Phantasma von der Büste jedoch geht auf die Gangart jenseits des Zyklus vier/zwei/drei. Die Büste, die auf einem Fuße steht, hat die Gangart der Ewigkeit erreicht.

3. Auch der psychoanalytischen Regel, daß die schöne Offenbarung nur eine Indiskretion sein könne, gibt Freud die sprachliche Form eines französischen Sprichwortes: "Pour faire une omelette, il faut casser des oeufs".[7] Zum ersten Mal legte er das Gesetz der Indiskretion in einem Schreiben an Wilhelm Fließ nieder (Fließ 401). Der Freund hatte dem Autor der *Traumdeutung* geraten, aus Diskretionsgründen einen seiner Träume aus dem Manuskript zu eliminie-

ren. In seinem Antwortbrief aus dem Jahre 1899 beugt sich Freud dem Ratschlag, kündigt aber dem Zensor an, er werde "massenhaft neue Träume" einfügen, die jedoch - im Zeichen der Omelette-Regel - nicht gestrichen werden dürften.

Doch der gestrichene Traum ließ sich keineswegs so leicht ersetzen. Mehrfach beklagt sich Freud gegenüber dem Freund darüber, daß sich diese Lücke nicht schließen wolle (Fließ 344, 346, 363). Die Klagen enthalten nur geringe Hinweise auf die Thematik dieses Traums, den Freud seiner "Schönheit", nämlich seiner paradigmatischen Kraft wegen, so ungern preisgab: "Ein schöner Traum und keine Indiskretion - das trifft nicht zusammen" (Fließ 344f.). Freuds Bemerkungen über diesen unbekannten Traum geben jedoch wichtige Hinweise auf jenes Problem der Scham und der Indiskretion, das in der *Traumdeutung* so häufig angesprochen wird und zweimal im Zeichen der Goethe-Formel "Das Beste, was du wissen kannst, darfst du den Buben doch nicht sagen".[8] Freud fühlte sich keineswegs durch Schamgefühle gehemmt, er hatte keine Widerstände zu überwinden, wenn es galt, intime Details mitzuteilen. Vielmehr gestand er dem Zensor Fließ: "Ich bin verständig zu erkennen, daß ich Deine kritische Mithilfe brauche, weil ich selbst in diesem Fall das dem Autor nötige Schamgefühl verloren habe" (Fließ 344). Wenig später folgt im gleichen Brief der zitierte Satz, der die "schönen Träume" unter das Gesetz der Indiskretion stellt. Die vielen Bemerkungen in der *Traumdeutung* über die Selbstüberwindung, die den Autor das Bekenntnis intimer Details koste, gehören zum rhetorischen Gestus, der vielmehr das triumphale Gefühl der Entdeckung, der Rätsellösung, verhüllt. Die Scham ist eine Stilisierung, die das autoreferenzielle System Traum/Traumdeutung an die wissenschaftlichen Konventionen anschließt. Das (universitäre) Gesetz verlangt, daß das Wahre auf dem Grunde der Mühsal erscheine und nicht den imaginären Exzessen der Größenwünsche entspringe. Doch Freuds Träume handeln von der Unsterblichkeit und der Psychoanalyse. Und die Traumwünsche machen die theoretische Prämisse wahr, daß der Traum eine Wunscherfüllung sei. Freuds Träume träumen die Wahrheit der Traumdeutung, die der Analytiker in der Tagesarbeit konzipiert, und die *Traumdeutung* bildet ihr gültiges Protokoll. Die *Traumdeutung* ist das einzige Paradigma der Wissenschaftsgeschichte, worin ein Erkenntnisgegenstand seine eigene Wahrheit generiert. So träumt der Theoretiker der Traumdeutung, daß er die "Präparation" seines "eigenen Untergestells" vornehmen soll (GW II/III, 455ff.): Eingefaßt in das Vokabular der Sektionen, die der Neurologe Freud zugunsten der Psychoanalyse aufgegeben hat, erträumt sich die Selbstanalyse die Prämie der Unsterblichkeit. Die Traumelemente, die den phantastischen Romanen Rider Haggards entnommen sind, verweisen auf den Wunsch der noch tiefer und ödipaler das Unternehmen Psychoanalyse und Traumdeutung motiviert: den Wunsch nach Unsterblichkeit (GW II/III, 457f.). In eigenartigem Kontrast zu den triumphalen

Selbstbestätigungen, die die Analyse dieses Traumes von der Unsterblichkeit als Folge der Selbstanalyse gebracht haben, heißt es dann aber in gedämpftem Ton:

Ich denke an die Überwindung, die es mich kostet, auch nur die Arbeit über den Traum, in der ich so viel vom eigenen intimen Wesen preisgeben muß, in die Öffentlichkeit zu schicken. 'Das Beste, was du sagen kannst, darfst du den Buben doch nicht sagen' (GW II/III, 456).

Dies ist eine - freilich unverzichtbare - Maskierung. Denn der entscheidende Grund für Freuds Zögern, das Manuskript der *Traumdeutung* abzuschließen, lautet ganz anders. Es steht in einem Brief an Fließ: "Der Traum ruht, unveränderlich; es fehlt mir das Motiv, ihn zur Publikation fertigzumachen, und die Lücke (...), in der das zu Grunde analysierte Beispiel gesteckt hat, sind Hindernisse für den Abschluß (...)" (Fließ 363). Nicht die Scham, nicht die Hemmung, die vielen Indiskretionen in die Welt gehen zu lassen, sondern die Trauer über eben den Traum, dessen Mitteilung schamlos gewesen wäre, bilden ein Hindernis.

Die *Traumdeutung*, das Unternehmen, von dem ein Traum sagt, es verlange, "das eigene Becken auszuweiden", hat sich beinahe vollständig aus Indiskretionen aufgebaut. Der Autor überschreitet mit dieser Inspektion der Zonen, die die Errichtung der Scham, der aufrechte Gang, "aufgelassen" hat, exakt jene Grenze, die durch die Übersetzung der tautologischen Sprachregel unablässig verletzt wird. In diesem Sinne betreibt die Selbstanalyse die Wiederanknüpfung der edlen Sinnesorgane an die aufgelassenen Sexualzonen des Beckens.

Dennoch gibt es eine Scham oder wenigstens eine Zensur bei Freud. Es finden sich Indizien für ein bewußtes Verschweigen. Was aber verfällt dem unbekannten Gesetz der Freudschen Diskretion? Was bleibt zu *verhüllen*? Womit die Formel aufgenommen wird, die Freud auf Goethe anwendete, als er in einer paradoxen Formel, die den Sprechenden einschloß, von dem "großen Bekenner und sorgsamen Verhüller" (GW XIV, 550) sprach. Ein Zeugnis hierfür findet sich in einem Brief Freuds aus dem Jahre 1885, worin er der Braut von einem Autodafé (Vernichtung, Verdrängung) vieler Briefe, Exzerpte und Manuskripte berichtet:

alle meine Gedanken und Gefühle über die Welt im allgemeinen und soweit sie mich betraf im besonderen, sind für unwert erklärt worden, fortzubestehen. Sie müssen jetzt nochmals gedacht werden, und ich hatte viel zusammengeschrieben. Aber das Zeug legt sich um einen herum wie der Flugsand um die Sphinx, bald wären nurmehr meine Nasenlöcher aus dem vielen Papier herausgeragt; ich kann nicht reifen und nicht sterben ohne die Sorge, wer mir in die alten Papiere kommt (...). Die Biographen aber sollen sich plagen, wir wollen's ihnen nicht zu leicht machen. Jeder soll mit seinen Ansichten über die 'Entwicklung des Helden' recht behalten, ich freue mich schon, wie die sich irren werden.[9]

Wie Jones berichtet, hat Freud eine solche Vernichtungsaktion im Jahre 1908 noch einmal wiederholt (Jones I, 10). Das Verschweigen, Verdrängen, Verbrennen steht, wie klar zu lesen ist, im Dienste der gleichen Projekte wie das Geständnis, wie die Mitteilung der Indiskretion. Wer über seinen Tod hinaus an seine Biographen denkt, der erblickt sich aus der Perspektive jener Unsterblichkeit, die Werke, Titel, Büsten gewähren. Und wer sich im Bilde der Sphinx erkennt, der wähnt sich nicht nur im Besitze des Rätsels und seiner Lösung, sondern der lebt zugleich in den Aspirationen der Einfüßigkeit (des Standbildes, der Büste). Der Größenwunsch erlischt nicht mit der Aufrichtung und der beherrschten zweibeinigen Gangart, seine Phantasmen gleiten auch noch über die Phase der Dreibeinigkeit hinaus. Vielleicht müssen die Gedanken des jungen Freud neu gedacht werden, wie der Brief proklamiert; nicht aber müssen seine Träume neu geträumt werden. Eine Vision führte den Studenten vor die Büsten der berühmten Professoren und gab ihm das Bild seiner eigenen marmornen Unsterblichkeit als Ödipus/Professor ein, und die gleiche Vision ließ ihn bei der Analyse seiner Professorenträume die Indiskretion seiner Träume begehen: Die alten Papiere taugen nicht, um ihren Autor einst in eine Büste zu verwandeln, dazu aber taugen die neuen Papiere der *Traumdeutung*. Zunächst einmal sollen sie den Professorentitel herbeizaubern. An Fließ ergeht die auf Josef Breuer bezogene Mitteilung: "Wenn das Traumbuch fertig daliegt, wird er sich über (...) die Fülle der Indiskretion entsetzen können. Erst wenn der (allerdings unwahrscheinliche) Zufall mir einen Titel geschenkt haben sollte, wird er auf dem allerhöchsten Bauch liegen" (Fließ 399f.).

Das Unwahrscheinliche, das unaufhörlich durch Freuds Träume geisterte, war der Titel. Der Titel ist der Signifikant der institutionellen Anerkennung: das Rätsel des Traumes gelöst zu haben. Die Lösung des Rätsels verweist auf die merkwürdige Macht der Wünsche. Ihre Macht geht so weit, daß Freud, wie er wieder einmal Fließ erklärt, die Träume, die er für die Traumdeutung benötigt, "bei mir bestellen" kann (Fließ 345). Großartiger kann sich ein Paradigma nicht selbst organisieren. Aber die Wünsche erringen diesen Standard machtvoller Autonomie nicht von selbst, die Macht empfangen die Wünsche von außen. Es ist die Einsicht der Selbstanalyse, daß der Wunsch auf dem Terrain des Anderen entsteht, der für Männer die Gestalt von Frauen annimmt. Freud erinnerte sich im Zuge seiner Selbstanalyse an die Worte und Wünsche dieser Anderen: Sie sind verkörpert durch seine Mutter, die Amme, eine Bäuerin. Die Frauen wünschen, daß das Kind, als es noch die vierbeinige Gangart bevorzugte, sich nicht nur aufrichten, sondern ein großer Mann werden sollte (Fließ 288, GW II/III, 198). Diese Wünsche schweben über dem jüdischen Ödipus wie das Fatum über dem mythischen. Kein Wunder, daß hier ein blinder Fleck bleibt. Die Psychoanalyse selbst ist die Antwort auf Freuds Rätselfrage "Was will das Weib?"[10] Es will, daß er sich aufrichtet. Es will, daß er steht. Es will die Größe. Es will Helden und/oder Professoren.

4. Die Erinnerung an die Wünsche und Prophezeiungen der Frauen überfällt Freud bei der Analyse des Professorentraumes *Freund R. ist mein Onkel*. Der Traum bildet eine Reaktion auf den Antrag des Professorenkollegiums der Wiener medizinischen Fakultät, Freud zum Professor extraordinarius zu ernennen. Jährlich wurden solche Vorschlagslisten dem zuständigen Minister

vorgelegt, und der Träumer und Traumtheoretiker mußte bekanntlich bis 1902 warten, ehe seine Erennung (durch Intervention von zwei Patientinnen) erfolgte.[11] Wenn sich Freud in diesem Traum gar bis in die Position des Ministers emporwünscht, so treibt ihn - zufolge seiner eigenen Analyse - die Dynamik der alten Frauenwünsche, ohne die es - in jeder Hinsicht - keine Psychoanalyse gäbe. Der Traum spricht aber auch von der Macht der Verdrängung, denn Freud reagierte mit seinen Professorenträumen stets auf die unverhoffte Nachricht einer beantragten oder bevorstehenden Ernennung. Als er Fließ diesen Traum und eine vorläufige Analyse zuschickt, kommentiert er seinen Text mit folgenden Bemerkungen:

Die freimütigen Bemerkungen im Professorentraum wirst Du hoffentlich nicht beanständen. Die Philister hier werden froh sein, sagen zu können, daß ich mich dadurch unmöglich gemacht habe. Was Dich etwa an dem Traum frappiert, wird später seine Aufklärung finden (mein Ehrgeiz). Bemerkungen über König Ödipus (...) werden ihre Stelle finden. (Fließ 332)

Da sind wieder alle Motive versammelt: Die Indiskretion, der Professorenwunsch, Ödipus und - als vorweggenommener Hinweis - die von Müttern und Ammen gelegte Matrix des Ehrgeizes. Der Bericht von einem weiteren Professorentraum macht dies augenscheinlich. Der Traum wird diesmal aus Diskretionsrücksichten selbst dem Freund nur in Andeutungen mitgeteilt.

Einem Gerücht zufolge sollen wir zum Kaiserjubiläum (am) 2. Dezember mit dem Titel von Professoren bekleidet werden. Ich glaube nicht daran, habe aber einen reizenden Traum gehabt, der leider nicht publizierbar ist, weil sein Hintergrund, sein zweiter Sinn zwischen meiner Amme (meiner Mutter) und meiner Frau hin und hergeht und man seiner Frau für alle ihre Mühe und Plage doch nicht öffentlich derartige Vorwürfe machen kann. Überhaupt, Das Beste, was Du weißt etc. (Fließ 326)

Die Rücksicht deckt nicht den Wunsch, nicht den Ehrgeiz, nicht die mütterliche Erscheinung, sondern die Traumrolle der eigenen Frau. Der "reizende Traum" hat sie offenbar in negativem Kontrast zur Rolle der Amme auftreten lassen, die nach Freuds eigener Mitteilung seine "Lehrerin in sexuellen Dingen" war (Fließ 290).

Der Ehrgeiz, die vielen Rätsel zu lösen, stößt auf die Verdrängung, deren Lösung (Analyse) die von Ödipus erratene Aufrichtung ist. Legen die Mütter und Ammen die Matrix der Wünsche, so fungieren die Minister und Kaiser als die Mächte der Anerkennung. Von hier aus ergibt sich eine völlig neue Lesart/Übersetzung für das Motto der Traumdeutung.[12] Es ist nicht nur Ironie, wenn Freud dann im März 1902 an Fließ die Mitteilung ergehen läßt:

Es regnet auch jetzt schon Glückwünsche und Blumenspenden, als sei die Rolle der Sexualität plötzlich von Sr. Majestät amtlich anerkannt, die Bedeutung des Traumes vom Ministerrat bestätigt, und die Notwendigkeit einer psychoanalytischen Therapie der Hysterie mit 2/3 Majorität im Parlament durchgedrungen. (Fließ 503)

Die Anerkennung ratifiziert nicht nur die gelungene Selbsttheoretisierung des Traumwunsches in der *Traumdeutung* und die Psychoanalyse, sondern entwickelt in Freuds Formulierung auch Züge einer bestimmten Kompensation: Nachdem in der *Traumdeutung* so unaufhörlich von der Überwindung der Scham die Rede war, bedeutete die "Bekleidung" mit dem Titel des Professors die höchstamtliche Tilgung der Scham - der Scham der Indiskretion (Enthüllung) und der Scham des Größenwunsches, der sich allerdings auch in Szenen der *Enthüllung* wiedererkannte.

5. Am 16.10.1898 wurde in den Arkaden der Wiener Universität zum Andenken an Freuds 1891 verstorbenen Freund Professor Ernst Fleischl von Marxow ein Denkmal enthüllt. Freud wohnte der Feier bei und verarbeitete dieses Ereignis kurz darauf in einem Traum, den er in seinem Buch unter dem Stichwort *non vixit* mitteilt.[13] Die beiden lateinischen Worte bilden im Kontext des Traumes die mißlungene Mitteilung, daß der bereits 1890 verstorbene Freund Josef Paneth nicht mehr lebe. Indem dieses *non vixit* an der Stelle eines korrekten "er lebt nicht mehr" oder "non vivit" erscheint, dringt ein Zitatfragment in das Traumgeschehen, das Freud selbst als Inschrift auf dem Postament des Kaiser-Josef-Denkmals in der Hofburg identifiziert: "Saluti publicae vixit non diu sed totus" (GW II/III, 424ff., 282ff.). Fleischl und Paneth hatte Freud im Laboratorium Ernst Brückes kennengelernt, dessen Büste er bei der Feier ebenfalls wiederbegegnet war. Im Traum vernichtet Freud Paneth durch die Macht seines Blickes, eine Macht, die er einst selbst aus den Augen seines Lehrers Brücke hatte erleiden müssen. Das fehlerhafte Zitat und der vernichtende Blick erklären den toten Freund Paneth, der nicht zum Professor ernannt und dem kein Denkmal gestiftet wurde, zu einem, der nicht gelebt hat. In die Reanimationsbilder des bewunderten Freundes Fleischl kleidet sich hingegen der neidische Wunsch, so zu sein wie der elegante, scheinbar vom Glück überaus verwöhnte Sohn aus reichem Hause.[14] Zur Wiederbelebung Fleischls tragen auch Gedankenreste aus der Kokainepisode bei, die dem Leser der *Traumdeutung* bereits aus der Analyse des Traums von Irmas Injektion vertraut sind: Freud hatte dem schwerkranken Fleischl Kokain als schmerzstillendes Mittel empfohlen und damit dessen Kokain-Sucht und vielleicht seinen Tod mitverschuldet. Im lateinischen *non vixit* findet aber vor allem der Professoren-Wunsch Freuds eine Übersetzung, der Professoren-Wunsch, der ein Denkmal-Wunsch ist. Oder besser noch: Er ist ein Enthüllungs-Wunsch. Die Enthüllungen stehen im Dienste der Unsterblichkeit, auch wenn Freud den Topos der Mühewaltung zum Zeichen der Scham wiederholt: "Man kann sich's nicht verbergen, daß schwere Selbstüberwindung dazu gehört, seine Träume zu deuten und mitzuteilen" (GW II/III, 489). Und Freud hätte doch *für sein Leben gern* die "volle Lösung des Rätsels" im *non vixit*-Traum mitteilen wollen, erklärte sich aber für unfähig, "die Rücksicht auf so teure Personen meinem Ehrgeiz aufzuopfern" (GW II/III, 425). Denn der Konflikt geht zwischen einem Ehrgeiz, der (trotz aller gegenteiliger Versicherungen) keine Indiskretion fürchtet, und einer Rücksicht, die aber durch *Verhüllungen* die Aussichten auf die Enthüllung eines eigenen Denkmals verringert. So enthüllt die Analyse, daß der Traum solche Rücksichten nicht kennt. Die Enthüllung des Denkmals von Ernst Fleischl, die Inszenierung der professoralen Unsterblichkeit eines anderen, bildete die Wiederholung des alten Ödipus-Gedan-

kens. Dem Traum überließ Freud nur noch, die Traumtheorie zu bewahrheiten und den Wunsch zu erfüllen: auf dem Wege zum Titel und zum Denkmal den Rivalen durch die Macht des Blickes zu beseitigen. Wer im Traum zu diesem Zweck die Toten beschwört, um sie zu beseitigen, der gibt zu erkennen, wie ernst die Ankündigung im Motto der *Traumdeutung* zu nehmen ist.

6. In Freuds Behandlungszimmer gab es einen Ort, wo sich die Embleme und Gespenster seines Ehrgeizes auf engstem Raume vereinigt fanden. An der Wand über dem Fußende der berühmten Couch hingen drei Bilder zusammen: Eine Reproduktion von Ingres' Gemälde von 1808 *Ödipus und die Sphinx*, eine Photographie Ernst Fleischls und das Relief der Gradiva, ein anderes Modell der einbeinigen Gangart.

Wandschmuck über der Couch in Freuds Arbeitszimmer, Berggasse 19

II Meine Damen und Herren!

Mit dieser Anrede, die den Dank für eine Einladung einschloß, begann 1985 ein mißratener Versuch, die Professur für Psychoanalyse einer deutschen Universität ausgerechnet durch Literaturwissenschaft zu erlangen. "Meine Damen und Herren!" war zugleich Anrede, Titel und Thema eines Probevortrags. Und das nicht nur, weil nach Lacan niemand sagen kann, was das Und zwischen Frauen und Männern besagt,[15] sondern vor allem, weil die Anrede den versammelten Psychoanalytikern ein Stifterzitat zurückspielte: Mit ihr begannen schon die *Vorlesungen zur Einführung in die Psychoanalyse*, die ein Titularprofessor für Nervenpathologie im Wintersemester 1915 an der Universität Wien hielt.[16]

Zitaten gegenüber stehen methodisch zwei Wege offen. Man kann erstens im Gefolge Derridas überprüfen, was aus "Damen und Herren!" in Anführungszeichen wird, also die Frage aufwerfen, ob jener Probevortrag die Ernsthaftigkeitsbedingungen akademischer Sprechakte erfüllte oder nicht. Diese Entscheidung stand und steht jedoch immer bei anderen. Weshalb denen, die sie mit solchen Anreden adressieren, eher eine zweite Methode der Zitatbehandlung entgegenkommt: die Diskursanalyse.

Diskursanalytisch zählt zunächst die Binsenwahrheit, daß die Anrede "Meine Damen und Herren!" im Wintersemester 1915 genauso gestattet war wie im Wintersemester 1985. "Man weiß" aber spätestens seit Foucaults Antrittsvorlesung am Collège de France, "daß man nicht das Recht hat, alles zu sagen, daß man nicht bei jeder Gelegenheit von allem sprechen kann, daß schließlich nicht jeder beliebige über alles beliebige reden kann."[17] Genau darum - und nicht erst im Blick auf ihren Sandstein oder Beton - sind Universitäten Institutionen. Jahrhundertelang herrschte über sie das Gesetz, daß unter Sendern und Empfängern ihres Diskurses keine Frau sein durfte. Woraufhin Faust in die bekannte Klage ausbrach, das Beste, was Magister wie er wissen konnten, seinen Buben doch nicht sagen zu dürfen. Um die Klage zu besänftigen, also das unmögliche Verhältnis zwischen Alma Mater und realen Frauen denn doch zu benennen, mußte der leibhaftige Teufel an Fausts Stelle treten. Mephisto warf das lange Magisterkleid seines Partners über und führte einen dieser alteuropäischen Buben, der nach der "Weisheit" und ihren "Brüsten" dürstete, gründlich an der Nase herum. Er erklärte ihm den Königsweg approbierter, also männlicher Mediziner bei der Behandlung von Frauenleiden und verhieß schließlich (mit einem Zitat der alten Schlange) dem Erstsemester und der Studentenschaft überhaupt, wie Gott zu werden und zu wissen, was Gut und was Böse ist. So beamtenmäßig kostümiert, so interpretatorisch begnadet sind "unsere Universitäten", diese "originale Schöpfung des Mittelalters",[18] an den Systemplatz mythischer Teufel getreten.

Mephistos Einsicht in die ärztliche Heilbarkeit aller Frauenleiden schloß nicht aus, sondern ein, daß sie Frauen nicht zuteil werden durfte. "Ihr ewig Weh und Ach" war schließlich die Kehrseite einer Macht. Was Wunder also, daß ein für März vorgesehener und schon "in der *Neuen Freien Presse* angekündigter Vortrag" Freuds vor der Wiener Philosophischen Gesellschaft nicht zustande kommen konnte. Freud selber schrieb eine kleine Diskursanalyse dieser Verhinderung:

Ich sagte sehr ungern zu, merkte später bei der Ausarbeitung, daß ich allerlei Intimes und Sexuelles bringen müßte, was für ein gemischtes und mir fremdes Publikum nicht tauge, und sagte brieflich ab (1. Woche). Darauf erschienen zwei Abgesandte bei mir und suchten mich doch zu nötigen. Ich riet ihnen dringend ab und forderte sie auf, sich den Vortrag eines Abends bei mir selbst anzuhören (2. Woche). In der dritten Woche hielt ich ihnen den Vortrag und hörte, er sei wunderschön, ihr Publikum würde ihn anstandslos vertragen usw. Der Vortrag wurde also für die vierte Woche angesetzt. Einige Stunden vorher erhielt ich aber einen pneumatischen Brief, einige Mitglieder hätten doch Einwände erhoben und sie ließen mich bitten, meine Theorie zuerst durch unverfängliche Beispiele zu erläutern, dann anzukündigen, jetzt käme das Verfängliche, und eine Pause zu machen, damit die Damen den Saal verlassen könnten. Ich habe natürlich sofort abgesagt, und der Brief, in dem ich es tat, war wenigstens gewürzt und gesalzen. Dies ist wissenschaftliches Leben in Wien![19]

Um eine Wissenschaft Psychoanalyse möglich zu machen, brauchte Wien folglich keine seiner vielbeschworenen Dekadenzen oder Schmelztiegelfunktionen, sondern viel einfacher eine Universitätsreform. Was in der Philosophischen Gesellschaft weiterhin tabu blieb, fand statt dessen in Hörsälen statt: "Dr. Sigm. Freud, Docent für Nervenkrankheiten a. d. Universität" (wie sein Briefkopf lautete), vermeldete im Wintersemester 1895, streng nach Faust, als Hörer nur "fünf Buben",[20] im Sommersemester 1900 dagegen unter drei Studenten auch ein kursiviertes "Frl.".[21] 1897 nämlich hatte Österreich (um vom europäischen Schlußlicht Preußen zu schweigen) das Philosophiestudium und 1900 auch das Medizinstudium für Frauen geöffnet. Unmittelbar darauf erhielt Freud seine Professur.

Aber selbst Professoren hatten nicht das Recht, allen alles zu sagen. Freuds kleine Diskursanalyse der Philosophischen Gesellschaft ging in seinen eigenen Diskurs ein. Für Vorlesungen, die mit "Meine Damen und Herren!" begannen, "schuldete" er noch im Wintersemester 1915 ausdrückliche "Rechenschaft". Nachdem der Titularprofessor für Nervenpathologie den Damen unter den versammelten Damen und Herren die frohe Botschaft überbracht hatte, daß sie erstens im Anatomisch-Realen auch einen Phallus haben und zweitens im Symbolischen der Träume Holz, Buch, Papier sind, fuhr er fort: "So wie es keine Wissenschaft in usum delphini gibt, so auch keine für Backfischchen, und die Damen unter Ihnen haben durch ihr Erscheinen in diesem Hörsaal zu verstehen gegeben, daß sie den Männern gleichgestellt werden wollen."[22]

Die Psychoanalyse war also Rede von Geschlechterunterschieden, die primären eingeschlossen. All das Skandalöse, das Patienten und Patientinnen auf der Couch von ihrem Unbewußten preisgaben, fand Eingang in Freuds Theorie. Ohne die einzige Universitätsreform, die ihren Namen verdient hat, gäbe es keine Psychoanalyse. Ohne sie müßten alle Assoziationsflüsse, denen auch und gerade hinter der Couch ein Frauenohr lauscht, bis heute im Schattenreich sogenannter Laienanalysen verenden.[23] Daß dagegen die Lehre Freuds nicht nur (nach Lacans klarer Feststellung) vom unbewußten Wissen der Hysterikerinnen auf seiner Couch ausging, sondern auch wieder zu angehenden Analytikerinnen in Hörsälen und Lehranalysen zurückkehren durfte, war ein diskursives Ereignis. Frauen, die bewiesenermaßen Phallus oder Griffel hatten und ebenso bewiesenermaßen Papier oder Buch waren, durften selber schreiben und damit praktizieren.

Genau das trennt den psychoanalytischen Diskurs vom universitären, dessen Magister und Buben immer nur eine stumme Alma Mater umtanzt hatten. (Weshalb denn noch 1985 aller Streit um die Unterschiede zwischen Approbation und Habilitation, Lehranalyse und Privatdozentur ging.)

Die Psychoanalyse handelt also nicht nur, wie hinlänglich bekannt, von Stadien oder Ritualen der Sozialisation; sie ist auch selber ein solches Ritual oder Stadium, das historisch andere abgelöst hat. Sozialisationsinstitute aber wandelt man nicht ungestraft -: Freud in der Wiener Philosophischen Gesellschaft konnte es erfahren. Und doch fehlt in seinen sämtlichen Drucksachen ein Pendant jenes "gewürzten und gesalzenen", aber handschriftlichen Briefs, der Wissenschaftlern erklärt haben muß, was Wissenschaft ohne Frauenausschluß wäre. Das Beste, was der Vater der Psychoanalyse wissen konnte, hat er also nicht nur den Buben nicht gesagt. Sozialisationsrituale sind zwar die Stelle, wo die Psychoanalyse ihren Inhalt auf ihre institutionelle Praxis und umgekehrt abbildet, aber diese Faltung selber hat keine Stelle in ihr. Mit der Folge, daß die Psychoanalyse (gerade weil sie einen postuliert) über keinen Maßstab verfügt, um in Sachen Sozialisation noch zwischen Wirklichkeit und Fiktion zu unterscheiden.

Bis 1897 hielt Freud daran fest, daß nur Subjekte und das heißt Untertanen einer Sozialisation zu Objekten der Psychoanalyse werden. "In sämtlichen Fällen mußte der *Vater* als pervers beschuldigt werden",[24] weil er seine Töchter in ihrer Frühkindheit verführt und damit zu künftigen Hysterikerinnen gemacht hatte. Eine Verführungshypothese, die Freud nach Massons Hypothese nur darum zurücknahm, weil der Widerstand des Wiener Vereins für Psychiatrie und Neurologie nicht geringer war als vier Jahre später der der Wiener Philosophischen Gesellschaft.[25] Womöglich aber hatte sein Umfall technischere Gründe. Freuds talking cure als das Unternehmen, einer einzelnen Stimme auf der Couch das ganze Netzwerk ihrer Beziehungen und Institutionen wieder abzulauschen, litt unter der prinzipiellen Schwierigkeit, daß es nach seiner "sicheren Einsicht" "im Unbewußten ein Realitätszeichen nicht gibt, so daß man die Wahrheit und die mit Affekt besetzte Fiktion nicht unterscheiden kann."[26]

Diese (übrigens sehr übliche) Konfusion von "Realität" und "Wahrheit" verwies die Psychoanalyse mit guten Gründen auf Literatur, jene sogenannte Fiktion also, deren "Realitätszeichen" schon der ältesten philosophischen Gesellschaft - Platons Akademie - so zweifelhaft war. Alsbald "erwachte in einem Kreise von Männern (sic), denen es als ausgemacht gilt, daß die wesentlichsten Rätsel des Traumes durch die Bemühung des Verfassers gelöst worden sind, (...) die Neugierde, sich um jene Träume zu kümmern, die überhaupt niemals geträumt wurden, die von Dichtern geschaffen und erfundenen Personen im Zusammenhange ihrer Erzählung beigelegt werden."[27] Nachdem Freud, seit 1897, nicht mehr entscheiden konnte, ob seine Patientinnen delirierten oder referierten, stand die Gegenprobe in der Tat an. Womöglich referierte dann die Fiktion. Als Ergebnis einer Wette gegen die gesamte zeitgenössische Psychiatrie, der ja bereits reale Träume als Fiktionen galten, wo man "Sinn, Bedeutung, Absicht nicht zu suchen brauche" (90), kam es zu Freuds literaturtheoretischer Entdeckung: "Eine Novelle *Gradiva* des Dichters W. Jensen" enthielt "mehrere artifizielle Träume, die vollkommen korrekt gebildet waren und sich deuten ließen, als wären sie nicht erfunden, sondern von realen Personen geträumt worden."[28] Mit dieser Korrektheit artifizieller Träume, d.h. fingierter Fiktionen stünde ihr "Dichter allein gegen die gesamte Wissenschaft" (129), wenn nicht Freuds schon klinisch erprobte Traumdeutung die Literatur erstmals beweisen könnte. Aber auch umgekehrt verschaffte die Demonstration, daß ausgerechnet Fiktionen im Quadrat "die Gesetze des Unbewußten" "verkörpert enthalten" (160), der Psychoanalyse im Kampf mit der Universität einen "wertvollen Bundesgenossen" (90). Schriftsteller, sehr anders als Hysterikerinnen mit ihrer zeugenlosen Verführungshypothese, sind schließlich immer schon gedruckt. Und ohne Bundesgenossen in den Institutionen hätte es prinzipiell unentscheidbar bleiben müssen, ob Freuds Methode selber Realität oder Fiktion, Wissenschaft oder (mit einem bitteren Breuer-Wort) "paranoia scientifica" war.[29]

Im Spiel solcher Spiegelbeweise und Komplizenschaften, die allesamt um ein fehlendes Realitätszeichen kreisen, ging nur eine Frage unter: warum die psychoanalytische Literaturdeutung ihren Nachweis, "daß erdichtete Träume dieselben Deutungen zulassen wie reale", überhaupt und gerade an Jensens "kleiner, an sich nicht besonders wertvoller Novelle" führte.[30] Denn auch wenn (wie Freuds Titel es verspricht) *Der Wahn und die Träume in W. Jensens Gradiva* sämtlich auf novelleninterne Realitäten rückführbar werden, bleibt diese Realität ein blinder Fleck. Im Handlungszentrum steht schlicht eine klassisch universitäre Sozialisation, die - wie auf die Gefahr wissenschaftlicher Paranoia hin zu zeigen ist - Freuds Textwahl von vornherein gelenkt haben muß.

Den Wahn und die Träume von Gradiva hat bekanntlich "Doktor Norbert Hanold, Dozent" oder näherhin Privatdozent "für Archäologie" (24). Ein Subjekt des universitären Diskurses träumt mithin eine Frau nach strikter Maßgabe seiner Wissenschaft: Sie ist erstens Griechin, zweitens antikes Relief im Museo Vaticano und drittens mit einem Fuß ausgestattet, der "bei ihrer besonderen Gangart in der Asche (Pompeiis) einen von allen übrigen sich unterscheidenden Abdruck der Zehen hinterlassen mußte" (47). In diesem Fuß haben schon die kritisch-paranoischen unter Malern und Psychoanalytikern den

Phallus der Mutter erkannt. Nachzutragen bleibt, daß er seine Besitzerin, die ja nur einen Beinamen des "zum Kampf ausziehenden Kriegsgottes" Mars verweiblicht (24), sehr wissenschaftlich und technisch zur Einzigen macht. Zunächst einmal ist Gradiva eine Alma Mater, wie sie in allen Vorlesungen und "vorzüglich bestandenen" Prüfungen (37) des Philologiestudenten Hanold notwendig durch Abwesenheit glänzte. In seinem Wahn, "daß er als einziger Sohn eines Universitätsprofessors und Altertumsforschers berufen sei, durch die nämliche Tätigkeit den Glanz des väterlichen Namens weiter zu erhalten, womöglich noch zu erhöhen" (37), hat Hanold ja ziemlich folgerecht, außer in Kindheit und d.h. Volksschulzeit, "zeitgenössischen Vertretern (des weiblichen Geschlechts) niemals die geringste Beachtung geschenkt" (26).

Und doch ist seine universitäre Sozialisation so alteuropäisch nicht, auf Zehenabdrücke der Einzigen gänzlich zu verzichten. Erst das späte neunzehnte Jahrhundert entwickelte technisch-wissenschaftliche Spurensicherungen, die nach Ginzburgs bekannter These zur Psychoanalyse selber führten, und experimentelle Zerlegungen der Lokomotion, die bei Muybridge und Marey den Anfang aller Filme machten. Deshalb beläßt Hanold Gradivas Rätsel nicht im Rahmen klassischer Kunstgeschichte, sondern zieht zur Klärung einen befreundeten Anatomen heran (während sein Erfinder Wilhelm Jensen beide Studien, Philologie und Medizin, sogar in Personalunion vereinte (vgl. 18)):

> Es handelte sich für ihn um eine kritische Urteilsabgabe, ob der Künstler den Vorgang des Ausschreitens bei der Gradiva dem Leben entsprechend wiedergegeben habe. Darüber vermochte er nicht ins Klare zu gelangen, und seine reichhaltige Sammlung von Abbildungen antiker plastischer Werke verhalf ihm ebenfalls nicht dazu. Ihn bedünkte nämlich die fast senkrechte Aufstellung des rechten Fußes als übertrieben; bei allen Versuchen, die er selbst unternahm, ließ die nachziehende Bewegung seinen Fuß stets in einer weit minder steilen Haltung; mathematisch formuliert, stand der seinige während des flüchtigen Verharrungsmomentes nur in der Hälfte des rechten Winkels gegen den Boden, und so erschien's ihm auch für die Mechanik des Gehens, weil am zweckdienlichsten, als naturgemäß. Er benützte einmal die Anwesenheit eines ihm befreundeten jungen Anatomen, diesem die Frage vorzulegen, doch auch der war zur Abgabe eines sicheren Bescheides außerstande, da er nie Beobachtungen in dieser Richtung angestellt hatte. Die von dem Freunde an sich selbst gewonnene Erfahrung bestätigte er wohl als mit seiner eigenen übereinstimmend, wußte indes nicht zu sagen, ob vielleicht die weibliche Gangweise sich von der männlichen unterscheide, und die Frage gelangte nicht zu einer Lösung. (26)

Die Psychoanalyse führt solche im doppelten Wortsinn "pedestrischen Prüfungen" (27) selbstredend auf eine Geschlechterdifferenz zurück, die männliche Erektionen in Winkeln von 45 Grad und mütterliche im rechten Winkel zur Horizontale halluzinieren würde. Aber daß empirische Wahrnehmung überhaupt, selbst im Fall professioneller Anatomen, an einer Lokomotion scheitert, deren rechter Fuß "nur lose mit den Zehenspitzen den Boden berührt" und folglich "ein flugartiges Schweben" suggeriert (24), beweist eher die Notwendigkeit wissenschaftlicher Experimentalfilme.

1880 hatte Senator Leland Stanford, Pazifikeisenbahnkönig und Gründer der Stanford University, seine berühmte Wette abgegeben, "daß ein trabendes Pferd - entgegen der allgemeinen Auffassung - in bestimmten Phasen seiner Bewegung den Boden überhaupt nicht berührt".[31] Als aller Augenschein an solcher Geschwindigkeit scheiterte, beauftragte er Muybridge mit den ersten Serienphotographien und ihrer Veröffentlichung für Künstler, den Prachtbänden über *Animal Locomotion*. Weshalb denn auch Norbert Hanold, immer wenn das allzu "flüchtige Verharrungsmoment" von Sinnesdatenflüssen seine Wahrnehmung überfordert, also in Eisenbahnen und Sternennächten, lauter Stummfilme halluziniert (vgl. 24 und 54).

Und nur weil Altphilologen zum "physikalisch-physiologisch-anatomischen" Realen (62) keinen Berufszugang haben, muß Hanolds eigene Gradiva-Forschung Interpretation werden. Daß das Objekt seines Begehrens "über Organe zum Sprechen verfügt und mit den Fingern einen Bleistift zu halten vermag" (62), also Freuds Definition der Frauen ziemlich nahekommt, setzt die Philologie mit Notwendigkeit voraus, um nurmehr zu fragen, was die Hervorbringungen dieses Sprechorgans bedeuten.

Wenn Hanold also in Pompeii eine von vielen realen Touristinnen mit dem Phantasma der Einzigen verwechselt, hat sich nicht nur (wie Freud in Vorahnung seiner eigenen Probleme mit Schrebers Paranoia formuliert) "seine Wissenschaft völlig in den Dienst seiner Phantasie gestellt" (98). Auch seine Phantasie ist umgekehrt in den Dienst einer oder seiner Wissenschaft getreten. Nach der gescheiterten Experimentalphysiologie träumt die alte Universität einfach ihre Institution weiter: den Tanz zahlloser Beamter oder Dozenten rund um eine Alma Mater. Sie alle suchen das Land der Griechen mit ihrer Neuhumanistenseele und sprechen pompeianische Mittagsgespenster deshalb auf griechisch an.

"Bist du Atalanta, die Tochter des Jasos, oder entstammst du dem Hause des Dichters Meleager?"

Die Angeredete blickte (Hanold), ohne eine Antwort zu geben, lautlos mit dem ruhig-klugen Ausdruck ihrer Augen an, und zwei Gedanken durchkreuzten sich in ihm: Entweder vermochte ihr wiedererstandenes Scheindasein überhaupt nicht zu sprechen oder sie war doch nicht von griechischer Abkunft und der Sprache unkundig. So vertauschte er diese mit der lateinischen und fragte in ihr: "War dein Vater ein vornehmer Bürger Pompejis von lateinischem Ursprung?" (...)

Aber da vermochten ihre Lippen dem Antriebe nicht mehr zu widerstehen, ein wirkliches Lächeln umspielte sie, und zugleich klang zwischen ihnen eine Stimme hervor: "Wenn Sie mit mir sprechen wollen, müssen Sie's auf Deutsch tun." (51)

Frauen, die keine Universität besucht haben und Griechisch oder Latein nicht nur nicht "verstehen", sondern "War das Griechisch?" fragen müssen (59), zwingen zur Umstellung der Interpretation auf schlichtes und professionelles Übersetzen. Wenn die scheinbare Gradiva ihren Vornamen Zoë und ihren Nachnamen Bertgang nennt, wird Hanold zum Dolmetsch ihrer diskursiven, also unbewußten Identität. Er kann zeigen, daß die Etymologie von 'Bertgang' synonym mit 'Gradiva' ist (82), vor allem aber enträtselt er der Toten, die sie ihm scheint, eine der Paradoxien ihres Vornamens: "Der Name steht dir schön an, aber er klingt mir als ein bitterer Hohn, denn Zoë heißt das Leben." (60)

Die andere Paradoxie von Zoë allerdings kommentieren weder Hanold noch Freud. Ein Vorname, der seiner Trägerin erst aus einer toten Sprache rückübersetzt werden muß, entgeht ihr von vornherein. Er unterstellt sie Totenreichen, deren Sprache sie weder kennt noch erkennt, und damit einem Herrndiskurs. Wer ihn spricht, ist unschwer zu erraten: Nur Zoës Vater, "der Professor der Zoologie Richard Bertgang" (79), kann seine Tochter griechisch und näherhin nach dem Forschungsobjekt aller Zoologie benannt haben.

So klar herrschen Diskurse mit ihren Mythen und Verboten über das sogenannte Leben. Im universitären Diskurs produziert das Verbot fremdsprachenlose Frauen und der Mythos ein Objekt der Wissenschaft Zoologie: das Leben selber. Die Würfel sind gefallen, lange bevor die zwei Liebenden der Novelle ihre Kindheiten erleben, verdrängen und schließlich wieder erinnern. Freuds infantile Anamnesen kommen immer schon zu spät. Man braucht kein erstes Stammeln zu archivieren, einfach weil Menschen als solche schon vor der Geburt "in ein Netz von Symbolen gehüllt sind".[32] Im Fall von Hanolds pompeianischer Touristenliebe heißt das semantisch, daß Zoë Bertgang die Alma Mater ihrer väterlichen Fakultät zu vertreten hat, und pragmatisch, daß der klassisch gebildete Namengeber gar nicht sie, sondern einen nicht minder klassisch gebildeten Schwiegersohn adressiert. Wenn Dr. Hanold seine Liebe entdeckt und etymologisiert, ist ein Geheimcode hinterm Rücken seiner Trägerin an die immer schon vorgesehene Datensenke gelangt und decodiert. Der vielversprechende Privatdozent kann das Objekt einer Wissenschaft mit dem Leben selber verwechseln und als Schwiegersohn in Professor Bertgangs Netz gehen. Nicht umsonst hantiert der "Zoolog oder Botaniker" (63) die ganze Novelle über mit "Grasschlingen" und einer "genialen Eidechsenfang-Erfindung" (83), die das Symbolnetz selber symbolisieren. Freud zum Trotz ist "die Wissenschaft" keineswegs "nur das Mittel, dessen sich die Verdrängung bedient" (126), sondern deren Zweck. Eine deutsche Universität als moderne Fortschreibung des "Tempeldienstes", wie Freud so richtig bemerkt (127), hat durch unbewußte Vermittlung einer Frau, deren Volksschulunbildung selbstredend "kein unentbehrliches Stück in (Professor Bertgangs) zoologischer Sammlung" ist (84), Nachwuchs rekrutiert. Exakt so lief die Translation von Studien oder Lehrstühlen vor der Erfindung studierter Frauen nicht nur in Novellen sehr oft.

Daß sie aber auch in der Novelle steht, ist nach einem Wort Freuds nur möglich, weil "Reden selbst Symptome sind" (163). Die Psychoanalyse von Jensens *Gradiva* entziffert keinen individuellen Wahn und keine literarische Fiktion, sondern das Unbewußte der alten Universität. Freud braucht Zoë Bertgang in ihrem erotisch-strategischen Umgang mit dem Hysteriker und Archäologiedozenten Hanold nur zu dessen psychoanalytischer "Therapeutin" (156) zu ernennen, um eine Institution zu sprengen und ihr Unbewußtes freizulegen. Das "Auftreten der Zoë als Arzt", wie er formuliert (155), war in Österreich-Ungarn ja bis zum Jahr 1900 verboten. Aber mit Professorentöchtern wie Zoë Bertgang und Anna Freud oder Professorenfreundinnen wie Lou von Salomé startete eine neue Institution...

Offen bleibt nur, woher der Novellenschreiber solche Berufsgeheimnisse hat. Einerseits "zeigt das Verfahren, welches der Dichter seiner Zoë zur Heilung des Wahnes bei ihrem Jugendfreunde einschlagen läßt, eine weitgehende Ähnlichkeit, nein, eine volle Übereinstimmung im Wesen mit einer therapeutischen Methode, welche Dr. J. Breuer und der Verfasser im Jahre 1895 in die Medizin eingeführt haben" (156). Andererseits hat Dr. W. Jensen auf briefliche Anfrage hin "von einer *Traumdeutung* keine Ahnung" (12) und, was Freuds Medienblindheit einmal mehr überliest, seine Pompeii-Inspirationen statt dessen aus "heißer zitternder Sonnenluft", "Blendungen" und "farbigen Lichtspielen" (14).

Aber genau das ist es. Die Novelle und ihre Psychoanalyse unterhalten laut Freud ja dieselbe Beziehung, die innerhalb der Novelle zwischen Zoë und Gradiva-Relief, einer Frau und ihren Momentphotographien besteht (um nicht Lichtspielen zu schreiben). Bekanntlich konnten Künste immer nur "weitgehende Ähnlichkeit" mit ihren Modellen erzielen: Medien dagegen sind laut Rudolf Arnheim eben dadurch definiert, daß ihre Simulationen des Realen zu jener triumphalen Gleichheit führen,[33] die bei Freud "volle Übereinstimmung im Wesen" heißt. Und wenn die Gradiva laut Jensen "in nichts an die vielfach erhaltenen Reliefbilder einer Venus, Diana oder sonstigen Olympierin erinnert", sondern "auf der Straße im Vorübergehen rasch nach dem Leben im Tonmodell festgehalten" scheint (23), nimmt das nachgerade jene Unterscheidung vorweg, die Bergsons *Evolution créatrice* 1907, also vier Jahre nach Jensen, zwischen Antike und Moderne, Künsten und Medien, Pferden auf Parthenonfriesen und Pferden auf Muybridges Serienphotographien statuieren wird.[34]

Freud jedoch registriert von alledem nur, was ihn selber einmal mehr gegen wissenschaftliche Feinde beweisen soll: die "völlige Übereinstimmung" zwischen Novelle und Psychoanalyse. Daß sie auch den Novelleninhalt auf die Novellendeutung faltet, um als Medieneffekt zu terminieren, verschwindet hinter einem undenkbaren Medieneffekt, den Freud nach Rücknahme seiner Verführungshypothese allerdings nachgerade erfinden mußte. Wenn Hysterikerinnen nicht Reales bezeugen, sondern unbewußte Phantasien produzieren, entsteht ja notwendig das Problem, wie das Unbewußte seinen Subjekten oder Untertanen überhaupt Zugang gestattet. Freuds Antwort sind "'endopsychische Mythen'"[35] oder "endopsychische Wahrnehmungen", die er auch Dr. Hanold und Dr. Jensen zugestehen muß (um vom psychotischen Dr. Schreber ganz zu schweigen). Nur der Mythos dieses Mythos sorgt dafür, daß Hysteriker wie Hanold oder Schriftsteller wie Jensen "auf das Unbewußte in (ihrer) eigenen Seele" überhaupt "lauschen" und daraufhin in Reden oder Schriften "die Gesetze des Unbewußten" auch noch "verkörpern" können (160). Um seinen Feinden in Medizin und Psychiatrie zu beweisen, daß die von Freud vorgebrachten Gleichungen wirklich unabhängige sind, müssen Gehirne mit der absurden Medientechnik ausgestattet werden, ihre eigene Arbeit zu registrieren. (Bekanntlich ist das Gegenteil wahr und Arbeitsbedingung.)

Doch ganz wie Hanolds Archäologie laut Freud kann eben auch die selbsterfundene Psychoanalyse völlig in den Dienst einer Phantasie treten. Das Allgemeine im Individuellen suchen[36] heißt es schon ignorieren. Ob Dr. Jensen an "sozusagen 'endopsychischer Wahrnehmung'" litt (128), tritt zurück hinter einem universitären Subjekt, das in Jena, Würzburg und Breslau Medizin studierte, um schließlich in München ein philologisches Staatsexamen und den Dr. phil. zu machen. Ob Dr. Freud das Individuum Dr. Jensen erfolgreich analysierte oder nicht, tritt zurück hinter der Demonstration, daß eine sehr allgemeine, nämlich fiktive Frau einen ebenso allgemeinen, aber hysterischen Privatdozenten zum Professorenschwiegersohn und möglichen Lehrstuhlinhaber befördert hat. Aber das fürchtete er wohl, den Buben nicht sagen zu dürfen.

Nur in Briefen, denen Freud das "Schicksal" erhoffte, "vor jeder zukünftigen Verwendung bewahrt" zu bleiben,[37] steht die Geschichte seiner eigenen Berufung geschrieben. Selbstredend ist sie dieselbe. Alle möglichen Ordinarien, bei denen Freud studiert und assistiert hatte, setzten ihn seit 1897 vergebens auf jene Kandidatenliste, der dann nach Zustimmung des medizinischen Professorenkollegiums ein Kultusminister die neuen Wiener Professoren entnahm. Aber am antisemitischen Widerstand Wilhelm von Hartels, des vormaligen Wiener Philologieprofessors, scheiterten alle Vorschläge. Bis zwei hochgestellte Frauen, eine ehemalige und eine aktuelle Patientin Freuds, "auf eigene Faust zu wühlen begannen", Minister von Hartel zu Tische einluden und die verschleppte Akte Freud auf den Schreibtisch eines eher philosemitischen Kaisers beförderten. Woraus der neugebackene Titularprofessor lernte, daß "die alte Welt von der Autorität regiert wird wie die neue vom Dollar."[38] Statt Autorität hätte er auch schreiben können: von den Frauen hoher Staatsbeamter.

Bei der Psychoanalyse solcher Frauen - im Unterschied zu Schriftstellern oder Psychotikern - zählt endopsychische Wahrnehmung des eigenen Unbewußten nicht. Therapeutisch und strategisch geht es um die institutionellen Netze, deren Ränder sie unter alteuropäischen Bildungsbedingungen sind. Im Fall eines "hohen Funktionärs", den Freud "einmal behandelte" und "der durch seinen Diensteid genötigt war, gewisse Dinge als Staatsgeheimnisse vor der Mitteilung zu bewahren", ist die Psychoanalyse "an dieser Einschränkung gescheitert".[39] Wohingegen den Frauen solcher Funktionäre und das hieß Akademiker zwar der Diensteid, aber kaum die Staatsgeheimnisse erlassen blieben. Die Frau des österreichischen Generalkonsuls in Berlin jedenfalls "hörte von der Sache" Freud weder auf seiner Couch noch auf dem Dienstweg. Eben darum konnte sie "beginnen, auf eigene Faust zu wühlen".[40]

Im geheimdienstlichen Netz, das die Psychoanalyse ist, war Freuds Verführungshypothese nur eine nützliche, aber verzichtbare Spur. Ihr Widerruf änderte nichts daran, daß die talking cure nie und nimmer dem Individuum gilt, dessen Unbewußtes gerade das Wort hat, sondern den Netzen, an die es angeschlossen ist. Im Mai 1897, also vor dem feierlichen Widerruf der Verführungshypothese, gab Freud ein dramatisches Beispiel seiner Detektionsmethoden:

Ich habe gestern eine neue Kur mit einer jungen Frau begonnen (...). Heute kommt sie und beichtet, daß sie viel an die Kur gedacht und ein Hindernis gefunden habe. Welches? - Mich selbst kann ich so schlecht machen, als es sein muß, aber andere Personen muß ich schonen. Sie müssen mir gestatten, keine Namen zu nennen. - An Namen liegt es wohl nicht. Sie meinen die Beziehung zu Ihnen. Da wird sich wohl nichts verschweigen lassen. - Ich meine überhaupt, ich wäre früher leichter zu kurieren gewesen als heute. Früher war ich arglos, seitdem ist mir die kriminelle Bedeutung mancher Dinge klar geworden, ich kann mich nicht entschließen, davon zu sprechen. - Ich glaube umgekehrt, das reife Weib wird toleranter in sexuellen Dingen. - Ja, da haben Sie recht. Wenn ich mir sage, daß es ausgezeichnete, edle Menschen sind, die sich solcher Dinge schuldig machen, muß ich denken, es ist eine Krankheit, eine Art Wahnsinn, und muß sie entschuldigen. - Also sprechen wir deutlich. In meinen Analysen sind es die Nächststehenden, Vater oder Bruder, die die Schuldigen sind. - Ich habe nichts mit einem Bruder. - Also mit dem Vater.[41]

1913, lange nach dem Widerruf solcher Verführungen, forderte Freud *Zur Einleitung der Behandlung* dieselbe Rückfrage nach Dritten, diesmal aber aus Grundsatz:

Man muß sich aus seiner Selbstanalyse daran erinnern, wie unwiderstehlich die Versuchung auftritt, jenen kritischen Vorwänden zur Abweisung von Einfällen nachzugeben. Von der geringen Wirksamkeit solcher Verträge, wie man sie durch die Aufstellung der Grundregel mit dem Patienten schließt, kann man sich regelmäßig überzeugen, wenn sich zum erstenmal etwas Intimes über eine dritte Person zur Mitteilung einstellt. Der Patient weiß, daß er alles sagen soll, aber er macht aus der Diskretion gegen andere eine neue Abhaltung. "Soll ich wirklich alles sagen? Ich habe geglaubt, das gilt nur für Dinge, die mich selbst betreffen." Es ist natürlich unmöglich, eine analytische Behandlung durchzuführen, bei der die Beziehungen des Patienten zu anderen Personen und seine Gedanken über sie von der Mitteilung ausgenommen sind. *Pour faire une omelette, il faut casser des oeufs.*[42]

Diese Grundregel über der Grundregel setzt nur noch voraus, daß die zerbrochenen Eier goldene sind. Dafür aber sorgt schon die Beschränkung von Freuds Menschen-"Material" auf "chronisch Nervöse der gebildeteren Stände",[43] die ja selber oder durch Dritte am universitären Diskurs teilhaben. Also braucht dieser Diskurs, den bekanntlich frühneuzeitliche Territorialfürsten instituiert haben, nur noch an die Autorität von Beamtenschaft oder Staat angeschlossen zu sein, und Freuds Paranoia scientifica wird zur gelungenen Psychose.

Der Regelkreis zwischen Analysen, Lehranalysen, Kontrollen undsoweiter bis zur Internationalen Psychoanalytischen Vereinigung ist längst geschlossen. Wissen über das Machtwissen namens Universität hat aufgehört, nur in seinen eigenen Archiven zu landen. Die Psychoanalyse, weil ihr Nachrichtendienst von vornherein Frauen einschloß, brach ein Monopol. Und das Beste, was Freud den Männern nicht wieder sagen konnte, war genau das Schlimmste, was Frauen über sie gesagt hatten. Worauf die Universität nicht umhin konnte, Freud nicht mehr auszuschließen.

Die *Psychopathologie des Alltagslebens* führt vor, wie kongenial und praxisnah das Unbewußte jenen lateinischen Vers übersetzt, mit dem eine von Aeneas verlassene Königin im vierten Buch der *Aeneis* ihren Rächer heraufbeschwört.⁴⁴ Der Vers aus dem siebenten Buch, mit dem auch die Götterherrin selber Aeneas Rache schwört, steht dagegen unübersetzt und unkommentiert als Motto vor der *Traumdeutung*:

Flectere si nequeo superos, Acheronta movebo.

Seine unbewußte Übersetzung? "Auf eigene Faust wühlen", wie Freud von der Geburtshelferin seiner Titularprofessur schrieb. Oder wörtlicher: "Wenn die Chefetage nicht umzudrehen ist, mach ich die Unterwelt mobil."

Anmerkungen

1 Nicolas Boileau-Despréaux, *OEuvres Complètes*. Satires. Satire I, Paris ³1966, Vers 52, S. 21: "J'appelle un chat un chat, et Rolet un fripon". Das Zitat bei Freud in: Bruchstück einer Hysterie-Analyse, in: Sigmund Freud, *Gesammelte Werke*, London/Frankfurt/M. 1942-1968, Bd. V, S. 208, im folgenden *GW* zitiert.

2 Ebd. - Es wäre noch weiter zu analysieren, welcher Art die nicht-technischen Namen sind. Sie sind obszön und eigentlich viel näher an dem, was sie für die Schamhaftigkeit repräsentieren.

3 Zur Übersetzungsproblematik bei Freud vgl. den Aufsatz von Martin Stingelin, Freud zur See. Anmerkungen zu den Fährnissen des Übersetzungskomplexes, in: *Fragmente. Schriftenreihe zur Psychoanalyse*. Krieg und Medien I 27/28 (1988), S. 140-153. - Im übrigen ist der Sachverhalt bekannt, daß der Wechsel ins fremdsprachige Register innerhalb eines Textes, der Fragen der Sexualität, des Begehrens, der Perversion berührt, selbst Index der besonderen kulturellen Ausnahme ist, die dieses Sprechen darstellt. Als Beleg nehme man nur Tagebücher wie die Lichtenbergs oder Platens zur Hand oder Krafft-Ebings *Psychopathia sexualis*, wo die Kasuistik regelmäßig lateinisch abgefaßt wird, oder Hans Castorps Liebeserklärung an Madame Chauchat in Thomas Manns *Zauberberg*.

4 Das "Rätsel des Traumes" (*GW* II/III, 44, 56 et pass.); "Rätsel der Hysterie" (*GW* V, 201), "Rätsel der Welt" (*GW* XIV, 349, 354), "Rätsel des Lebens und des Todes" (*GW* X, 338), "Rätsel des Todes" (*GW* XIV, 337), "Rätsel des Weibes" (*GW* XIV, 241), "das Rätsel des Unheimlichen" (konkret des "Unheimlichen" des "weiblichen Genitals") (*GW* XII 258f.). Ganz entschieden verbindet Freud aber in den "Drei Abhandlungen zur Sexualtheorie" und in dem Beitrag "Zur sexuellen Aufklärung der Kinder" die kindliche Urfrage mit der Sphinxfrage: Diese Urfrage und mithin alle Forschung geht von dem Wunsch zu wissen aus, woher die Kinder kommen. (*GW* V, 95, *GW* VII, 20, 22, 24, 175).

5 Am Ende des Abschnitts über die "Abwehr" im "Entwurf einer Psychologie" resümiert Freud: "Somit bleibt der Vorgang der Verdrängung als Kern des Rätsels bestehen". Hier zitiert nach Sigmund Freud, *Aus den Anfängen der Psychoanalyse*, London 1950, S. 432. Die andere Formel in: Sigmund Freud, *Briefe an Wilhelm Fließ 1887-1904*. Ungekürzte Ausgabe, Hg. Jeffrey Moussaieff Masson, Frankfurt/M. 1986, S. 301 ff., im folgenden als *Fließ* zitiert.

6 Ernest Jones, *Sigmund Freud, Leben und Werk*, 3 Bde., München 1982, Bd. II, S. 27. - Freud hat sein Bildnis auf der Plakette als "das Beste und für mich Schmeichelhafteste" bezeichnet, als ihn C.G. Jung ein Jahr später um ein Bildnis bat. In diesem Zusammenhang sprach er auch von einem Photo, das "meine Buben" angefertigt hatten. Ganz offensichtlich zog er die "schmeichelhafte" Version des Künstlers den Photographien vor. Zur Differenz von Photographie und Relief, Kunst und Medium vgl. die Ausführungen weiter unten S. 146ff. Die Bemerkung gegenüber Jung findet sich in: Sigmund Freud, *Briefe 1873-1939*, Hgg. Ernst und Lucie Freud, Frankfurt 1968, S. 275.

7 *Fließ* 401, *GW* V, 209, VIII, 469.

8 *Fließ* 310, *GW* II/III, 247, 456, XIV, 550.

9 Freud, *Briefe*, S. 144f.

10 Zu dieser Frage und der langen Reihe ihrer Lesarten vgl. Edith Seifert, 'Was will das Weib'. *Zu Begehren und Lust bei Freud und Lacan*, Weinheim/Berlin 1987.

11 Zur Forschung über Sigmund Freuds akademische Karriere vgl. Siegfried Bernfeld/Suzanne Cassirer-Bernfeld, *Bausteine der Freud-Biographik*, hg. und übersetzt von Ilse Grubrich-Simitis, Frankfurt/M. 1981. - Josef und Renée Gicklhorn, *Sigmund Freuds akademische Laufbahn im Lichte der Dokumente*, Wien-Innsbruck 1960. - K.R. Eissler, *Sigmund Freud und die Wiener Universität. Über die Pseudo-Wissenschaftlichkeit der jüngsten Wiener Freud Biographie*, Bern u. Stuttgart 1966.

12 "Flectere si nequeo superos, Acheronta movebo" hieße hier, im Kontext der technischen Namen der Beförderung: "Wenn mich die Minister nicht zum Professor ernennen, lasse ich die Geister der Frauen auftreten". Vgl. aber die schlüssige Entschlüsselung im zweiten Teil dieses Beitrages S. 149.

13 Vgl. die Interpretation dieses Traumes bei Max Schur, *Sigmund Freud, Leben und Sterben*, übersetzt von Gert Müller, Frankfurt/M. 1977, S. 188ff. - Lutz Rosenkötter, Freud und Brücke: Neue Aspekte des Traumes "non vixit", in: J. von Scheidt (Hg.), *Der unbekannte Freud. Neue Interpretationen seiner Träume*, Frankfurt/M. 1978, S. 171-178. - Alexander Grinstein, *On Sigmund Freud's Dreams*, Detroit 1968; darin Kap. 12.

14 Zur Beziehung Freuds zu Fleischl vgl. die biographischen Darstellungen bei Jones, Bernfeld und Schur. Ihre gemeinsame Quelle ist der Brief an Martha Bernays vom 27. Juni 1882 (*Briefe*, S. 20ff.). Dort steht unter anderem die Bemerkung "Gestern war ich bei meinem Freund Ernst von Fleischl, den ich bisher, solange ich nicht Marthchen kannte, in allen Stücken beneidet habe. (...). Er (...) war immer mein Ideal (...)."

15 Vgl. Jacques Lacan, *Le séminaire*, livre XX: Encore, Paris 1975, S. 36.

16 Sigmund Freud, Vorlesungen zur Einführung in die Psychoanalyse. *Gesammelte Werke*, London-Frankfurt/M. 1942-68, Bd. XI, S. 7.

17 Michel Foucault, *Die Ordnung des Diskurses*, München 1974, S. 7.

18 Ernst Robert Curtius, *Europäische Literatur und lateinisches Mittelalter*, Bern [4]1963, S. 64.

19 Sigmund Freud, *Briefe an Wilhelm Fließ 1887-1904*. Ungekürzte Ausgabe, Hg. Jeffrey Moussaieff Masson, Frankfurt/M. 1986, S. 480f.

20 Freud, *Fließ-Briefe*, S. 238.

21 Freud, *Fließ-Briefe*, S. 454.

22 Freud, Vorlesungen zur Einführung in die Psychoanalyse. *GW* Bd. XI, S. 155.

23 Vgl. dazu Rose-Maria Gropp, Freud und Leid von Frauen (in diesem Band).

24 Freud, *Fließ-Briefe*, S. 283.

25 Vgl. Jeffrey Moussaieff Masson, *Was hat man dir, du armes Kind, getan? Freuds Unterdrückung der Verführungstheorie*, Reinbek 1984.

26 Freud, *Fließ-Briefe*, S. 284.

27 Sigmund Freud, *Der Wahn und die Träume in W. Jensens Gradiva. Mit dem Text der Erzählung von Wilhelm Jensen*, Hgg. Bernd Urban und Johannes Cremerius, Frankfurt/M. 1973, S. 89. (Im folgenden nurmehr nach Seitenzahlen zitiert.)

28 Freud, Die Traumdeutung, *GW* Bd. II/III, S. 101.

29 Freud, *Fließ-Briefe*, S. 185.

30 Freud, Selbstdarstellung. *GW* Bd. XIV, S. 91.

31 Ronald W. Clark, *Edison. Der Erfinder, der die Welt veränderte*, Frankfurt/M. 1981, S. 170.

32 Jacques Lacan, *Schriften*, Hg. Norbert Haas, Olten-Freiburg/Br. 1973-1980, Bd. I, S. 120.

33 Vgl. Rudolf Arnheim, *Kritiken und Aufsätze zum Film*, Hg. Helmut H. Diederichs, München 1977, S. 27.

34 Vgl. Henri Bergson, *L'Evolution créatrice*, Paris ^{26}1923, S. 358f.: "On pourrait donc dire que notre physique diffère surtout de celle des anciens par la décomposition indéfinie qu'elle opère du temps. Pour les anciens, le temps comprend autant de périodes indivises que notre perception naturelle et notre langage y découpent de faits successifs présentant une espèce d'individualité. C'est pourquoi chacun de ces faits ne comporte, à leurs yeux, qu'une définition ou une déscription *globales*. (...) Pour un Kepler ou un Galilée, au contraire, le temps n'est pas divisé objectivement d'une manière ou d'une autre par la matière qui le remplit. Il n'a pas d'articulations naturelles. Nous pouvons, nous devons le diviser comme il nous plaît. Tous les instants se valent. Aucun d'eux n'a le droit de s'ériger en instant représentatif ou dominateur des autres. (...) Il y a entre ces deux sciences le même rapport qu'entre la notation des phases d'un mouvement par l'oeil et l'enregistrement beaucoup plus complet de ces phases par la photographie instantanée. C'est le même mécanisme cinématographique dans les deux cas, mais il atteint, dans le second, une précision qu'il ne peut pas avoir dans le premier. Du galop d'un cheval notre oeil perçoit surtout une attitude caractéristique, essentielle ou plutôt schématique, une forme qui paraît rayonner sur toute une période et remplir ainsi un temps de galop: c'est cette attitude que la sculpture a fixée sur les frises du Parthénon. Mais la photographie instantanée isole n'importe quel moment; elle les met tous au même rang, et c'est ainsi que le galop d'un cheval s'éparpille pour elle en un nombre aussi grand qu'on voudra d'attitudes successives, au lieu de se ramasser en une attitude unique, qui brillerait en un instant privilégié et éclairerait toute une période."

35 Freud, *Fließ-Briefe*, S. 311.

36 Vgl. Jean-Paul Sartre, L'individuel singulier. in: *Kierkegaard vivant. Colloque organisé par l'Unesco à Paris du 21 au 23 avril 1964*, Paris 1966, S. 20-63.

37 Freud, *Fließ-Briefe*, S. XVII.

38 Freud, *Fließ-Briefe*, S. 502f.

39 Freud, Zur Einleitung der Behandlung. *GW* Bd. VIII, S. 469.

40 Freud, *Fließ-Briefe*, S. 502.

41 Freud, *Fließ-Briefe*, S. 252.

42 Freud, Zur Einleitung der Behandlung. *GW* Bd. VIII, S. 469.

43 Freud, Die Sexualität in der Ätiologie der Neurosen. *GW* Bd. I, S. 514.

44 Vgl. Freud, Zur Psychopathologie des Alltagslebens. *GW* Bd. IV, S. 13-20.

Samuel Weber

Interpretation und Institution[1]

I

Vor einem halben Jahrhundert veröffentlichte der französische Philosoph Gaston Bachelard ein kleines Buch über den radikalen Wandel herkömmlicher Denkweisen innerhalb wie außerhalb der Wissenschaften durch das, was er den "neuen wissenschaftlichen Geist"[2] nannte. Obwohl Bachelard sich vor allem mit Mathematik, Physik und Chemie befaßte, nahm seine Interpretation der Veränderungen in diesen Bereichen zugleich viele der Tendenzen voraus, die seit zwei Jahrzehnten auch das Denken, die Lehre und die Arbeitsweisen in den Geisteswissenschaften und besonders in den Literaturwissenschaften beeinflussen. Eine kurze Erörterung von Bachelards Analysen vermag daher sowohl alternative Arbeitsweisen des Schreibens und Lesens vorzustellen, als auch zu zeigen, daß sich die darin wirksamen Kräfte nicht auf die einzelnen Disziplinen beschränken, wo sie, zunächst jedenfalls, zu arbeiten gezwungen sind. Was bei der Auseinandersetzung zwischen traditionellen Denkweisen, sei es in den Erfahrungswissenschaften oder anderswo, und der wachsenden Zahl intellektueller Arbeitsweisen, die dieser Tradition nicht mehr einfach integriert oder von ihr verstanden werden können, auf dem Spiel steht, ist nichts weniger als die *Idee* und das *Ideal* des *Wissens*, welche auf einem als *adaequatio intellectus et rei* gedachten Begriff der Wahrheit gründen. Aber während der 'Übereinstimmungs'-Begriff der Wahrheit sowohl die *Trennung* des Denkens von seinem Objekt als auch den *Vorrang* des letzteren vor dem ersteren voraussetzt, hat das Vorgehen des 'neuen wissenschaftlichen Geistes' gerade diese Unterscheidung zunehmend problematisch werden lassen.
Die Auswirkungen solcher Problematisierung gehen mit Sicherheit weit über den Bereich der 'Methodologie' hinaus. Die weitverbreitete 'Identitätskrise', die heute eine Vielzahl verschiedener Disziplinen erfaßt hat, ist nur das offensichtliche Anzeichen eines Prozesses des Überdenkens, dessen Implikationen sich auch auf die akademische Arbeitsteilung selbst erstrecken. So wie die binäre, entgegensetzende Logik, die herkömmlicherweise die wissenschaftliche Forschung organisiert, nicht mehr einfach als selbstverständlich hingenommen wird, werden auch ihre institutionellen Begleiterscheinungen - die Verfahren, mit denen die Disziplinen und Gruppen der Wissenschaft und der 'Gelehrsamkeit' ihre Gebiete abgesteckt und ihre Autorität gefestigt haben - neuerlicher Prüfung unterworfen. Eines der bedeutsamsten Zeichen für diesen Prozeß ist in den letzten Jahren das Erscheinen einer Vielzahl von Studien aus verschiedenen Disziplinen gewesen - oftmals ohne unmittelbare Verbin-

dung mit- oder auch nur Wissen voneinander -, die, unabhängig von ihren je besonderen Methoden, Gegenständen und Interessen, auf verschiedene Weise die Begrenzungen der Disziplinen in Frage stellen, in deren Sphäre sie notwendig - wenn auch vielleicht nur vorläufig - situiert sind.

Was heute zunehmend in Frage gestellt wird, vielleicht mehr als zu jeder anderen Zeit seit dem Zeitalter der Aufklärung, ist die Vorstellung der intellektuellen und wissenschaftlichen *Autonomie*. Die Autonomie einer wissenschaftlichen Disziplin, so wie sie traditionellerweise verstanden wird - eine Tradition, die noch weite Bereiche des akademischen Lebens und seiner Institutionen beherrscht -, setzt einen Bereich voraus, der selbstgenügsam ist, seinen eigenen Gesetzen unterworfen, Prinzipien oder Regeln, die ihrem Wesen nach unabhängig sind von allem, was sie umgibt, von allem, was sie nicht sind.[3] Im Einklang mit diesem Ideal der *Erkenntnisautonomie (cognitive autonomy)* ist es erstes und einleitendes Interesse der etablierten Fächer des gelehrten Wissens gewesen, Territorien abzugrenzen und Grenzen zu sichern. Es ist gerade dieses Verlangen, undurchdringliche Grenzen und unerschütterliche Fundamente zu errichten, so argumentiert Bachelard, das den alten vom 'neuen wissenschaftlichen Geist' abhebt. Die Arbeitsweisen heutiger Wissenschaft bringen eine "Vielfalt der Axiomatik"[4] und die Anerkennung einer irreduziblen "Vielheit der Basishypothesen"[5] mit sich. Das Interesse an Grundlagen, das das traditionelle Denken kennzeichnet, wird somit durch einen praktischeren, strategischen Zugang ersetzt, der das Bemühen einschließt, das, was man als die *ermächtigenden Grenzen (enabling limits)*[6] beschreiben könnte, auszudehnen oder sonstwie ins Spiel zu bringen.

Bachelard nähert sich dem Problem sicherlich eher unter dem Gesichtspunkt der *Verschiedenheit* als unter dem der *Abgrenzung*: Die Gegenstände und Vorgehensweisen moderner Wissenschaft sind, so betont er, nicht auf irgendeine einzelne oder vereinigte Gruppe von Annahmen und also nicht auf irgendeine einzige, selbstidentische Realität reduzierbar. Die Kompliziertheit der mannigfaltigen Wirklichkeit heutiger Wissenschaft setzt die Idee der Autonomie außer Kraft. Was sich verändert hat, ist das Verhältnis von Identität zu Nichtidentität, von Einschluß zu Ausschluß. Die Begriffe und Konstrukte des neuen wissenschaftlichen Geistes sind relational statt substantiell und insofern in irreduzibler Weise *heterogen*, wie Bachelards Interpretation des Pauli-Prinzips zeigt:

Philosophisch gesprochen, ist es der systematische Ausschluß des *Selben*, ist es der Aufruf des *Anderen*. Innerhalb jedes Systems, oder besser, damit Elemente ein System bilden, ist eine wesentliche mathematische Verschiedenheit der Komponenten notwendig.[7]

Die Folge solch "systematischen Ausschlusses" ist die 'Mathematisierung' der wissenschaftlichen Forschung, oder genauer, die Ersetzung des herkömmlichen, auf der euklidischen Geometrie basierenden Erkenntnismodells durch ein algebraisches. Erkenntnisgegenstände sind fortan nicht mehr durch den Bezug auf eine innewohnende Eigenschaft, ihre *Form*, zu identifizieren, sondern vielmehr durch ihr Vermögen, *deformiert* und *transformiert* zu werden:

(...) das Wesen eines mathematischen Begriffs bemißt sich nach den Möglichkeiten der Deformation, die es erlauben, die Anwendung dieses Begriffs zu erweitern. (...) Das mathematische Denken ist dort ganz es selbst (prend son essor), wo die Ideen der Transformation, der Entsprechung, der vielseitigen Anwendung erscheinen.[8]
Man könnte zu einer mathematischen Entität sagen: Sage mir, wie man dich transformiert, und ich sage dir, wer du bist. (...) Der Eckpfeiler der Evidenz ist mithin die algebraische Form. Im Grunde sammelt die Algebra alle Relationen, und nichts als Relationen. In ihrer Eigenschaft als Relationen sind die verschiedenen Geometrien äquivalent. In ihrer Eigenschaft als Relationen haben sie Realität - und nicht durch die Beziehung zu einem Gegenstand, einer Erfahrung oder einem intuitiven Bild.[9]

Dieser Prozeß der 'Algebraisierung' - der 'Deformation' und 'Transformation' - beeinflußt nicht lediglich das 'Objekt' der wissenschaftlichen Forschung, sondern auch ihr Subjekt, oder vielmehr das Verhältnis der beiden, wie Bachelards Erörterung des berühmten Heisenbergschen "Prinzips der Unbestimmtheit" zeigt. Indem es die Unmöglichkeit demonstriert, zu gleicher Zeit den Ort und die Geschwindigkeit eines Elektrons zu bestimmen; indem es zeigt, daß das Meßinstrument, das Photon, das Objekt in ebendem Vorgang des Messens verändert und auf ähnliche Weise bei diesem Aufeinandertreffen in seiner eigenen Frequenz modifiziert wird, rüttelt dieses "Prinzip" an der Grundvoraussetzung nicht nur der traditionellen Wissenschaft, sondern auch des intuitiven Denkens, welches durch diese Wissenschaft systematisiert (und legitimiert) werden sollte. Diese Voraussetzung bezeichnet Bachelard als das "Absolute der Lokalisierung", ein Glaube, so fügt er hinzu, der auch "an der Basis der Sprache" liegt, so wie sie im allgemeinen verwendet und aufgefaßt wird.[10] Materialismus und Realismus, Baconscher Empirismus und kartesianischer Rationalismus wurzeln beide in dieser "Abstraktion", für die sich "die Lokalisierung" - oder genauer, die *Fähigkeit zur Lokalisierung* - "der Materie in einem bestimmten Raum"[11] von selbst versteht. Kurz, die herkömmliche Auffassung, die Raum und Zeit in Form von "Punkt und Augenblick" für meßbar hält, wird von der heutigen Wissenschaft unwiderruflich erschüttert.
Mit Sicherheit ist es einfacher, zu zeigen, wie das Erkenntnisparadigma der euklidischen Geometrie von der modernen Wissenschaft problematisch gemacht wird, als zu beschreiben, was an seine Stelle tritt. Ein Grund für diese Schwierigkeit ist die Tatsache, daß nicht zu erwarten ist, daß das neue 'Paradigma' dieselbe Einheitlichkeit wie das alte aufweist. Im Gegenteil, seine komplizierte Uneinheitlichkeit (disunity) widersteht nicht nur traditioneller Wissenschaft und traditionellem Wissen, sondern auch unserer unmittelbaren Erfahrung und deren vertrauten Diskursen. So ist es keine leere rhetorische Geste (wenn auch kaum eine ungeläufige), wenn Bachelard sich anderswo nach der Sprache umsieht, die zum Ausdruck der komplizierten und zweideutigen Wirklichkeiten der neuen Wissenschaft vonnöten sein wird: "Welcher Dichter wird uns mit den Metaphern dieser neuen Sprache versehen?"[12] Metaphorisch wird diese Sprache schon sein müssen, wenn sie "ein Denken" ausdrücken soll, "das Halt in seiner Bewegung findet"[13] anstatt im substantiellen Sein eines Referenten.

Die Vorherrschaft der *relationalen* über die *referentielle* Dimension in der heutigen Wissenschaft führt Bachelard, wie Saussure etwa dreißig Jahre zuvor, zu einem tiefen Mißtrauen gegenüber jener weitverbreiteten Auffassung und jenem weitverbreiteten Gebrauch von Sprache, die bzw. der deren *benennend-repräsentierenden* Aspekt über ihre *unterscheidend-bedeutende* Funktion stellt. Zustimmend zitiert er Heisenbergs Warnung, "besonders vorsichtig muß man bei der Anwendung des Ausdrucks 'in Wirklichkeit' sein", welcher die Vorstellung befriedigt, aber erkenntnismäßig "völlig inhaltsleer" ist und experimentell keinerlei Konsequenzen hat.[14] Nur ein radikales Überdenken und Überarbeiten des metaphorischen, bildlichen Aspekts der wissenschaftlichen Sprache kann, so argumentiert Bachelard, die "Schwierigkeit der objektiven Bezeichnung"[15] überwinden, auf die eine Wissenschaft stößt, deren Gegenstände und Begriffe unauslöschlich von einer gewissen *Doppelheit* gezeichnet sind:

Alle Grundbegriffe können in irgendeiner Weise verdoppelt werden; sie können von komplementären Begriffen eingefaßt werden. Künftig wird jede Intuition von einer Wahl ausgehen; es wird mithin eine Art wesensmäßiger Zweideutigkeit an der Basis der wissenschaftlichen Beschreibung geben, und der Unmittelbarkeitscharakter der kartesianischen Evidenz wird gestört werden.[16]

Somit offenbart sich die Welt der heutigen Wissenschaft als eine der *Doppelgänger** und der zweideutigen 'Wahlmöglichkeiten', in denen "die Zeit mehr als Wiederholung denn als Dauer wirksam ist"[17] und die Realität als ein "Spektrum von Zahlen" oder gar als "ein Doppelspiel des Schreibens"[18] erscheint. Und doch muß in dieser geisterhaften Welt immer noch gewählt und müssen immer noch Identitäten festgelegt werden, wie vorläufig, probabilistisch und zufällig diese auch sein mögen. Es ist die Unvermeidlichkeit solcher Entscheidungen in einer von irreduzibler Zweideutigkeit geprägten Situation, die ein Denken entstehen läßt, das nicht nur durch Ambivalenz, sondern auch durch Angst genährt wird.

Denn auf welchen Kriterien wird die Wahl letzten Endes basieren, wenn "es das Wirkliche und nicht das Wissen ist, das den Stempel der Zweideutigkeit trägt"[19]? Wenn der herkömmlicherweise durch das Sein, die Wirklichkeit und die Wahrheit abgesteckte Horizont nicht länger mehr eine verläßliche Orientierung für das Urteil verschafft? Kurz, wenn die *res*, der sich der *intellectus* zuwendet, in diesem Prozeß zugleich deformiert und transformiert wird?

Es wird daher kaum überraschen, daß die Entscheidungen eines solchen Intellekts, der sowohl Zweideutigkeit als auch Andersheit bejahen und doch zur gleichen Zeit beide verneinen muß, durch eine "Angst" gekennzeichnet sind, der Bachelard beträchtliche Relevanz zuspricht:

Wäre es (...) nicht ratsam, daß man - anstelle dieser Gemeinschaft mit einer globalen Wirklichkeit, auf die der Wissenschaftler mit Freuden zurückkommt -, um die Evolution des Intellekts zu verstehen, aufmerksam für das geängstigte Denken wäre, für das Denken auf der Suche nach dem Gegenstand, für das Denken, das dialektische Gelegenheiten sucht, sich selbst zu verlassen, seine eigenen Rahmen aufzubrechen, kurz, für das Denken auf dem Weg zur reinen Sachlichkeit?[20]

Wenn das "geängstigte Denken" der modernen Wissenschaft ein Denken in Bewegung ist, wären wir zweifellos gut beraten, uns mit Freud daran zu erinnern, daß Angst nicht nur eine Flucht *vor* dem Selbst, sondern auch eine Flucht *des* Selbst ist und daß daher die 'Objekte', zu denen sie flieht, weit davon entfernt, ein reines und einfaches Anderes zu bilden, 'mehr vom selben' mit sich bringen. In diesem Sinne ist es gemeint, wenn Bachelard auf der (offensichtlich banalen) Tatsache besteht, daß die Objekte der Wissenschaft nicht Individuen, sondern 'Klassen' sind:

> In Zukunft erfaßt man das Wirkliche durch seine Zugehörigkeit zu einer Klasse. Auf der Ebene der Klasse wird man die Eigenschaften des Wirklichen zu suchen haben.[21]

Für Bachelard nicht weniger als für Marx wird es immer eine Klasse in diesem Text geben,[22] und diese Klasse wird ebensosehr ein Theater des Konflikts sein wie ein Klassenzimmer oder ein Laboratorium - aus Gründen, die weniger mit den beteiligten Personen als vielmehr mit den Praktiken der Wissenschaft selbst zu tun haben:

> Wissenschaftliche Beobachtung ist stets polemische Beobachtung; sie bestätigt oder entkräftet stets eine vorgehende These, ein vorheriges Schema, einen Beobachtungsplan. (...) Natürlich wird, sobald man von der Beobachtung zum Experimentieren übergeht, der polemische Charakter der Erkenntnis noch klarer. Dann muß das Phänomen sortiert, gefiltert, gereinigt, in die Form der Instrumente gegossen werden, auf der Ebene der Instrumente produziert werden. Die Instrumente aber sind nichts als vergegenständlichte Theorien. Aus ihnen werden Phänomene entlassen, die überall den Stempel der Theorie tragen.[23]

Der "polemische" Charakter der wissenschaftlichen Forschung ist deswegen nicht lediglich ein Ergebnis des Strebens danach, frühere Theorien zu verdrängen - ein Gesichtspunkt, der zweifellos schon wichtig genug ist[24] -, sondern auch ein Ergebnis des Prozesses des Experimentierens selber. Und das ist das, was die wissenschaftliche Wirklichkeit nicht bloß 'zweideutig' im Sinne der Heisenbergschen Unbestimmtheitsrelation, sondern auch *ambivalent*, *agonal* und *konfliktreich* macht. In einer solchen Situation, wo wissenschaftliche Aktivität unvermeidlich das Bestreben mit sich bringt, das Unbestimmbare zu bestimmen, kann der Erfolg niemals gänzlich von einem Spiel widerstreitender Kräfte getrennt werden, die, wie neuere Studien gezeigt haben, selbst wiederum nicht ausschließlich wissenschaftliche sind.[25]

Die Vorgehensweisen der Wissenschaft selbst - das "Sortieren, Filtern, Reinigen" von 'Daten' wie auch deren *Zuschreibung* (*inscription*) und *Verbreitung* (*circulation*)[26] - bringen somit ein Verhältnis zur Andersheit mit sich, das nicht mehr länger als rein innerwissenschaftlich angesehen werden kann. Dies ist der Punkt, an dem sich die Perspektive der "Institution", oder genauer, der *Institutionalisierung*, aufdrängt: freilich nicht als Zauberbegriff, der fähig wäre, die Probleme der ambivalenten Erkenntnis aufzulösen, sondern vielmehr als Hinweis auf die besondere Form, die sie in der Praxis der modernen Wissenschaft annehmen.

Obgleich uns die Perspektive der Institutionalisierung über Bachelard hinausführt, wird ihre Notwendigkeit durch seine Bemerkungen über die Funktion des Ausschlusses in der wissenschaftlichen Systematisierung klar angezeigt. Der Ausschluß, so wie er von Bachelard beschrieben wird, ist nicht weniger doppelt als der wissenschaftliche Diskurs im allgemeinen. Einerseits schreibt er, wie wir gesehen haben, einen irreduzibel heterogenen "Aufruf des Anderen" in die Konstrukte der heutigen Wissenschaft ein: Damit Elemente ein System bilden können, muß das Selbe ausgeschlossen werden. Jedoch macht diese 'objektive' und sozusagen dialektische Rolle einen *zweiten Ausschluß* notwendig, der in einem gewissen Sinn gegen den ersten gerichtet ist, da diesmal nicht das Selbe ausgeschlossen wird, sondern das Verschiedene: d.h. ebenjene Zweideutigkeit, die von der systemkonstituierenden Funktion des Ausschlusses eingeführt wurde:

> Ginge man aber der Sicherheit des Chemikers auf den Grund, so würde man gewahr werden, daß sie sich auch in der Form fortschreitender *Ausschlüsse* artikuliert und dabei genau jene Fälle beiseite läßt, wo es zu Zweideutigkeit kommen würde. (...) Die Übereinstimmung der Geister verwirklicht sich in der Negation. Die perfekte objektive Einheit basiert auf einer Art von Nicht-Objekt.[27]

Mit Sicherheit gehört der hier beschriebene Ausschluß zu einer "Psychologie des Determinismus", die von Bachelard eher mit der traditionellen als mit der heutigen Wissenschaft in Zusammenhang gebracht wird. Und doch wird auch in der nicht-deterministischen "Erkenntnistheorie des Wahrscheinlichen", die er für die allgemeinste philosophische Konsequenz des neuen wissenschaftlichen Geistes hält, die Zweideutigkeit noch begrenzt, "ausgeschlossen" werden müssen, wenn Gegenstände, auf welche Weise auch immer, abgegrenzt - d.h. erkannt - werden sollen. Es ist die Spannung, die von diesen beiden unentbehrlichen, unzertrennlichen und doch sich gegenseitig zersetzenden Ausschlüssen ausgeht, die zu der "seltsamen Ambivalenz" führt, welche die heutige Wissenschaft der Idee der Realität auferlegt.[28]

Diese ambivalente Bejahung und Verneinung der Zweideutigkeit und der Unbestimmtheit ist das, was das Verhältnis der 'Wissenschaft' zu einer Andersheit charakterisiert, die sie zu kontrollieren sucht, aber niemals vollkommen integrieren oder assimilieren kann. Nicht mehr länger in einer Ordnung des Seins - wie objektiv oder subjektiv konzipiert auch immer - 'gegründet', ist der einzige 'innere' Halt der Wissenschaft ihre Bewegung. Aber diese Bewegung *entfernt* die Wissenschaft von sich selbst, indem sie letztere dazu drängt, "ihren eigenen Rahmen aufzubrechen", um sich den rätselhaften 'Objekten', denen sich diese widmet, zu nähern. Da diese Gegenstände selbst kaum dem zentrifugalen Drall der Wissenschaft Einhalt gebieten können - aus ebenden Gründen, die es absurd werden lassen, von den 'Gegenständen *selbst*' zu sprechen -, kann die Funktion des Festlegens von Identitäten, des Auferlegens von Begrenzungen und des Durchsetzens von Demarkationslinien nur als Effekt dessen vorgestellt werden, was wir 'Institutionen' nennen, und als Effekt der Institutionalisierung.

Unter der Voraussetzung allerdings, daß der Vorgang der Institutionalisierung anders aufgefaßt wird als herkömmlicherweise in der Philosophie und vor allem den Sozialwissenschaften. Die beherrschende Tendenz, so schreibt René Lourau, ist es gewesen, den Begriff auf nur eines seiner Elemente - die Aufrechterhaltung des Status quo - zu reduzieren und dadurch seinen dynamischen, umwandelnden Aspekt auszuschalten. Der Begriff, so beobachtet Lourau,

> ist mehr und mehr dazu verwendet worden, das zu bezeichnen, was ich und andere vor mir das *Instituierte* (l'institué) genannt haben, wodurch die etablierte Ordnung, die schon bestehenden Normen, der Stand der Tatsachen mit dem Stand des Rechts (l'état de droit) verwechselt wurden. Im Vergleich dazu ist der *instituierende* Aspekt (l'instituant) (...) immer mehr verdeckt worden. Die politische Implikation der soziologischen Theorien erscheint hier deutlich. Indem sie den Begriff der Institution eines seiner ursprünglichen Bestandteile beraubt hat (desjenigen der Instituierung im Sinne des Gründens, des Erschaffens, des Brechens mit einer alten und des Schaffens einer neuen Ordnung), ist die Soziologie schließlich soweit gekommen, die Institution mit dem Status quo gleichzusetzen.[29]

Im Gegensatz dazu ist der Begriff der Institution, der in den Texten von *Institution and Interpretation* wirksam ist, einer, in dem *instituierte* Organisation und *instituierender* Prozeß verbunden werden im ambivalenten Verhältnis jeder festgelegten Struktur zu dem, was sie ausschließt und was doch, als Ausgeschlossenes, dieser Struktur erlaubt, *sich abzusondern (to set itself apart)*.[30]

II

Als ein Beispiel für solchen Ausschluß, das in der modernen Literaturwissenschaft von größter Wichtigkeit gewesen ist, kann jener gelten, der das literarische Objekt in den Begriffen des *Werkes* und des *Autors* definiert hat. Die Verfahren, mit denen Texte für die Untersuchung passend gemacht wurden, als bedeutungsvolle Gegenstände, die in Hinsicht auf ihre Wahrheit zu lesen und zu lehren sind, haben in großem Maße von einer spezifischen Konzeption des Autors abgehangen, welcher für den konstitutiven Ursprung und das bestimmende Prinzip des Werkes gehalten wurde. Roland Barthes hat es in seinem berühmten, zuerst 1968 veröffentlichten Essay über den "Tod des Autors" recht prägnant formuliert:

> Einem Text einen Autor zu geben heißt, diesem Text eine Beschränkung aufzuerlegen, ihn mit einem letztendlichen Signifikat auszustatten, das Schreiben zu schließen. Eine solche Auffassung paßt sich der Kritik sehr gut an, und diese teilt sich selbst dann die wichtige Aufgabe zu, den Autor (oder seine Hypostasen: Gesellschaft, Geschichte, Psyche, Freiheit) unter dem Werk aufzuspüren: Wenn der Autor gefunden ist, ist der Text 'erklärt' - Triumph des Kritikers. Daher liegt nichts Überraschendes in der Tatsache, daß, historisch, die Herrschaft des Autors auch die des Kritikers gewesen ist, und auch wiederum darin nicht, daß die Kritik (sei sie auch neu) heute zusammen mit dem Autor untergraben wird.[31]

Aber wenn Barthes' Nachruf sich als verfrüht erwiesen hat, dann ohne Zweifel, weil das Problem der Autorität komplizierter ist, als die zitierte Passage andeuten wollte. Ist es möglich, sich einen "Text" *ohne* Begrenzung vorzustellen? Ein Schreiben ohne irgendeine Art von Abschluß? Und wenn nicht, dann wird nicht zur Frage, *ob* Beschränkungen auferlegt werden, sondern *wie*. Barthes' Antwort auf diese Frage, die die Richtung vorwegnimmt, die ein Hauptteil der akademischen Kritik in den darauffolgenden Jahren nehmen würde, erlaubt uns außerdem, die Schwierigkeiten zu erkennen, auf die jeder Versuch unvermeidlich stößt, der eine Herrschaft - die des Autors - abschaffen will, indem er sie einfach durch eine andere ersetzt, sei es die des 'Schreibers' oder die des Lesers:

Der Leser ist der Raum, in den all die Zitate, aus denen ein Schreiben sich zusammensetzt, eingeschrieben werden, ohne daß irgendeines von ihnen verloren geht; die Einheit eines Textes liegt nicht in seinem Ursprung, sondern in seinem Ziel. Doch kann dieses Ziel nicht länger persönlich sein: Der Leser ist ohne Geschichte, Biographie, Psychologie; er ist einfach dieser *jemand*, der in einem einzigen Feld all die Spuren zusammenhält, die den geschriebenen Text ausmachen.[32]

Das Prinzip der Abgrenzung wird somit von einer archäologischen Instanz, dem Autor, zu einer teleologischen, dem 'Leser', verlagert - aber die Art, wie sein Vorgehen aufgefaßt wird, bleibt dieselbe. Das Ergebnis ist, daß "die Geburt des Lesers" erwiesenermaßen nicht "den Tod des Autors" bedeutet hat, wie Barthes zuversichtlich vorhersagte, sondern dessen Wiederaufleben.[33] Das ist nicht ohne eine gewisse Logik geschehen. Denn solange Lesen, Schreiben, Intertextualität oder irgendeine andere der übrigen Kategorien, die als Alternativen zu der klassischen Dyade von Autor und Werk angeboten worden sind, in Begriffen von *Einheit* und *Totalität* oder als deren einfache *Negation* konzipiert werden - d.h. solange die Attribute des *Werks* weiterhin den hermeneutischen Horizont begrenzen, in dem Sprache verwendet und interpretiert wird -, solange wird der 'Leser' letztlich nicht mehr sein als ein sprachloses Double für den (gleichermaßen stummen) Autor und der Kritiker Wortführer, Erbe und Nutznießer der beiden.

Die oben zitierte Passage bietet reichliche Bestätigung dafür: Barthes' Versuch, den Autor durch den Leser zu ersetzen, überläßt unvermeidlich der Logik der Identität, die er scheinbar zu unterlaufen sucht, das letzte Wort: Die "Vielfalt" des Textes wird in einem vereinigten und vereinigenden Leser "fokussiert", der "einfach (...) *jemand* (ist), der in einem einzigen Feld all die Spuren zusammenhält ..." Eine derartige Funktion, soviel ist sicher, war genau das, was Foucault, etwa zu derselben Zeit wie Barthes schreibend, nicht dem Leser, sondern dem Autor beilegte.[34] Die Tatsache, daß sich der Wunsch nach Identität, Einheit und Totalität als soviel unverwüstlicher erwiesen hat, als sowohl Foucault als auch Barthes erwarteten, legt nicht nur von der Macht der - alten wie neuen - Kritik Zeugnis ab, oder von der der Bildungs- und Forschungsinstitutionen, durch die und in denen sie sich erhält, sondern, vielleicht noch wichtiger, von der kulturellen Investition in den Begriff des Lesens selbst. Der Charakter dieser Investition verlangt natürlich nicht, daß das Lesen

159

sehr ernst genommen wird, sondern im Gegenteil, daß es als selbstverständlich betrachtet wird.³⁵ Es ist jedoch genau solche Selbst-Evidenz, die von jeder *effektiven* Problematisierung der "Funktion Autor" (Foucault) unweigerlich zertrümmert wird. Denn wie soll das Lesen von gewissen anderen Praktiken unterschieden werden - vom Halluzinieren, Träumen oder Phantasieren beispielsweise - ohne Bezug zu einem zuvor abgegrenzten 'Objekt' - ob dieses nun als bedeutungsvolles Werk oder als bedeutender (signifying) Text vorgestellt wird? Wittgensteins Erörterung verschiedener Vorkommensweisen des Verbs "lesen" in den *Philosophischen Untersuchungen* offenbart anschaulich, wie prekär die semantische Einheit dieses nur allzu geläufigen Begriffs in Anbetracht der Heterogenität seiner verschiedenen Anwendungen ist.³⁶ Und zweifellos könnte derselbe Nachweis auch für den Begriff des 'Schreibens' geführt werden, wie dessen Beschreibung durch Foucault nahelegt: "Das Schreiben entwickelt sich wie ein Spiel, das zwangsläufig seine Regeln überschreitet und so nach außen tritt."³⁷ Aber wenn die Bewegung des Schreibens es über die Regeln, mit denen es beginnt, hinausführt, wohin geht es dann? Und ist dieser Vorgang, wie überschreitend er auch sein mag, selbst völlig ohne Regeln? Wenn das Schreiben *ungeregelt (unruly)* ist, ist es damit gesetzlos? Wenn nicht, wovon leiten diese Gesetze ihre Macht ab? Wie gelangen sie dazu, sich aufzuerlegen?
Damit solche Fragen beantwortet werden, muß nicht bloß die *Funktion* Autor untersucht werden, sondern die Art, wie sie *vorausgesetzt* wird.

III

Nirgendwo vielleicht wird die problematische Notwendigkeit dieser Annahme so deutlich ausgesprochen wie in der *Kritik der Urteilskraft*. Kant eröffnet seinen Versuch, das transzendentale Prinzip der Urteilskraft herauszuarbeiten, indem er zwei Schritte macht, die im Zusammenhang mit dem bisher Erörterten von besonderem Interesse sind. Zunächst beschreibt er die Wissenschaft und die Ästhetik als zwei Formen dessen, was er "reflektierend(e)" Urteilskraft nennt - d.h. derjenigen Urteilskraft, der "nur das Besondere gegeben (ist), wozu sie das Allgemeine finden soll".³⁸ Sowohl wissenschaftliches als auch ästhetisches Denken sind also, so wird gesagt, durch eine gewisse *Abwesenheit von Erkenntnis* charakterisiert, beide bringen eine Konfrontation mit dem *Besonderen* mit sich, in der die Urteilskraft genötigt ist, gleichsam auf sich allein gestellt vorzugehen, um "das Allgemeine (die Regel, das Prinzip, das Gesetz)" zu *finden*, ohne das sie überhaupt keine Urteilskraft wäre.³⁹ Und doch behält Kant "denjenigen Beurteilungen, die man ästhetisch nennt", einen besonderen Platz vor, denn "(d)iese Verlegenheit wegen eines Prinzips (es sei nun ein subjektives oder objektives) findet sich hauptsächlich" in ih-

nen.⁴⁰ Aus diesem Grund ist es nicht die Wissenschaft, sondern das Schöne und das Erhabene, die den entscheidenden Bereich der transzendentalen Kritik der Urteilskraft abgrenzen. Dies also ist Kants erster Schritt.
Der zweite beinhaltet die Art, in der die reflektierende Urteilskraft auf ihrer Suche nach Regeln anscheinend vorgeht. Trotz des Mangels an bestimmenden Prinzipien und Gesetzen ist die Urteilskraft, hebt Kant hervor, nicht gesetzlos; sie hat ihr eigenes apriorisches Prinzip, eines, das sich als recht bemerkenswerte und unvermeidliche *Annahme* aufdrängt:

> Nun kann dieses Prinzip kein anderes sein, als: daß, da allgemeine Naturgesetze ihren Grund in unserem Verstande haben, der sie der Natur (ob zwar nur nach dem allgemeinen Begriffe von ihr als Natur) vorschreibt, die besonderen empirischen Gesetze in Ansehung dessen, was in ihnen durch jene unbestimmt gelassen ist, nach einer solchen Einheit betrachtet werden müssen, als ob gleichfalls ein Verstand (wenn gleich nicht der unsrige) sie zum Behuf unserer Erkenntnisvermögen, um ein System der Erfahrung nach besonderen Naturgesetzen möglich zu machen, gegeben hätte. *Nicht, als wenn auf diese Art wirklich ein solcher Verstand angenommen werden müßte* (denn es ist nur die reflektierende Urteilskraft, der diese Idee zum Prinzip dient, zum Reflektieren, nicht zum Bestimmen); sondern dieses Vermögen gibt sich dadurch nur selbst, und nicht der Natur, ein Gesetz.⁴¹

Bernards Übersetzung dieser Passage, die ich modifiziert habe,⁴² ist auf symptomatische Weise vielsagend. Der deutsche Satz, der in das obige Zitat in Klammern eingefügt wurde,⁴³ wird so wiedergegeben: "Not as if, in this way, such an understanding must be *assumed as actual*." ("Nicht, als wenn auf diese Art ein solcher Verstand *als wirklich angenommen* werden müßte.") Indem er auf diese Weise das Adverb *wirklich* in ein Adjektiv umwandelt und es dadurch substantialisiert, trägt Bernard dazu bei, genau das zu verwischen, was sich als die entscheidende Frage erweisen wird, und zwar nicht nur in der Einleitung, sondern in der gesamten *Kritik der Urteilskraft*.⁴⁴ Was hier auf dem Spiel steht, ist der *Status* der Annahme der 'Zweckmäßigkeit' als Annahme. Ihr ureigener Zweck ist nach Kant, die Urteilskraft bei deren Bemühen, das Unbekannte zu meistern, zu leiten. Das Problem jedoch ist: Wie kann eine Annahme, die die Urteilskraft "sich (...) nur selbst, und nicht der Natur", gibt und die deshalb "gar nichts dem Objekte (der Natur) beilegt, sondern nur die einzige Art, wie wir in der Reflexion über die Gegenstände der Natur (...) verfahren müssen, vorstellt",⁴⁵ - wie kann solch ein rein "subjektives Prinzip"⁴⁶ eine transzendentale - d.h. apriorische, allgemeine - Bedingung der objektiven Erkenntnis dieser 'Natur' in ihrer unendlichen Besonderheit, Vielgestaltigkeit und Heterogenität bilden? Was hat das Aufstellen einer solchen Annahme zur Folge?
Wie zumeist der Fall, ist es einfacher, anzugeben, was es *nicht* zur Folge hat. Am offensichtlichsten impliziert es keine Behauptung über die Natur der Wirklichkeit oder eine bestimmte Sachlage. In diesem Sinne schließt es das ein, was heute etwa eine 'heuristische Fiktion' genannt würde: die Annahme, daß ein anderes "Verstehen", dem unseren ähnlich und doch hinlänglich von ihm verschieden, genau das zu leisten vermag, was das unsere nicht kann, d.h. den fraglichen Gegenstand als *zweckmäßig* zu erweisen, als Produkt einer überlegten, bewußten Absichtlichkeit. Dies ist der Sinn, den Bernard Kants

Text gibt: So verstanden, impliziert die Annahme der Zweckmäßigkeit ganz klar kein Urteil über die objektive Realität. Was das betrifft, kann die Interpretation des Kantschen Textes kaum bestritten werden. Das Problem ist jedoch, daß von ihr noch nicht alles betroffen ist. Kants Formulierung, soviel ist sicher, ist erheblich unklarer als Bernards. Indem er das Wort "wirklich" adverbial verwendet, stellt Kants Text nicht lediglich die Wirklichkeit dessen, *was* angenommen wird, in Frage, sondern diejenige der *Annahme* selbst. Und in der Tat: Was könnte die Realität einer Annahme sein, die darauf aus ist, das Besondere zu begreifen, indem sie zuerst seine Andersheit verneint (dadurch, daß sie sie einem Bewußtsein *wie dem unseren* angleicht) und sodann deren Verneinung dadurch verneint, daß sie behauptet, diese sei bloß subjektiv? Kann diese doppelte Verneinung im Raum eines einzelnen, ungeteilten Bewußtseins enthalten sein - dem des urteilenden Subjekts? Der konjunktivische Modus der Kantschen Wendung ("Nicht, als wenn (...) angenommen werden müßte") betont den unsicheren Status einer Annahme, die, um wirksam zu sein, in einem gewissen und komplizierten Sinne bestrebt sein muß, sich selbst auszulöschen.[47]

Die Berufung auf eine konstitutive, hervorbringende Instanz, wie sie von Kant beschrieben wird, ist ebenso ambivalent wie unvermeidlich, immer wenn und überall da, wo das verfügbare Wissen nicht mehr länger ausreicht, den gerade vorliegenden Fall zu begreifen. Obschon die exemplarischen Fälle dieser Situation einerseits in der Wissenschaft, andererseits im ästhetischen Urteil zu finden sind, ist das Fehlen von Wissen in letzterem grundlegender, was wiederum erklären würde, warum die Berufung auf eine 'Funktion Autor' für es charakteristischer ist. Und tatsächlich, erinnert man sich der Gründe, aus denen Kant dem, was wir heute 'Theorie der Kritik' nennen, allen erkenntnismäßigen Gehalt versagt, so beginnt man vielleicht zu verstehen, warum die Annahme eines Autors sich als so widerstandsfähig und unverwüstlich erwiesen hat, etwa vierzig Jahre nachdem Wimsatt und Beardsley erklärten, daß "kritische Untersuchungen nicht durch das Befragen des Orakels geklärt werden".[48] Paradoxerweise trug der amerikanische New Criticism, indem er die Literaturwissenschaft zum 'genauen Lesen' ('close reading') der einzelnen Texte zurückführte, dazu bei, ebendie Instanz des Autors, die Wimsatt und Beardsley für ungeeignet zu erweisen suchten, zu inthronisieren. Der Autor hat als das *Principium individuationis* der Literaturwissenschaft überlebt.

Aber vielleicht ist die Frage, die untersucht werden muß, eine, die nicht so sehr das Überleben der 'Funktion Autor' als solcher betrifft, sondern eher die Art, wie sie weiterlebt; nicht ob eine solche Annahme gemacht werden muß oder nicht, sondern vielmehr *wie* und mit welchen Folgen sie *durchgeführt* wird; kurz, die Frage ihres *Stils*.[49] In dieser Hinsicht geben ein Text wie *Tristram Shandy* und die Reaktionen, die er hervorgerufen hat, einen ausgezeichneten Testfall ab. Sein "Autor", der sich als Held und Erzähler mehr als Funktion des Textes denn als dessen Grundlage erweist, kann ebensowenig festgenagelt werden wie er umgangen werden kann. "Die Entscheidung des

Kritikers" sucht gewisse Aspekte dessen zu beschreiben, was für die Literaturwissenschaft nicht nur ein Dilemma, sondern auch eine Herausforderung ist. Die Zukunft dieser Wissenschaft kann sehr wohl von ihrer Fähigkeit abhängen, sich die Ambivalenz anzueignen (assume) - und nicht sie lediglich auszutragen -, die ihre begrenzende Bedingung ist, aber auch ihr größter Reichtum.

Aus dem Amerikanischen:

Rainer Landvogt

Anmerkungen

1 Der vorliegende Text Samuel Webers ist zuerst als Einleitung zu seinem Buch *Institution and Interpretation* (Theory and History of Literature: Vol. 31), Minneapolis 1987 erschienen. - Anm. d. Hgg.

2 Gaston Bachelard, *Le nouvel esprit scientifique*, Paris 1934. Bei der Wiedergabe der Bachelard-Zitate hat sich der Übersetzer an das französische Original gehalten. Die Fundstellen in der deutschen Übersetzung von Michael Bischoff (Gaston Bachelard, *Der neue wissenschaftliche Geist*, Frankfurt am Main 1988) werden jeweils an zweiter Stelle angegeben. - Anm. d. Hgg.

3 Weit davon entfernt, in Widerspruch zur Phrase von der "Interdisziplinarität" zu geraten, wird solche Autonomie fast immer von dieser vorausgesetzt.

4 Bachelard (Anm. 2), S. 41 (S. 44).

5 Ebd., S. 116 (S. 116).

6 Obwohl dieser Begriff selbst sich in Bachelards Text nicht findet, formuliert er in kondensierter Form einen wesentlichen Parameter von dessen Beweisführung. Das Verhältnis zwischen dem Begriff der ermächtigenden Grenzen und dem Grundlagendenken wird in The Limits of Professionalism, abgedruckt in *Institution and Interpretation* (Anm. 1) S. 18ff, behandelt.

7 Bachelard (Anm. 2), S. 80 (S. 82). Paulis "Ausschlußprinzip" kann allgemeinverständlich beschrieben werden als die Aussage, daß "keine zwei Elektronen identische Quantenzahlen oder (...) denselben Quantenzustand haben können." (Daniel J. Kevles, *The Physicists. The History of a Scientific Community in America*, New York: Vintage, 1979, S. 161.)

8 Bachelard (Anm. 2), S. 24 (S. 28 f.).

9 Ebd., S. 28 (S. 32 f.) Deformation - *Entstellung** (Die mit einem Sternchen * gekennzeichneten Wörter sind im Original deutsch. - Anm. d. Ü.) - ist auch eine herausragende Eigenschaft unbewußter Artikulationen und somit ein charakteristisches Merkmal psychoanalytischer Hermeneutik, wie ich in "The Blindness of the Seeing Eye: Psychoanalysis, Hermeneutics, *Entstellung*", veröffentlicht in *Institution and Interpretation* (Anm. 1), S. 73ff, zu zeigen versuche.

10 Bachelard (Anm. 2), S. 126 (S. 126).

11 Ebd., S. 59 (S. 63).

12 Ebd., S. 75 (S. 78).

13 "(...) une pensée se faisant un appui de son mouvement." (Ebd., S. 133 (S. 133)).

14 Werner Heisenberg, *Die physikalischen Prinzipien der Quantenmechanik*, Leipzig [4]1944, S. 11, Fußnote, zit. n. Bachelard (Anm. 2), S. 126 (S. 126). Ein verwandtes und nur auf den ersten Blick triviales Beispiel für diese Tendenz kann in dem im Englischen verbreiteten Gebrauch des Ausrufs "wirklich (really)?!" ausgemacht werden. Oft als eine Art 'Füllsel' verwendet, kann "Wirklich?!" als Versuch verstanden werden, gerade die Leere in der 'Wirklichkeit' zu füllen, die sein zweideutiger grammatischer Status - halb bejahend, halb fragend - und seine defensive Gleichgültigkeit gegenüber der von ihm offensichtlich angesprochenen speziellen Situation bekräftigen.

15 Le "trouble de la désignation objective", Bachelard (Anm. 2), S. 126 (S. 127).

16 Ebd., S. 142 (S. 141).

17 Ebd., S. 76 (S. 79).

18 Die Art und Weise kommentierend, wie sich die traditionelle Auffassung der Lichtreflexion - Strahlen, die beim Auftreffen auf einen festen, undurchlässigen Körper "zurückprallen" - mit "der quantischen Deutung des Phänomens" ändert, bemerkt Bachelard: "Die Schwingung, die das Molekül berührt, wird nicht wie ein träger Gegenstand abprallen, und noch weniger wie ein mehr oder minder ersticktes Echo; sie wird eine andere Klangfarbe haben, denn vielfältige Schwingungen werden sich ihr hinzugefügt haben (einschließlich jener des 'Körpers' selbst, dessen Moleküle ebenfalls 'schwingen' - S.W.). Aber selbst diese Sicht und dieser Ausdruck sind zu materialistisch, um von der quantischen Deutung des Phänomens Rechenschaft zu geben: Ist es wirklich ein Lichtspektrum, das von dem von einem Strahl berührten Molekül ausgeht? Ist es nicht vielmehr ein *Spektrum von Zahlen*, das uns von der neuen Mathematik aus einer neuen Welt übermittelt wird? Auf alle Fälle wird einem, wenn man der Quantenmethode auf den Grund geht, sehr bewußt, daß es nicht mehr um ein Problem des Zusammenstoßens, des Abprallens, des Reflektierens geht, und noch weniger um einen einfachen Energieaustausch, sondern daß die Energie- und Lichtveränderungen gemäß einem Doppelspiel des Schreibens (un double jeu d'écriture) vor sich gehen, das von komplizierten numerischen Arrangements (convenances) geregelt wird." (Bachelard (Anm. 2), S. 74 (S. 77)).

19 Ebd., S. 51 (S. 54).

20 Ebd., S. 177f (S. 175).

21 Ebd., S. 128 (S. 128).

22 Vgl. Capitalizing History: The Political Unconscious, in: *Institution and Interpretation* (Anm. 1), S. 40ff.

23 Bachelard (Anm. 2), S. 12 (S. 18).

24 Wozu man das Bestreben, Mitbewerber aus dem Felde zu schlagen, noch hinzuzufügen hätte, den 'synchronischen' Aspekt des wissenschaftlichen Ringens, welches Bachelard nur in seiner 'diachronischen' Dimension in Betracht zieht. Ein spektakuläres Beispiel solchen Wettbewerbs hat kürzlich die Kontroverse geboten, die um die Benennung des Aidsvirus entstanden ist und in der sich die jeweiligen Ansprüche auf (zeitliche, und mithin: juristische) Priorität bei seiner Identifizierung, und also auf die auf dem Spiel stehenden enormen Eigentumsrechte, die von den beiden beteiligten Forschungsgruppen gemacht werden - der das Institut Pasteur in Paris, geleitet von Prof. Luc Montagnier, und der des National Cancer Institute, unter der Direktion von Prof. Robert Gallo -, in sich diese Prioritätsansprüche um den jeweiligen Namen drehen, der dem Virus von jeder Gruppe gegeben wurde (LAV von den Franzosen, HTLV 3 von den Amerikanern). Vgl. ausführlich: How Gallo Got Credit for AIDS Discovery, *The New Scientist*, 7. Februar 1985.

25 Vgl. die Studie von Bruno Latour und Steve Woolgar über das Salk Institute, *Laboratory Life*, Beverly Hills, London: Sage Publications, 1979, und B. Latour, *Les microbes, guerre et paix, suivi par Irréductions*, Paris: Editions A.M. Métailié, 1984. Latours Analysen können gelesen werden als Fortführung der polemischen, anti-realistischen Zugangsweise Bachelards, wobei sie versuchen, diese von ihren idealistischen Überresten zu befreien. Die heutige Wissenschaft offenbart sich auf diese Weise als eine Funktion von "Kräfteverhältnissen", deren konfliktreichen, parteiischen und parteilichen Charakter die Wissenschaft nach Möglichkeit verdeckt. In

dieser letzten Hinsicht nähert sich Latours Position bestimmten Argumenten an, die in "The Limits of Professionalism", veröffentlicht in *Institution and Interpretation* (Anm.1), S. 18ff, entwickelt werden.

26 Vgl. *Laboratory Life* (Anm. 25), passim.

27 Bachelard (Anm. 2), S. 109f. (S. 110f.). Bachelards Beschreibung der *ausschließenden* Grundlage der traditionellen Wissenschaftsgemeinschaft trifft sich nicht nur mit der Darstellung Freuds - für den die 'Geselligkeit' des Witzes von geteilten "Hemmungen" (oder Verdrängungen) abhängt: d.h. eher von dem, was *verboten*, denn von dem, was *vorgeschrieben* ist (vgl. The Blindness of the Seeing Eye, in: *Institution and Interpretation* (Anm. 1), S. 73ff) -, sondern auch mit den Implikationen desjenigen Textes, der "die Gemeinschaft der Interpretation" - einen Begriff, der sich in den letzten Jahren einer gewissen Popularität erfreut hat - erstmals in englischer Sprache entwickelte: Josiah Royces *The Problem of Christianity* (1913). Im Gegensatz zu neueren Verfechtern der "Gemeinschaft der Interpretation" läßt Royce keinen Zweifel daran, daß das vereinende und konstituierende Prinzip dieser "Gemeinschaft" ihr *äußerlich* sein muß und daß mithin ihr Ursprung nur als Ergebnis "irgendeines Wunders der Gnade" vorgestellt werden kann. Das Konzept der Gemeinschaft - ob der Interpretation oder von irgend etwas sonst - vermag die Bühne zu beschreiben, auf der Divergenzen sich ausagieren, aber niemals das Prinzip ihrer Entscheidung, noch weniger das ihrer Auflösung. (Vgl. J. Royce, *The Problem of Christianity*, Chicago und London: University of Chicago Press, 1968, S. 130.)

28 Bachelard (Anm. 2), S. 17 (S. 22).

29 René Lourau, *L'analyse institutionnelle*, Paris: Editions de Minuit, 1970, S. 137. Die funktionalistische Konzeption der Institution kennzeichnet auch die theoretischen Schriften von Michel Foucault, trotz der Betonung der Ausschlußprozeduren, durch die die "diskursiven Praktiken" sich etablieren. Die Eröffnungsszene von Foucaults Inauguralvorlesung am Collège de France ist in dieser Hinsicht von unmißverständlicher Deutlichkeit. Es ist die Stimme der "Institution" - als solcher und im allgemeinen -, die bestrebt ist, die "Unruhe" zu mildern, die "der Diskurs in seiner materiellen Wirklichkeit" hervorgerufen hat: "Du brauchst vor dem Anfangen keine Angst zu haben; wir sind alle da, um dir zu zeigen, daß der Diskurs in der Ordnung der Gesetze steht; daß man seit jeher über seinem Auftreten wacht; daß ihm ein Platz bereitet ist, der ihn ehrt, aber entwaffnet; und daß seine Macht, falls er welche hat, von uns und nur von uns stammt." (Michel Foucault, *Die Ordnung des Diskurses*, Frankfurt a.M. - Berlin - Wien: Ullstein, 1979, S. 6.)

30 Für eine Erörterung der 'Absonderung' ('setting-apart'), eines Vorgangs, der nicht nur Ausschluß mit sich bringt, sondern auch versuchte Integration und Assimilation durch hierarchische Unterordnung, vgl. Samuel Weber, *The Legend of Freud*, Minneapolis: University of Minnesota Press, 1982, S. 32-60.

31 Roland Barthes, *Image, Music, Text*, übersetzt von Stephen Heath, New York: Hill & Wang, 1971, S. 147.

32 Ebd., S. 148.

33 Vgl. meinen Essay über Wolfgang Iser, Caught in the Act of Reading, *Glyph* 9, Minneapolis 1986.

34 "Der Autor ist (...) das Prinzip einer gewissen Einheit des Schreibens (...). (...) ein() Punkt (...), von dem her sich die Widersprüche lösen (...) lassen (...)." (Was ist ein Autor, in: Michel Foucault, *Schriften zur Literatur*, Frankfurt a.M. - Berlin - Wien: Ullstein, 1979, S. 21.)

35 Die Besonderheit des Lesens wird dadurch neutralisiert und seine Vorgehensweise einem unhinterfragten Begriff von direkter Wahrnehmung angeglichen - dem Bollwerk jenes 'intuitiven Denkens', das Bachelards 'neuer wissenschaftlicher Geist' angreift, jedoch nur innerhalb des relativ begrenzten Bereichs seiner eigenen Praxis. Ein neuereres Beispiel solcher Neutralisierung, das auch manche ihrer politischen und ideologischen Implikationen aufdeckt, bietet William J. Bennetts Bericht über den Stand der Geisteswissenschaften im amerikanischen höheren Bidungswesen, "To Reclaim a Legacy". Die von Bennett befürwortete Rückkehr zu den Bedeutenden Büchern wird vom Standpunkt der intuitiven Wahrnehmung aus vorgebracht: "Lehrer, die die Geisteswissenschaften am Leben erhalten können", werden als diejenigen beschrieben, "die Studenten durch die Landschaft des menschlichen Geistes zu führen vermögen", damit diese "nicht ziellos auf dem Terrain herumwandern", sondern statt dessen schnell

und rationell ihren Weg finden zu "den Marksteinen menschlicher Leistung" und der "beständigen Vision der Zivilisation". *(The Chronicle of Higher Education*, 28. November 1984, S. 17.) Das Modell, das letztlich diese säkularisierte Konzeption des Lesens als unmittelbare Wahrnehmung beseelt, ist natürlich ein theologisches: das der göttlichen Offenbarung.

36 Ludwig Wittgenstein, *Philosophische Untersuchungen*, Frankfurt a.M.: Suhrkamp, 1967, S. 82ff (§§ 156-171).

37 Michel Foucault, Was ist ein Autor (Anm. 34), S. 11.

38 Immanuel Kant, Kritik der Urteilskraft (*Werkausgabe*, Bd. X), Hg. Wilhelm Weischedel, Frankfurt a. M.: Suhrkamp, 1977, S. 87.

39 "Urteilskraft überhaupt ist das Vermögen, das Besondere als enthalten unter dem Allgemeinen zu denken." (Ebd.)

40 Vorrede, ebd., S. 75.

41 Ebd., S. 88 f. Hervorhebung S.W.

42 Im amerikanischen Original des vorliegenden Aufsatzes zitiert der Autor die *Kritik der Urteilskraft* nach der Übersetzung von J.H. Bernard, New York: Hafner Press, 1951. - A.d.Ü.

43 Es handelt sich um den vom Autor hervorgehobenen Satz. - A.d.Ü.

44 Im Original *The Critique of Aesthetic* (sic) *Judgment*. - A.d.Ü.

45 Kritik der Urteilskraft (Anm. 38), S. 93.

46 Ebd.

47 Zu der problematischen Notwendigkeit solcher Selbstauslöschung und zu einigen ihrer heutigen Folgen vgl. Ambivalence: The Humanities and the Study of Literature, in: *Institution and Interpretation* (Anm. 1), S. 132ff.

48 The Intentional Fallacy, in: W.K. Wimsatt, Jr., *The Verbal Icon*, New York: Noonday, 1954, S. 18.

49 Unter diesem Blickwinkel gelesen, erweisen sich Kants "abstoßender Stil" und "ermüdende" Wiederholungen, wie sein Übersetzer Bernard es nennt (Anm. 42, S. xiv), als ein effektiveres Medium für das widerspruchsreiche Szenario, das sich in der *Kritik der Urteilskraft* ausagiert, als irgendein direkter Ausdruck es jemals bieten könnte.

Cheryce Kramer/Helmut Müller-Sievers

Netzwerk Stanford

Seit jeher hat die Institution Universität Kritiker produziert, die, wie der Greis in Nietzsches Szenario "Über die Zukunft unserer Bildungsanstalten", den jeweiligen Zustand der Universitäten als Zerfall in eine "akroamatische"[1] Maschine beklagen. Doch hört dieser Zerfall nicht auf, nicht aufzuhören, hat sich doch die Verschaltung von Professorenmündern und Studentenohren als bündig und effizient erwiesen. Auch wenn sich heute das interne Netz der Universitätsmaschine nicht mehr vorwiegend akroamatisch von Mund zu Ohr realisiert, sondern von sprechenden Fingern zu lauschenden Augen, können noch immer Gespräche überhört werden, in denen der Verfall der Bildung, ihre Verbreitung und Verflachung beklagt werden.

Doch heute weicht nicht mehr, wie noch in Nietzsches denkwürdiger Szene, der Pistolenlärm beschämt der "Naturmusik"[2] des Humanistengemurmels. Die Modernität einer Universität bemißt sich eben immer noch nach der Transparenz und Geschwindigkeit der Datenübertragung und die wird heutzutage von Pistolenherstellern finanziert. Und auch der Strom, der nun unterhalb der zeitlosen lamenti fließt, ist nicht mehr der vaterländische, sondern der durch vom Vaterland bezahlte Kabel geleitete Wechselstrom, durch den die Terminals der Forschenden und der Forschungsverwerter verbunden sind.

So hat sich nur etwas an der Hardware, nicht aber am Bauplan der Maschine Universität geändert. Deswegen wirken zeitgenössische Klagen an der Mauer des Pazifik so obsolet wie schon bei Nietzsche der philosophische Greis inmitten des Pistolenknalls. Wo Daten in Sekundenschnelle über den Ozean gesendet werden und Geographie, insofern sie überhaupt noch eine wissenschaftliche Bedeutung hat, besser auf dem Bildschirm simuliert wird, erscheint das Bedauern über die Abwanderung des Wissens in den Westen als belanglose Kulturkritik.

Sicherlich läßt sich eine Geschichte des Bildungstransfers von Europa in die Vereinigten Staaten nachzeichnen, und ihre Details sind auch von größter Bedeutung für das Verständnis der amerikanischen Universitäten; diese Entwicklung jedoch als einen Zug akademischer Lemminge darzustellen, die an der Westküste nur noch auf das große Erdbeben warten, das sie ins Meer stürzen wird, ist nur interessant als Material für Reiseromane mit zu großen Ambitionen.

Wenn wir im folgenden versuchen, das Funktionieren der Stanford University zu beschreiben, so nicht um einen Superlativ darzustellen: es gibt Universitäten in Amerika, die vollständiger computerisiert sind, es soll sogar einige geben, die reicher sind. Wir interessieren uns vielmehr für zwei Aspekte der Universitas, die durch die Nutzung neuer Medien auch neue Gestalt angenommen haben: einerseits die Universalität des Zugangs zu innerhalb der Universität produziertem und konsumiertem Wissen, d.h. interne Computernetworks; andererseits die Universalisierung der Institution Universität durch ihre Verbindung mit den hierzulande so haßgeliebten Agenturen von Politik und Wirtschaft, d.h. externe networks. Am Beispiel der Stanford University wollen wir diese ineinander verwobenen Netze zunächst nur beschreiben, und deren Kritik den allgegenwärtigen humanistischen Greisen überlassen.

Sonnennetz

"Like a living organism, the Stanford computer network (known as SUNet) is best understood within its unique environment", heißt es in einer internen Studie über dieses Ende der siebziger Jahre entstandene Computernetz. In der Tat war das Interesse an der Rekonstruktion des lebenden Organismus ausschlaggebend für die Entwicklung des SUNet: das Artificial Intelligence-Projekt der Universitätsklinik (SUMEX-AIM) bat Kollegen vom Computer Science- und vom Electrical Engineering-Department um Mitarbeit bei der Erfassung und Digitalisierung von Nervenströmen. Der Transport von ungeheuren Datenmengen samt der sie bündelnden Programme sowie die durch die (bei Telephonkommunikation unmögliche) Nicht-Synchronizität der Kommunikation bewirkte Zeiteinsparung waren denn auch die evolutionär erfolgreichen Merkmale, die dem SUNet zur Vorherrschaft über alle anderen Kommunikationssysteme in Stanford verholfen haben.

Heute sind die über 200 Gebäude mit mehr als 100 Meilen broadband, baseband und fiber optic cable verbunden - selbst die Turnhalle. Anders als bei zentralisierten mainframe-Netzen, in denen die Terminals der Benutzer einseitig von der Rechen- und Speicherkapazität der größeren Rechner abhängen (sogenannte "dumb terminals"), können die Benutzer in Stanford die angebotenen Programme und Speichermöglichkeiten individuell nutzen. Beispiel: Eine Architekturstudentin benutzt für ihre Dissertation, in der sie die Optimierung von Großbaustellenorganisation untersucht, ein Programm, das von den Biologen zur Beschreibung von Proteinstrukturen entwickelt wurde. Da das Kabel mit einer Geschwindigkeit von 500.000 bits/s überträgt, hat sie das Programm, das aus 2 Mill. bytes besteht, im Idealfall (d.h. wenn das Netz nicht überlastet ist) in weniger als einer Minute zur Verfügung. Doch nicht nur aus dem Leben von Doktoranden, sondern aus der gesamten Organisation der Universität ist das network nicht mehr wegzudenken. Der größte Teil der administrativen Aufgaben wird über das elektronische Postsystem erledigt, viele Seminare, vor allem in Computer science, werden nur noch über den Computer unterrichtet, ein großer Teil der Kommunikation mit anderen Kollegen in anderen Departments und in anderen Universitäten erfolgt über Bild-

schirm. Auch mit seinen Außenstellen in Übersee (Florenz, Berlin etc.) hält die Universität Kontakt mit Hilfe des Netzes.
Im Unterschied zu anderen Universitäten hat Stanford sich entschieden, den Zugang zum Netz freizugeben. Jedes legitime Kind der Alma Mater hat die Möglichkeit, sich ein "Konto" auf einem der LOTS-computer (Low Overhead Timesharing) einzurichten, das durch einen (meist phantastischen) Benutzernamen identifiziert und durch ein Passwort gesichert wird. Je nach Fach und Status wird dem Benutzer über LOTS eine wöchentliche Arbeitszeit zugeteilt (German Department: 2 Stunden; Computer Science Department: 10 Stunden); diese aus der begrenzten Belastbarkeit des Netzes leicht erklärliche Limitierung ist die einzige Zugangsrestriktion.
Sicherheitsmaßnahmen, die über die übliche Routine des Passworts hinausgingen, wie z.B. Zugangssperren zu gewissen Bereichen des Netzes oder obligatorische Chiffrierung empfindlicher Daten, hätten, so die Planer des Netzes, dessen Komplexität (und Kosten) unnötig erhöht. Diese totale Offenheit macht darüberhinaus für hacker jedes Datenpaket zum virtuell spionablen Geheimnis und erschwert so die Identifizierung interessanten Materials. Außerdem ist das Netz durch sogenannte routers und bridges in Segmente geteilt, so daß ein Einzelner sich nur mit Mühe einen Überblick über den gesamten Datenverkehr verschaffen könnte (s. Abb.1).
Selbstverständlich hat Stanford nicht die gesamte für das Netz erforderliche hardware käuflich erworben, das wäre selbst für staatliche Universitäten in den USA ein unübliches Vorgehen. Die südlich von Stanford in Silicon Valley angesiedelten Computer-Industrien haben natürlich starkes Interesse, ihre Produkte zu testen, die Universität durch Geschenke und Stiftungen sich zu verpflichten und die Studenten frühzeitig an den Umgang mit ihren Geräten zu gewöhnen. Um trotzdem nicht in Abhängigkeit zu geraten, akzeptiert Stanford Sachgeschenke nur dann, wenn sie von mehreren verschiedenen Spendern kommen. Mit dieser Politik ist es Stanford gelungen, allen Studenten genügend Computer in durchgehend geöffneten Gebäuden zur Verfügung zu stellen und etwa 80 % seiner Professoren und Studenten in dem Netz "einzufangen".
Ein weiterer, nicht unerheblicher Vorteil der Verkabelung ist die über broadband mögliche Aufzeichnung und Versendung von Video-Aufzeichnungen. Ausgewählte Vorlesungen und Seminare werden gefilmt und stehen so in einer Bibliothek zur Verfügung; sie werden aber auch über das SUNet entweder in das örtliche Kabelnetz eingespeist oder per Satellit an die Ostküste gesendet. Jede Privatfirma kann sich so eine Vorlesung kaufen und damit sogar die Möglichkeit, über Telephon dem Professor Fragen zu stellen. Ein erfolgreiches Anwaltsbüro in New York etwa wird sich in eine Vorlesung der Law School einschalten, um seine Mitarbeiter zu schulen; eine Computerfirma in Sunnyvale wird ein Seminar in Computer Science verfolgen, um über den letzten Stand der Forschung informiert zu sein. Wie hoch die Preise für diesen Export sind, war zunächst nicht zu erfahren.

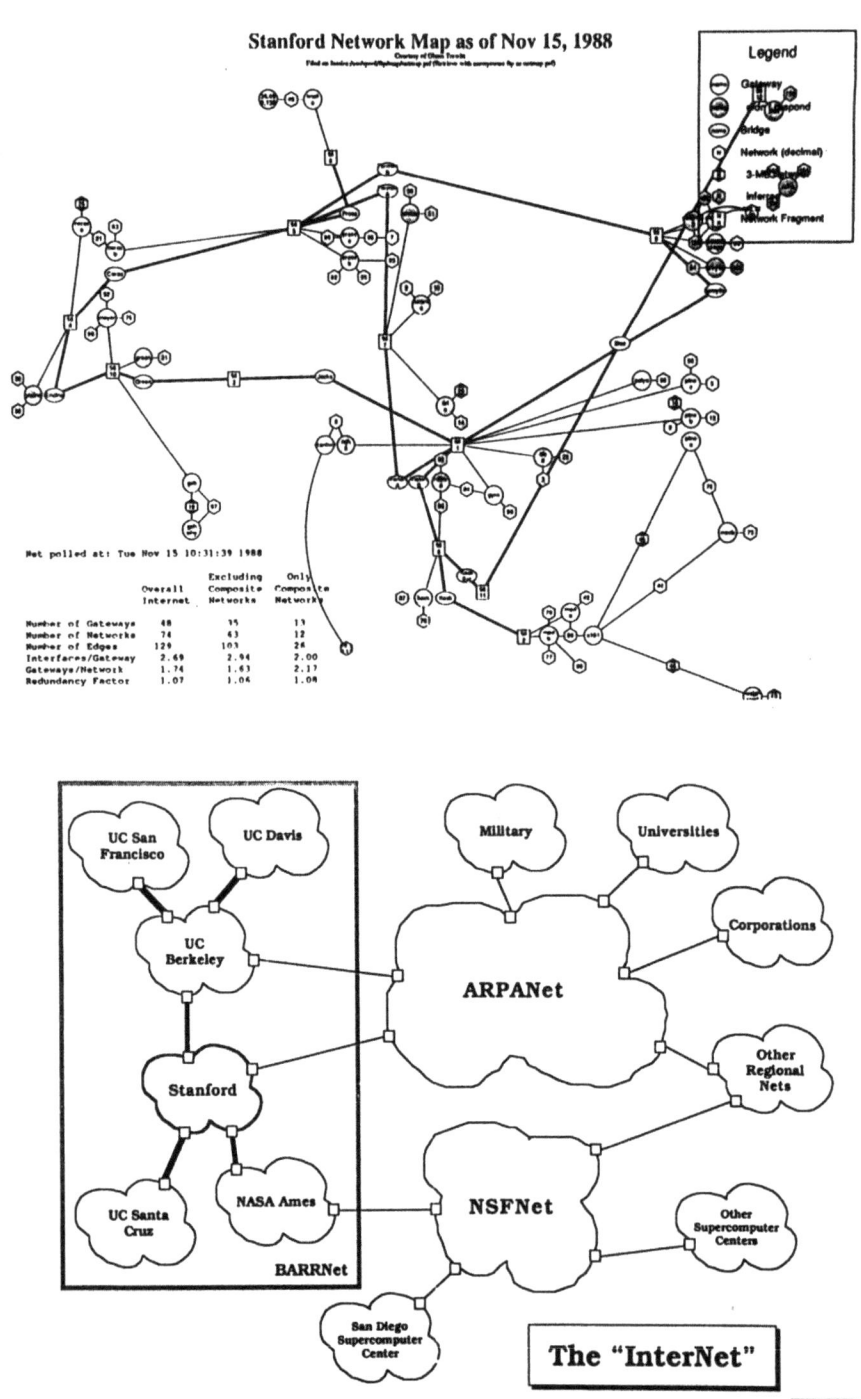

Abbildungen 1 u. 2

Außennetz

Mit diesem "Verkauf" des Wissens an Interessierte und Zahlungsfähige ist der zweite Aspekt der Universität, ihr Verhältnis nach "Außen", schon angesprochen. Es wäre einer eigenen, unvoreingenommenen Untersuchung wert, die Verbindungen, die Stanford als "Privat"-Universität mit Wirtschaft und Politik unterhält, zu beschreiben und zu untersuchen, ob die simplizistische Trennung von Forschung und Produktion im Zeitalter der Mikroelektronik überhaupt noch aufrecht zu erhalten ist. Wie auch schon bei der Beschreibung des internen Wissensaustausches wollen wir uns hier auf die Computer-networks beschränken, insofern sie gewissermaßen die Kurzschrift der Universitätspolitik darstellen.

Eine der stärksten Motivationen für den Ausbau des SUNet und für die Professoren, sich mit dessen Mechanismen vertraut zu machen, war die Existenz nationaler networks, die elektronische Kommunikation mit angeschlossenen Kollegen im ganzen Land ermöglichen. Historisch das erste und in gewisser Hinsicht immer noch das Rückgrat der nationalen Netze ist das ARPANET, das von der Defense Advanced Research Projects Agency (DARPA) betrieben wird (s. Abb. 2). Das ARPANET ist seit 1969 der Prototyp der "packet-switching" Netze, in denen nicht mehr durch "circuit-switching" die ganze Leitung durch die Kommunikation zwischen zwei Stellen blockiert wird, sondern in denen die Daten in Pakete aufgeteilt und auf die Reise geschickt werden, so daß die Leitung jeweils nach dem Transport einzelner Pakete für Pakete anderer Sender frei bleibt. Als Vergleich bietet sich eine Autobahn an, deren Übertragungsgeschwindigkeit sich nach der Dichte ihrer Befahrung richtet. Das ARPANET wird von der Defense Communications Agency (DCA) beaufsichtigt und verbindet vornehmlich Universitäten und Institutionen, die an Regierungsaufträgen im Computerbereich arbeiten. Das ARPANET hat hinsichtlich der Protokolle (TCP/IP) und Adressen die Standards gesetzt, die von sämtlichen networks übernommen wurden. Der Zugang zum ARPANET ist für Wissenschaftler sehr wichtig, viele Experten behaupten, daß mittlerweile die Diskussion via Netz entscheidender geworden ist als die in den Fachzeitschriften. Viele neue Dokumente und Forschungsergebnisse werden über das Netz "publiziert", ohne je gedruckt zu werden.

Doch auch die Zeit der ARPANET-Freiheit scheint sich dem Ende zuzuneigen. Geldknappheit hat DARPA bewogen, Universitäten, die nicht unmittelbar an Projekten arbeiten, die für das Department of Defense interessant sind, vom Netz abzukoppeln (seit Mai 1988 liegt die gesamte südliche Route still). Gleichzeitig wird wegen der stärkeren Konzentration auf direkt militärische Projekte - die wohl vornehmlich im Rahmen der SDI-Forschung liegen - der Zugang zum ARPANET aus Sicherheitsgründen stärker restringiert: ein anachronistischer Schritt, denn im Zeitalter der packet-switching Netze hilft jede obligatorische Chiffrierung nur, empfindliches Datenmaterial leichter identifizierbar zu machen.

Ein Nachfolger und gleichzeitiger Überwinder des ARPANET steht jedoch schon in dem von der National Science Foundation initiierten NSFNET bereit. Seine Hauptaufgabe ist es, Verbindungen zwischen den ebenfalls von der NSF eingerichteten 5 Supercomputer-Zentren herzustellen. Der Auftrag für das Kabel-Rückgrat und die Computertechnik wurde an die Telephongesellschaft MCI und an IBM vergeben. Im Juni 1988 wurde die Übertragungsgeschwindigkeit des Netzes auf 1.5 Mbits/s erhöht. Über das NSFNET haben die angeschlossenen Institutionen Zugang zu Höchstleistungsrechnern - der für Stanford zuständige befindet sich in San Diego. Ebenso werden die bislang vom ARPANET zur Verfügung gestellten "postalischen" Dienstleistungen in Kürze auf das NSFNET übergehen. Auf einer nationalen Konferenz im April 1988 über die Zukunft der nationalen networks wurde darüberhinaus bekanntgegeben, daß die Übertragungsgeschwindigkeit des Netzes auf 45 Mbits/s erhöht werden wird.

Unter dem Schirm des NSFNET haben sich mittlerweile regionale networks gebildet, über die die Universitäten und Forschungsinstitutionen ihren Datenverkehr abwickeln können. Diese regionalen Projekte haben den Vorteil, hohe Geschwindigkeiten zu relativ niedrigeren Kosten realisieren zu können und den in einer Region faktisch existierenden Zusammenhang von Produktion und Forschung auch medial zu verwirklichen. Stanford ist über das BARRnet (Bay Area Regional Research Network) sowohl mit dem Supercomputer-Zentrum in San Diego als auch mit der NASA Forschungsstelle Ames verbunden. Alle Mitgliedsinstitutionen des BARRnet haben einer Charter zugestimmt, in der die finanziellen und administrativen Beteiligungen und die Beziehung zum NSFNET festgelegt sind.

Obwohl unter diesen Voraussetzungen die Vision einer "wired university" und der "universal connectivity" handgreiflich geworden sind, gibt es immer noch kleinere und größere Katastrophen. Zu oft noch sind Studenten in Stanford gezwungen, in der "kostenlosen Zeit" zwischen 2 und 10 Uhr morgens zu arbeiten, weil ihnen die geizig zugeteilte Computerzeit ausgegangen ist. Noch schlimmer ist es, wenn das gesamte System abstürzt und die gerade fertiggestellten Hausaufgaben für einen der Computer Science-Kurse in den dunklen Innereien der Maschinen verschwinden. Doch in diesem Falle bleibt immer noch der elektronische Postverkehr, in dem die Betroffenen Trost finden können.

Anmerkungen

1 F. Nietzsche, Über die Zukunft unserer Bildungsanstalten, in: *Werke in drei Bänden*, Hg. Karl Schlechta. München 1973, Bd. 3, S. 252. Den Begriff "akroamatisch" benutzt der Altphilologe Nietzsche, um die lange Tradition des Universitätsbetriebes herauszustellen: akroamatisch heißen diejenigen Texte Aristoteles', die zur Vorlesung in der Akademie bestimmt waren.

2 Ebda., S. 187.

Richard Exner

Die Doktorprüfung

BESTANDEN
das schon,
bravo, herr kandidat,
allein die brechtgedichte,
darauf wäre schließlich nicht jeder,
literatur deutscher analtrompeter,
alle achtung,
tischum das zufriedene
schmunzeln,
wohlbekannt im restaurant
wenn das fleisch mürbe
zum gabeln

VERSTANDEN
manches vom schleirigen,
punktierten, ellipsen...
selten wird unter druck
so nuanciert
perzipiert
aber freilich nicht ganz,
Sie erinnern sich,
unerwartet

ÜBERSTANDEN
(ausgestanden)
schnitte aus beinahe,
kaumzeichen -
nur wenige hören die dichter
aus dem wasser
- sehr undeutlich -
durch nebel,
weglassen weglassen
leiser bitte,
es ist ja noch
früh

EINVERSTANDEN
ach, herr kandidat
was waren das für zeiten,
als noch die rede
strömte
(golden) -
ach lachen Sie bitte nicht
das kann heute keiner
mehr mit dem leben
bezahlen:
mit den Händen reden
die kugel im nacken
den strang um den hals
(Sie haben es, nehmen
es mit, klug wie Sie sind?)
fast, jawohl als emblem,
das gas im mund.

EINGESTANDEN
gegenseitige unwissenheit
wir spielen vor
zwölf uhr noch ein
spielchen
ach wie gut daß er
was weiß

ENTSTANDEN
passable einsilbigkeiten
ohne nachweisbare
risse
was heißt hier präzis -
beiderseitige kulanz
ist geboten
statt faktenmüll
repressionen
zum fenster hinaus
prag eintausendsechshundert-
undachtzehn
o herbert, erbarme dich
unser

ZUGESTANDEN
wird wenig -
(ich danke Ihnen, herr
kandidat)
- wird gelegentlich
eine krawatte
wahrscheinlich als salut,
gewissermaßen respekt,
der mir gebührt der
ich schon so viel
länger als Sie
nichts weiß.

(für Scott)

Zu den Autoren

Heinrich Bosse, geb. 1937, Akademischer Rat am Deutschen Seminar der Universität Freiburg i. Br. Bücher über Jean Paul und über die Entstehung des Urheberrechts in der Goethezeit. Germanistische, bildungsgeschichtliche und sozialgeschichtliche Arbeiten, zuletzt: Die Einkünfte kurländischer Literaten am Ende des 18. Jahrhunderts, in: *Zeitschrift für Ostforschung* 35 (1986).

Jacques Derrida, geb. 1930, lehrt Philosophie in Paris und in den USA. Philosophie-Professor an der Ecole Normale Supérieure von 1964 bis 1984. Von 1983-1984 Gründungsrektor des Collège International de Philosophie. Seit 1984 Directeur de recherche an der Ecole des Hautes Etudes en Sciences Sociales.
Veröffentlichungen in deutscher Sprache u.a.:
Die Schrift und die Differenz. Ffm. 1972 (Orig.: *L'écriture et la différence*. Paris 1967);
Grammatologie. Ffm. 1974 (Orig.: *De la grammatologie*. Paris 1967);
Die Postkarte von Sokrates bis an Freud und jenseits. Berlin 1982 (1. Lieferung) u. 1987 (2. Lieferung) (Orig.: *La carte postale de Socrate à Freud et au-delà*. Paris 1980);
Randgänge der Philosophie. Wien 1988. (Orig.: *Marges de la philosophie*. Paris 1972).

Richard Exner, geboren 1929, ist Professor für Neuere deutsche Literaturwissenschaft und Vergleichende Literaturwissenschaft an der University of California, Santa Barbara. Seit 1979 korrespondierendes Mitglied der Bayerischen Akademie der Schönen Künste; 1985 Ehrengast der Villa Massimo.
Exner ist Autor zahlreicher wissenschaftlicher Publikationen, Herausgeber, Übersetzer, Essayist und Lyriker.
Er hat folgende Lyrikbände veröffentlicht:
Gedichte (1956); *A personal Prayer at Year's End* (1972); *Fast ein Gespräch* (1980); *Mit rauchloser Flamme* (1982); *Aus Lettern ein Floß* (1985).

Rose-Maria Gropp, geb. 1956 in Mannheim. Studium der Germanistik und Geschichte in Freiburg i. Br., Promotion; Aufsätze zur Jahrhundertwende, Buchveröffentlichung *Lou Andreas-Salomé mit Sigmund Freud. Grenzgänge zwischen Literatur und Psychoanalyse*. Weinheim 1988. Seit Oktober 1988 am Literatur- und Kommunikationswissenschaftlichen Graduiertenkolleg Siegen.

Friedrich A. Kittler, Jahrgang 1943, ist Professor für Neuere deutsche Literatur am Germanistischen Institut der Ruhr-Universität in Bochum.
Buchveröffentlichungen:
Urszenen (zusammen mit Horst Turk), Frankfurt 1977. *Dichtung als Sozialisationsspiel* (zusammen mit Gerhard Kaiser), Göttingen 1978. *Austreibung des Geistes aus den Geisteswissenschaften.* Paderborn 1981. *Aufschreibesysteme* 1800/1900. München 1985. *Grammophon, Film, Typewriter.* Berlin 1986.

Cheryce Kramer, geb. 1967, studiert Symbolic Systems (Informatik und Logik als Grundlagenforschung zur Entwicklung von Artificial Intelligence) und Wissenschaftsgeschichte an der Stanford University.

Helmut Müller-Sievers, geb. 1957, ist Teaching Fellow am German Department der Stanford University. Er hat unter anderem über E.T.A. Hoffmann, den spätantiken cento und American Football publiziert und arbeitet an einer Dissertation über Zeugung.

Kurt Mueller-Vollmer, geb. 1928, Professor of German Studies and Humanities an der Stanford University in Kalifornien, USA. Studium in Europa (Köln, Bonn, Paris) und den Vereinigten Staaten (Brown University, Stanford University). Veröffentlichungen zur Literaturästhetik, Hermeneutik, Sprachtheorie, Romantik:
Towards a Phenomenological Theory of Literature, a Study of Dilthey's Poetics. The Hague, 1963. *Poesie und Einbildungskraft. Zur Dichtungstheorie W.v.Humboldts*, Stuttgart 1967. *Return from Italy. Goethe's Notebook 1788*, Los Altos, Calif., 1970. *Humboldt Studienausgabe*, 2 Bde., Frankfurt 1970/71. *W.v.Humboldt und der Anfang der amerikanischen Sprachwissenschaft: Die Briefe an J. Pickering.* Frankfurt 1976. *"Understanding and Interpretation". Yearbook of Comparative Criticism.* Vol.X, 1983, *The Hermeneutics Reader*, New York ²1988, Oxford 1986; dazu Aufsätze über Vico, Condillac, Herder, Hegel, Fichte, Coleridge, Humboldt, Benjamin Constant, Marx, Nietzsche, Emerson, Madame de Staël und zu Problemen der wechselseitigen deutsch-französisch-amerikanischen Kulturrezeption seit dem 18. Jahrhundert. Arbeitet zur Zeit an der Erschließung des sprachwissenschaftlichen Nachlasses Wilhelm von Humboldts.

Bettina Rommel, wiss. Mitarbeiterin an der Johann-Wolfgang-Goethe-Universität Frankfurt; Fach: Romanistik (frz./ital. Literaturwissenschaft); interdisziplinäre Arbeitsschwerpunkte: Körperausdruckssysteme von der Rhetorik bis zu den sogenannten Grenzgebieten der Literatur (Synästhesie, automatisches Schreiben, Glossolalie) im Zusammenhang ihrer institutionen-, medien-, technik- und wissenschaftsgeschichtlichen Implikationen; Leseempfehlung: Letternkonzert. Pathologie der Sinnesverknüpfung und Wandel der poetologischen Paradigmen bei Mallarmé, in: *Lendemains* 40, 1985, S. 26-37; Psychophysiologie der Buchstaben, in: Gumbrecht, H.U. / Pfeiffer, K.L. (Hgg.), *Materialität der Kommunikation*, Frankfurt 1988, S. 310-325.

Manfred Schneider, geb. 1944, ist Professor für Neuere deutsche Literatur an der Universität-GH-Essen. Monographien über Ch. D. Grabbe, Proust, Karl Kraus und die "Kranke schöne Seele" der Vormärz-Dichter (Frankfurt 1980). Die letzte Buchpublikation: *Die erkaltete Herzensschrift. Der autobiographische Text im 20. Jahrhundert*. München 1986.

Martin Stingelin, geb. 1963 in Binnigen (Schweiz), Studium der Germanistik und der Geschichtswissenschaft in Basel. Arbeitsschwerpunkte mit verschiedenen Publikationen: Nietzsche, Poetologie, Geschichte und Theorie der Medien. Psychiatriehistorische Aufsätze zuletzt: "En face et en profil. Der identifizierende Blick von Polizei und Psychiatrie", in: Busch, Bernd; Liebelt, Udo und Oeder, Werner (Hgg.), 1988. *Fotovision. Projekt Fotografie nach 150 Jahren*. Hannover, S. 181-189; "Ne coupez pas! Die Paranoia der Macher und Benützer", in: Reck, Hans Ulrich (Hg.), 1988, *Kanalarbeit. Medienstrategien im Kulturwandel*. Basel/Frankfurt/M., S. 224-231; "Gehirnstelegraphie. Die Rede der Paranoia von der Macht der Medien 1900. Falldarstellungen", in: Kittler, Friedrich A. und Tholen, Georg Christoph (Hgg.) 1989, *Arsenale der Seele*. München und "Die Berechnung der menschlichen Seele. Paul Emil Flechsig", in: *Wunderblock. Eine Geschichte der modernen Seele*. Ausstellungskatalog. Wien 1989.

Samuel Weber, geb. 1940, ist Professor für Vergleichende Literaturwissenschaft an den Universitäten Minnesota und Massachusetts (Amherst). Weber lehrte an der Johns Hopkins Universität (Baltimore), an der Freien Universität Berlin und als Gastprofessor an der Universität Straßburg. Wichtige Buchpublikationen: *Freud-Legende. Vier Studien zum psychoanalytischen Denken*, Passagen, Wien 1989; *Unwrapping Balzac: A reading of 'La peau de Chagrin'*, Toronto 1979; *Rückkehr zu Freud: Jacques Lacans Ent-Stellung der Psychoanalyse*, Frankfurt/M./Berlin/Wien 1978 und *Instution and Interpretation*, Minneapolis 1987.

Aus dem Programm Literaturwissenschaften

Friedrich Kittler, Manfred Schneider und Samuel Weber (Hrsg.)
Diskursanalysen
Band 1: Medien.
1987. 190 S. Kart. DM 39,50
ISBN 3-531-11803-X

Dieser Band versammelt Beiträge zur Theorie, historischen Positivität und Durchschlagskraft der Kommunikationsmedien. Dies geschieht im Rückblick auf vergessene Theorieansätze, als „Rückkehr zur Medientheorie" im ersten Teil des Buches. Die folgenden Studien zur „Prähistorie der technischen Medien" zeigen, wie das 19. Jahrhundert bereits an einer Technisierung von Kommunikationsprozessen arbeitet, die das Monopol der Schrift zusammenfallen läßt. In dem Abschnitt „Medien der Posthistorie" schließlich werden mediale Prozesse in mathematische Algorithmen überführt.

Walter J. Ong
Oralität und Literalität
Die Technologisierung des Wortes.
Aus dem Amerik. übersetzt von Wolfgang Schömel. 1987. 196 S. Kart. DM 36,–
ISBN 3-531-11768-8

Mit Walter J. Ongs „Oralität und Literalität" steht den Interessierten erstmals ein Überblick zur Verfügung, in dem nicht nur der Erkenntnis- und Forschungsstand zu diesem Themenkomplex zusammengefaßt, sondern auch in anschaulicher Weise die Bedeutung dieser Erkenntnisse dargestellt wird: Dem Leser wird im Laufe der Lektüre dieses Buches klar, in welch tiefgreifender Weise nicht nur sein eigenes Denken und Handeln, sondern die gesamte abendländische Kultur von der Entwicklung des Schreibens und Druckens beeinflußt ist. Ong öffnet unseren Blick für vorliteralisierte, orale Kommunikationsweisen ebenso

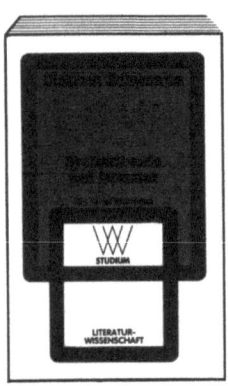

wie für Schreiben als die vielleicht wichtigste kulturelle Schöpfung der Menschheit.

Dietrich Schwanitz
Systemtheorie und Literatur
Ein neues Paradigma.
1990. 284 S. (WV studium, Bd. 157) Pb. DM 28,80
ISBN 3-531-22157-4

Der Anschluß der Literaturwissenschaft an die Systemtheorie stellt sich als faszinierender Paradigmawechsel dar: Die Umstellung des Gegenstandsbezugs auf Probleme macht die disparatesten Dinge als ihre Lösungen vergleichbar; die Leitbegriffe dieser neuen Kommparatistik sind Selbstbeschreibung und Autopoiesis; der Denkstil ist streng und verspielt; und die Methode steuert sich als Beobachtung von Beobachtung. Entsprechend zeigt das Buch an Beispielen aus der deutschen und europäischen Literatur, was die Systemtheorie in der Anwendung auf klassische Felder der Literaturwissenschaft wie Genretheorie, Erzählforschung, Kulturgeschichte, Kunsttheorie etc. leistet; zugleich stellt es in fiktiven Dialogen zwischen literarischen Figuren zentrale Bestandteile der Systemtheorie dar.

WESTDEUTSCHER VERLAG

Postfach 58 29 · D-6200 Wiesbaden

If you have any concerns about our products,
you can contact us on
ProductSafety@springernature.com

In case Publisher is established outside the EU,
the EU authorized representative is:
**Springer Nature Customer Service Center GmbH
Europaplatz 3, 69115 Heidelberg, Germany**

Printed by Libri Plureos GmbH
in Hamburg, Germany